JN088135

The Copywriter's Handbook, 4th Edition:

A Step-by-Step Guide to Writing Copy That Sells

Robert W. Bly
ロバート・W・ブライ 著
岩木貴子 訳

セールスライティング・ハンドブック

広告・DMからWebコンテンツまで、
「売れる」コピーのすべて

増補改訂版
【新訳】

SE
SHOEISHA

THE COPYWRITER'S HANDBOOK
4th edition

By Robert W. Bly

Copyright ©1985, 2005, 2020 by Robert W. Bly. All rights reserved.
Japanese translation Published by arrangement with
Centers of Technical Communication c/o Dominick Abel Literary Agency, Inc
through The English Agency (Japan) Ltd.

本書内容に関するお問い合わせについて

このたびは翔泳社の書籍をお買い上げいただき、誠にありがとうございます。弊社では、読者の皆様からのお問い合わせに適切に対応させていただくため、以下のガイドラインへのご協力をお願い致しております。下記項目をお読みいただき、手順に従ってお問い合わせください。

●ご質問される前に

弊社Webサイトの「正誤表」をご参照ください。これまでに判明した正誤や追加情報を掲載しています。

正誤表　https://www.shoeisha.co.jp/book/errata/

●ご質問方法

弊社Webサイトの「刊行物Q&A」をご利用ください。

刊行物Q&A　https://www.shoeisha.co.jp/book/qa/

インターネットをご利用でない場合は、FAXまたは郵便にて、下記"翔泳社 愛読者サービスセンター"までお問い合わせください。
電話でのご質問は、お受けしておりません。

●回答について

回答は、ご質問いただいた手段によってご返事申し上げます。ご質問の内容によっては、回答に数日ないしはそれ以上の期間を要する場合があります。

●ご質問に際してのご注意

本書の対象を越えるもの、記述個所を特定されないもの、また読者固有の環境に起因するご質問等にはお答えできませんので、予めご了承ください。

●郵便物送付先およびFAX番号

送付先住所　〒160-0006　東京都新宿区舟町5
FAX番号　03-5362-3818
宛先　（株）翔泳社 愛読者サービスセンター

※本書に記載されたURL等は予告なく変更される場合があります。※本書の出版にあたっては正確な記述につとめましたが、著者や出版社などのいずれも、本書の内容に対してなんらかの保証をするものではなく、内容やサンプルに基づくいかなる運用結果に関してもいっさいの責任を負いません。
※本書に記載されている会社名、製品名はそれぞれ各社の商標および登録商標です。

初版のまえがき

広告代理店勤務やフリーランスのコピーライター、宣伝部長、広告営業、クリエイティブディレクター、広報担当、起業家、営業部長やマーケティング部長、プロダクトマネジャーやブランドマネジャー、デジタルマーケター、マーケティングコミュニケーション担当、ライター、経営者など、コピーの作成、編集、承認に携わるすべての人のために本書は書かれた。ルール、ヒント、テクニック、アイデア満載の、コピーライティングの手引きである。

コピーライターはルールに従わない、「偉大な広告」はルールを破るところから生まれる、と主張する大手代理店のコピーライターやクリエイティブディレクターは多い。

その通りかもしれない。しかし、ルールを破るためには、まずルールを知らなければならない。そして、マーケティングに関するルールや制約は恐ろしいほどの勢いで増えている。

本書で伝授するガイドラインや助言を活用すれば、優れたコピー、つまり「人の注意を引き、訴求ポイントを伝え、製品を買う気にさせるコピー」を作ることができるようになる。

「コピーとは何か」「コピーにはどういうことができるのか」「結果を出すコピーを作るには?」

など、初心者が押さえるべき基本が本書ですべて学べる。

広告の仕事を始めて数年という人なら、ストレートにはっきりと伝えるシンプルなコピーの作り方を本書でおさらいすることになる。また、本書で紹介した新しいテクニックや例、見解を参考に、コピーライターとして「売る力」を高めることができる。大ベテランでも、いくつか知らないアイデアが見つかるかもしれない。それに、知っているアイデアでも実践してみればクライアントの売上を伸ばすことにつながるだろう。

本書では実例がふんだんに使われている。実際に使われたコピーや広告、CM、DM、ウェブページ、Eメール、パンフレットの見本を用いて、効果的なコピーの原則を説明している。ガイドラインは実践しやすいルールやヒントの形で提示してある。

ルールを知らないコピーライターでも名作広告はおそらく生み出せることだろう。何千回に1度くらいは。でも普段は、売る力のないコピー（見た目は良いが製品を売る力はない）ばかりという始末（そういうダメなコピーを作ってしまうのは、優れたコピーとは何かを知らないからである）。

本書で伝授する基本を習得すれば、名作広告を生み出したり、権威ある広告賞を獲ったりするようになる、と約束はできない。しかし、実用的な優秀コピーは書けるようになるはずだ。それは、広告を見た人に財布のひもをゆるめさせて製品を買わせる力のあるコピーのことである。

本書を読み進めるうちに、すでに薄々そうではないかと思っていたことをあなたは確信するはずだ。コピーライターは「作家」でも、プログラマーでも、データアナリストでも、グラフィックデザイナーでもない、ということを。コピーライターは人に製品を買わせることを生業《なりわい》とする営業なのだ。

何もがっかりすることはない。売れるコピーが書けるようになれば、人の心をつかむ言葉を紡ぎ出す仕事は、報道記事や小説などを執筆するのと同じくらい難しく、やりがいのあることなのだとあなたも私のように悟るはずだから。それに、一般的にはコピーライティングの方がよっぽど稼げる。

1つお願いがある。あなたが試してみて非常に効果が大きかったテクニックがあれば、ぜひ私に教えてもらいたい。そうすれば本書の改訂版で紹介できる。もちろん、あなたのテクニックであることは明記する。ご連絡をお待ちしている。

ロバート・W・ブライ

31 Cheyenne Drive Montville, NJ 07045

電話番号：+1-973-263-0562／ファックス番号：+1-973-263-0613

Eメール：rwbly@bly .com／ホームページ：www.bly.com

第4版のまえがき

デジタル時代では、先週スーパーで買った鶏肉の賞味期限よりも発行日が古い本は時代遅れだとみなされる。

本書の第3版が出版されてから10年以上も経つという読者からの指摘を受けて、第4版を出すべきときが来たことを悟った。

旧版を持っている方も、今回初めて本書を手にした方も、この増補改訂版には得るところがあるはずだ。

コピーライティングの根本は人間心理にあり、それは10世紀前から変わっていない。しかし世界は息もつかせぬスピードで変化していて、マーケティングも変容している。例えば、買い手を怒らせると文句を10人に言いふらされるとかつては言われていた。それが今では、ネット上のレビューやソーシャルメディアで無数の人々に悪評を広めることができる。

ここ10年で、デジタルマーケティングが光の速度で発展し、今やマーケティング予算の半分以上を占めるようになっている。従来型でもオンラインでもマーケティングチャネルの選択肢が数多くあるため、マーケティング戦略は30年以上前に本書が出版された当時よりもずっと込み入ったものになった（注1）。

それでは、第4版ではどんな最新情報が追加されたのだろうか。

ランディングページ（第12章）、オンライン広告（第14章）、ソーシャルメディア（第15章）、動画コンテンツ（第16章）、コンテンツマーケティング（第17章）について、最新版のためにこのたび新たに執筆した。少し手を入れただけの章も最新情報を大きく取り入れた章もあるが、ほかのどの章も改訂されている。特に、オンライン動画、SEO（検索エンジン最適化）、コンバージョン、Eメールマーケティング、オンライン広告、ソーシャルメディア、コンテンツマーケティングなどのデジタルマーケティング戦略についてのガイドラインには、正確で役に立つ最新情報を最大限に反映させてある。

注1：マルチチャネル・マーケティングキャンペーンの企画方法については、『The Marketing Plan Handbook』第2版（Entrepreneur Press, 2015）で詳しく論じている。

本書の読者について

本書は、広告制作側のプロと発注側のマーケターの両方を読者として想定している。読者諸賢に呼びかけるとき、そのどちらに向けたコメントなのかは文脈で分かるはずだ。もちろん、本書は大半がどちらにとっても有益な内容になっている。

『セールスライティングハンドブック 増補改訂版［新訳］』目次

第5章 下準備する

【凡例】

・内容に応じて、部分的に国内での事例に置き換えて掲載した。

・書籍内での引用部分については、邦訳がある場合でも原文を基に訳者が翻訳した。

第1章 コピーライティングとは

An Introduction to Copywriting

「コピーライターはタイプライターでものを売る営業です」(注1)

これは、ジュディス・K・チャールズ・クリエイティブ・コミュニケーション(小売業の広告ビジネスを専門とする広告代理店)の創業者社長、ジュディス・チャールズの言葉だ。これほど的確にコピーライターを言い表した言葉を、私はほかに聞いたことがない。

コピーライターとして最大の間違いは、一般人と同じ視点で広告を見ることである。それでは芸術や娯楽は生み出せても、ものは売れない。そんな人にコピーを依頼しても、時間とお金の無駄だ。

少し説明しよう。世間の人々は広告というと、笑えるもの、面白いもの、変わったもの、考えさせられるものを好む。

しかし、広告の目標は気に入られることでも、人を楽しませることでも、賞をとることでもない。商品を売ることなのだ。賢い広告主なら、広告が気に入られるか、楽しんでもらえるかなどは気にしない。気に入ってもらえればそれはそれで結構なことだが、広告は目的のための手段であり、その目的とは広告主の増収増益なのである。

これは当たり前の話なのだが、コピーライターや業界人の大半がそのことに気づいていないようだ。多くの人が芸術的な広告や、目を奪うような美しいデザインのホームページ、名作長編映画に負けないような芸術的でクリエイティブな傑作CMの制作にいそしんでいる。しかし、「売上アップ」という目標や、自分たちは芸術家でも映画監督でもなく「キーボードでものを売る営業」だという事実を忘れがちなのである。

もともとクリエイティブな質《たち》なので、広告のライターは広告のアーティストと同じく美的センスに訴えかける広告を好む。しかし、そのような広告に人々にものを買わせる力があるとは限らない。お金のかかっていない、シンプルでストレートな広告が、「買わせる」ことにおいて最大の効果を発揮することもあるのだ。

これは何も「広告は低俗でなければならない」「低俗な広告が一番売れる」などと言ってい

注1：もちろん、今の時代、タイプライターではなくパソコンやラップトップ、タブレット端末が使われている。が、ジュディス・チャールズがこの言葉を残した1982年頃にはタイプライターが主流だったので、この名言はそのままにしておいた。気になる方は心の中で「タイプライター」を「パソコン」や「モバイル端末」に読み替えてほしい。

るわけではない。広告の見た目やトーン、イメージは商品（製品やサービス）や対象とする顧客によって決めるべきであって、広告業界の流行やものを売るなどといった苦行を何が何でもやりたくない一部のクリエイティブな人々の美的センスによって決めるべきではないのだ。

いまどき誰も読書なんてしない、今はビジュアルの時代だ、と言う人もいる（これは誤解なのだが）。ラガン・コミュニケーションズのカーリン・トヴェットはこう言っている。

ビジュアルの人気は高まっていますが、コミュニケーターにとって何より大事な商品は今でも言葉です。

クリエイティブな人は当然、うまいコピーや凝ったプロモーションを手がけようとする。しかし顧客や雇い主に対してあなたは、広告のプロとして「最低限のコストで売上アップや新規顧客の獲得を図る」義務を担っているのだ。バナー広告やネット広告の方が雑誌の全面広告よりもうまくいくならそちらを使えばいいし、ただのハガキの方が音声つきポップアップDMよりも数字を出せるならハガキを使えばいいのである。

実は、広告の目的が「売る」ことだと気づくと（コピーライターのルーザー・ブロックは「売る」ことを「この取引で読み手がどう得するかという点を前面に打ち出していくこと」だと定義している）、買わせるコピーを作るのは創造性を要する難問だということが分かってくる。「売る」難しさは、アーティスティックな難しさとは一味違う。美的センスに訴えかける文章を書くのではなく、商品を調べ尽くしてほかでもなくその商品が欲しいと消費者に思わせる理由を見つけ出し、これは「買い」だと思わせるロジックを提示しないといけないのだ。目にした人が思わず商品を買わずにはいられないような、読んでもらえて、分かってもらえて、反応が引き出せる、圧倒的な訴求力のあるコピーで。

デジタル広告の大きな利点に、成果を即座に正確に測ることができるという性質がある。このため、同じ顧客が販促に用いたほかのEメールやウェブページと比べて数値（ページビュー、ページ滞在時間、クリック回数など）が劣る場合、コピーライターは創造性の高さやユーモアのセンスがどうのと御託を並べるわけにはいかない。

もちろん、「エンターテイメント性ではなく売る力こそコピーライターの目指すところだ」と公言しているのはジュディス・チャールズと私だけではない。広告、コピーライティング、創造性や「売る」ことについて、ほかの専門家がどう言っているか見てみよう。

価格と店舗情報を明記して「今すぐ買ってくれ」とストレートに訴える広告は、ハードセルと言います。どんな場合でも何よりこういうタイプの広告をまず試すべきです。もっ

とも美しい広告というものは、たいていの場合、もっとも結果が出せない、もっとも収益性の低いものですから。

――レイディオシャック社長　ルイス・コーンフェルド

人々を行動に駆り立てる力のある広告は、読者の知性に敬意を払うことを忘れない、製品のメリットに心から誠実に向き合っている［コピーライター］が制作した作品です。

――バッテン・バートン・ダースタイン&オズボーン（BBDO）共同創立者
ブルース・バートン

優れた広告は、あくまで製品を宣伝し、それ自体が注目を集めることはない広告だ。読者は製品に釘づけになっているべきである。策略を隠すのがプロの義務というものなのだ。

――デイヴィッド・オグルヴィ『ある広告人の告白［新版］』（海と月社、2006年）

ハードセルとクリエイティブ広告という二大陣営が広告業界にあるとしたら、私は前者に組する。ここに引用した専門家たちと同じく。

この本は、売れるコピーを書く方法を教えるために執筆した。消費者に製品を買う気にさせるためには、次の4つが必要だ。

1. 注目させる
2. 伝える
3. その気にさせる
4. 反応を引き出す

第2章では注目させるコピーの書き方を説明する。見出しと画像を用いて読者の関心を引く方法を授けよう（そして、それらをうまく組み合わせる方法も）。

第3章では伝える書き方をひもとく。デジタル広告でも従来の広告でも、明確で簡潔なコピーで読者に要点を伝えるためのルールを明らかにする。

第4章では、人をその気にさせる書き方のガイドラインを提示する。ライターとしてだけでなく、セールスパーソンとしての書き方を教えよう。

第5章では、どんな案件でも怖くない、ステップごとの手順を説明する。

第6章から第17章では、これまで説明してきた原則をウェブやそのほかさまざまな媒体で実践する方法を説明する。

作る側と受け取る側のどちらにとっても、インターネット到来でコピーライティングは変わった

本書の初版が発売されてから最大の出来事は、マーケティング媒体と販売経路としてのインターネットの台頭である。

初版の読者からは、「本書に載っているコピーライティングのテクニックは、このインターネット時代でも広告全般に、特にネット広告に通用するのか?」という質問が数多く寄せられた。その答えは、イエスでもありノーでもある。人をその気にさせる術の根本的なところはほとんど変わっていない。以前と違うのはセールスファネル（見込み客の絞り込み）とカスタマージャーニー（購入に至るまでのプロセス）だ。偉大なコピーライターのゲイリー・ハルバートが鋭く指摘しているが、「基本は決して変わらないが、基本のベストな応用方法としてどのようなものが出てきているか、常に学ぶ姿勢が必要」（注2）なのだ。

スピード、アクセスのしやすさ、使いやすさ、コストの低さという点で、インターネットは間違いなくマーケティングに革命を起こした。DMや雑誌広告、テレビCMよりも、Eメールの方がより速く、より簡単に、より低コストで同じ販促資料を拡散することができる。フェイ

スブック広告では、ユーザーが広告にアクセスすれば、ターゲットに直接働きかけることができる。また、Eメールやオンライン広告は配信後数分で結果の速報値が得られる。その一方で、DMでは成果が判明するまでに何週間もかかることがある。

デジタルの時代に刺さるコピーを書くための3つのキーポイント

インターネットはコピーの作成、評価、テストのやり方に次の3つの影響を与えた。

1. 人間心理

かつて、優秀なコピーは主に人間心理の理解に基づいていた。それが人の心をつかむコピーを作る一番の指針だった。

今日では、感情、データ、コンプライアンスという3大要素が、結果を出すコピーの作り方にかかわってくる（図1-1）。

注2：The Gary Halbert Letter, undated.

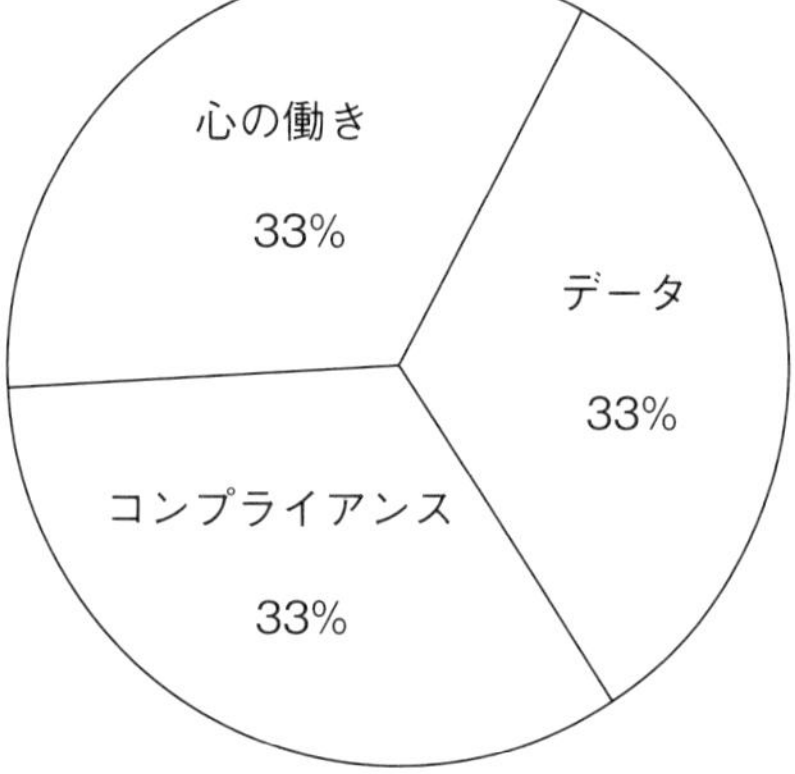

図 1-1　コピーライティングは心の働き・データ・コンプライアンスの 3 つの要素に基づく

コピーライターのフランク・ジョセフは、「いかなる種類のマーケティングであっても、感情と誠実さによって効果が高められないものはない」と述べ、スラム！エージェンシーのタイラー・ケリーはこう言っている。

デジタルだけでなく、人のことを分かっているデジタルマーケティングのプロが活躍するようになると思います。人がどのように考えるのか、何が人を動かすのか、どうして人は買うのかということを理解しているマーケターのことです（注3）。

ここで大事なのは、インターネットが人の本質を変えたわけではなく、ネット上で広告を読んだからといって購買心理も変わらない、という点だ。

古典の『広告マーケティング21の原則』でクロード・ホプキンスがこう述べている。

人間の本質は変化しない。カエサルの昔からほとんど変わっていない。そのため、心理学の原則は不変であり、時代を超越する。1度人間心理を学んだら、学び直す必要が生じることはない。

2. データ分析

感情は今の時代でも大事だが、コピーライティングはアナリティクスで得られるデータに基づくようになっている。

シグナル社のホワイトペーパーではこう述べられている。

意思決定者はもはや経験、直感、人づての情報に頼ることはできない（中略）。データ（中略）のみが真実の情報源である。常にすべてが変化し続けるこの世界で、マーケターを導く北極星なのだ（注4）。

注3：PR Daily, April 11, 2019
注4："From Digital-First to Data-First: 2019 Marketing Predictions." Signal white paper, p. 2.

または、ハブスポット社のジョーダン・プリティキンが言うように、「優秀なマーケターは数字を気にする」のである。

イーマーケター社の調査によると、アンケートに回答したマーケターの55%がデータの有効活用によりオーディエンス・セグメンテーション（訳注：対象を条件に基づいてグループ分けすること）とターゲティング（訳注：ターゲット層の選定）を効果的に行うことが3大優先事項に入っていると答えている（注5）。

データを無視するのは危険だ。というのも、今結果が出ていることを教えてくれるのがデータなのだ。また、実データとテストに基づく定量的測定は、主観的な意見に勝る。

コピーライティングで用いられるデータや情報については、どんなトピックでも生データやコンテンツがネット上にあふれている。

何十年のキャリアで、私はこれまで「少ないより多い方がいい」とクライアントに教えてきた。しかし、この考え方は改めなくてはならない。あるトピックについて何千件も記事が書かれていることもある（「ダイエット」でグーグル検索をしてみたら、1秒もかからずに200万近いページがヒットした）。この200万本の記事をじっくり読んだりしたら、いや、斜め読みするだけでも、締め切りには到底間に合わないだろう。

有名なジャーナリストのジョン・マクフィーは、「ライティングは情報の取捨選択だ」と述べている(注6)。この情報過多の時代に、ライティングでは情報の選択がかつてなく重要になっている。

マーケターの中にはデータを重視するあまり心情に訴えかけるコピーを無視する向きもある。心情に訴えかける効果的なコピーは、テストでよく使われる凡庸なコピーよりも反応（レスポンス）率が高いことが多いのだが。

また、製品カテゴリーや使いたい媒体で大々的な広告のテストに基づいて規則を作るマーケターもいるが、これはベテランコピーライターの経験則に反していることもある。例えば、ニッチ産業のあるクライアントは、新聞の半面広告に最も適した見出しの語数は8語から12語だと学んだ。それより長くても短くても反応率は下がる。私はこの案件を手がけるまでこの事実を知らなかったが、私の経験や意見、直感はこのクライアントのデータにかなわないわけである。

注5："Awash in Data," eMarketer Daily, April 12, 2019.
注6：http://www.writingfromtheheart.net/writing-advice-from-john-mcphee/.

3. デジタル・コンプライアンス

どんな検索エンジンやソーシャルネットワーク、ウェブサイト、または広告の出稿先として考えているデジタルプラットフォームでも、その媒体の広告ガイドラインと規則を守らなくてはならない。守らなければ広告は掲載されず、誰も目にすることはない。

こういったコンプライアンス要件を遵守しつつ伝えたいメッセージを打ち出せるネット広告を作成するのは難しいこともある。

例えば、本書執筆時では、フェイスブックは特定の効果を謳《うた》うダイエット広告を審査で落としている（7日間で5キロやせる、など）。しかし、マーケターは規則の抜け穴を見つけ出す。フェイスブックのダイエット広告は、製品のベネフィットを謳うものよりも食品を取り上げたものが主流になった（例えば、「この野菜は捨てなさい、と一流の医者が警告」など）。

抜け目ないマーケターたちは、媒体の規制が厳しくても、以前よりも効果的で大胆な広告を承認してもらおうと、まっとうで賢いやり方を見つけ出している。

とはいえ、データとコンプライアンスのせいで、以前はなかった制約にコピーライターは対処しなければならない。コピーライターのリチャード・アームストロングはキーポイントの2と3がもたらす弊害を次のように述べている。

「私がピアノ椅子に座ると皆に笑われた。でもいったんピアノを弾き出すと……」というコピーの時代から、「この広告で宣伝している通信講座を受講すると、何時間も真剣に練習する気があるのなら、ピアノの弾き方を身につけるのにいくらか役立つ可能性があります」というコピーの時代になったのです。

決まりを守ることは重要だが、何がコンプライアンスにあたるかは解釈が分かれるところでもある。ざっくり言うと、完璧なコンプライアンスに10％近づければ、反応率は10％下がる。コンプライアンスの徹底もやりすぎすると、多くの場合、コピーの効果は損なわれるというのが実情なのである。

昔かたぎのコピーライターに朗報

あなたがこれまでのキャリアで学んできたコピーライティングのテクニックや営業の原則は、本書で学んだことも含めてその大半が今でも通用する。

それでは、インターネットは読者にとっても変化をもたらしたのだろうか？　答えはイエス。

例えば、次のような数多くの変化が起こっている。

1. インターネット、コンピューター、テレビゲーム、そのほかスクリーンを使う電子機器のせいで、注意力を持続できる時間は短くなっている。ライティングでは昔から簡潔な文章がよしとされてきたが、その重要性はますます高い。これは何も、「長いコピーに効果はない」「すべてのコピーは最低限の長さにするべきだ」などと言いたいわけではない。しかし、『The Elements of Style』のストランクとホワイトの金言「不必要な言葉は省くこと」に従い、コピーはすっきりと簡潔なものにしないといけない。

2. 読者がこれほど大量の広告や情報にさらされたことは人類史上なかった。イェール大学の司書であるラザフォード・D・ロジャースが言ったように、「情報の海に溺れながら、知識には飢えている」のである。つまり、読者の悩みに寄り添い、ニーズや欲望、欲求、恐れに応えるような読者の心に届くコピーを書かなければならない。

3. インターネットのおかげで消費者には知恵がついた。販促は避け、誇大宣伝は見抜けるようになり、以前よりも懐疑的になっている。印刷物でもネット上でも、上から目線ではなく消費者の知性に敬意を払い、問題解決や購入決定に役立ちそうな、有益で実用的な情報を教えてくれる学べる広告が好まれるのだ。

4. 宣伝より情報提供が主目的のコピーは「コンテンツマーケティング」と呼ばれている。また、有料広告よりも記事みたいな広告は、記事広告やネイティブ広告と呼ばれる。

5. 潜在顧客は多忙で時間がない。便利ですぐに入手できることは、時短と同じく商品の大きな売りとなる。

6. 今日、マーケターには印刷広告、ネット広告、またはその両方という選択肢がある。「マルチチャネル・マーケティング」では一般的に印刷広告とデジタル広告による宣伝を交互に行う。

7. 印刷メディアとデジタルメディアの統合がかなり進んできた。セールスファネル（販売経路）やカスタマージャーニー（購入決定にいたる道筋）などのリードや売上を生み出すためのステップも、顧客が購入の際に体験するプロセスも、複数の段階からなり、

インターネット・マーケティングの時代が到来する以前と比べて洗練されてきている。

コピーライターにとってありがたいことに、デジタルマーケティングが急速に広まり、それに伴って新しい販売経路が生まれたおかげで、コピーライティングはネット販売でも従来型の販売でも非常に重要なスキルになった。

一体、なぜか。それは、今日の消費者は以前よりも賢く、懐疑的だからである。インターネットのおかげで、製品や価格についての情報がすぐに手に入り、ほかと比較して買い物ができる。多くの製品やブランドから選べるので、ＣＭやＥメール、バナー広告、ＤＭなど、多くの広告が消費者の注意を引こうと競い合っている。

その結果、消費者は大量のコミュニケーションにさらされるようになっている。ウェブサイトは10億以上もあり、テレビのチャンネルは８００以上もある。Ｅメールは日に何百件も届き、営業の電話が十何件もかかってくる人もいる。

これほどまでに大量の情報の中で、印刷物でもネット上でも商品を目立たせ、潜在顧客の目を奪うためには、今まで以上に、読者の心に訴えかける強力なコピーが必要なのだ。

もちろん、リストや媒体、スペシャルオファーは非常に重要だ。しかし、商品にとって一番効果的なものは割と容易に突き止められる。正しいリストや広告ネットワーク、スペシャルオファーが判明したら、反応率を上げるために使える武器はあと1つだけ。そう、コピーである。コピーライティングはネット販売の成否を握っている。ニック・アスボーンは著作『Net Words』でこう指摘している。

お気に入りのウェブサイトを見てみてほしい。きらびやかなデザインとテクノロジーをはぎとったら、言葉が残る。ネット上で差別化を図るための、最後にして最高の手段である。

マーケティングでは、ネット上でも印刷物でも、コピーが今も至上の存在なのである。

ネット動画はコピーライティングをどう変えたか？

昔は、販促動画はDVDを郵送するか、営業がノートパソコンで潜在顧客に見せたものだったが、ヴィメオやユーチューブには、20秒から45分、またはそれより長い宣伝動画があふれている。オンライン動画プラットフォームの主流はユーチューブで、1日に50億件の動画が閲覧され、毎分300時間分の新しい動画がアップロードされている（注7）。

見て学ぶ、聞いて学ぶ、読んで学ぶ、試して学ぶという4つの基本的な学習方法がある。問題は、市場を好みの学習方法でグループ分けするのが難しいということだ。そのため、コンテンツは複数のフォーマットで提供するといい。

- 見て学ぶタイプの人にはMP4の動画ファイル
- 聞いて学ぶタイプの人にはMP3の音声ファイル
- 読んで学ぶタイプの人には書籍や電子書籍
- 試して学ぶタイプの人にはワークショップやトレーニングなど体験型イベント

『ClickZ』誌［2019年5月1日］掲載の記事によると、体験型マーケティングに参加した人の73%が、そのブランドの製品を購入する可能性が高くなるという。

ソーシャルメディアはマーケティングをどう変えたか？

ソーシャルメディアはインターネット全般を変えた。特に、次の4大変化をマーケティングにもたらした。

第1に、世界にメッセージを発信するのに巨額の広告予算は今や必要ない。1つか2つのソーシャルメディアでアカウントを取得して投稿すればいい。

第2に、インターネット上でのやりとりは非公開のものもあるものの、公開アカウントで投稿した文章や写真は誰でも閲覧できる。そのため、ソーシャルメディアはインターネット利用者のプライバシーの強度を低下させる。

第3に、ソーシャルメディアはほかのデジタル媒体の大半よりも双方向性が高い。気が向けばほかのユーザーの投稿にコメントできる。また、SNSでは、口論のスレッドが長く伸びていき、口汚く個人攻撃されることもある。どうやら、面と向かっては決して言えないようなことでも、モニター越しなら平気で言えるものらしい。

第4に、ソーシャルメディアネットワークの大半が広告を掲載しており、広告が主な収入源であることも多い。運営側の考えひとつで、広告は説明もなく却下されることがある。そのため広告に関して言うと、インターネットは自由な情報交換のための全世界的な媒体ではなく、制約の多い、厳重に管理されたものなのである。

注7：https://merchdope.com/youtube-stats/.

マルチチャネル・マーケティングはコピーライティングをどう変えたか？

本書の初版が世に出てから最大の変化は、インターネットが「マーケティング」と「Eコマース」の場として大きな存在になったことである。

マーケティングマネジャー、ブランドマネジャー、中小の経営者、コピーライターが直面している課題は、マーケティング経路（チャネル）の数が増えているので、複数の経路をうまく組み合わせてキャンペーンを成功させる計画を立てること、そして最大の成果があげられる「セールスファネル」を作り上げることである。セールスファネルとは、よく知らなかった商品を購入してもらうために営業が仕掛ける、潜在顧客との一連のコミュニケーションのことを言う。

例えば、コンバージョン率（ウェブページを訪問して、製品を注文するか、無料のコンテンツをダウンロードするなどの反応をしたユーザーの率のこと）を上げてほしいとよくクライアントに頼まれる。しかし、そもそも測定していないので、現在のコンバージョン率を知らないクライアントも多い。成果を測り評価するための数値がなければ、どのコピーが最大の効果を発揮しているかは分からずじまいだ。

マーケティングチャネルの増加に伴い、「アトリビューション」の問題も発生している。アトリビューションは「どのプロモーションキャンペーンが問い合わせや注文の元になったか」を意味する。マルチチャネルの世界では、アトリビューションを正確に把握することは難しい。ユーザーはさまざまなページを、ときには同じセッション内にクリックする。これは問題だ。というのも、アトリビューションと広告のパフォーマンスを正確に把握できなければ、どういう広告が成果を上げるのかが分からず、どのキャンペーンを続けるべきで、どの広告を取り下げるべきなのかが判明しないのである。

イーマーケターによると、1000人以上のマーケティング担当者を対象とした調査で、「効率をあげるためにマーケティングツールの統合を図る」のが最優先事項だと答えたマーケターは10名のうち4名を超えるという（注8）。

注8：eMarketer, April 12, 2019, p. 2.

第2章 パッと目を引くヘッドラインと件名

Writing to Get Attention: The Headline and Subject Line

雑誌や新聞、ネットでメールマガジンを読むとき、広告はたいてい無視される。読んだり、クリックしたりするのはごく一部だ。しかし、読みもしない広告の中に、実は気になる製品の宣伝があることも多い。

広告を読まない理由はシンプルだ。世の中に広告があふれすぎているのである。すべて読んでいる時間もその気力もない。

だからこそ、コピーライターは気を引く広告、Eメール、ランディングページを作るために奮闘しないといけないのである。インターネット、雑誌、メールボックス……どこを見ても読者の気を引くものはほかにごまんとある。

例えば、アメリカの企業はメディア広告に年5000億かけている(注1)。

さらに、他社の広告だけでなく、読者が目にするあらゆるコンテンツがライバルなのだ。情報量が増えたせいで、どんな情報でもなかなか気づいてもらえない。都市部に暮らす米国人の大半が、1日に4000件以上の広告にさらされているのだ(注2)。

読者の関心を引くために何か特別なことをしなければ、広告は気づいてもらえず、当然読んでももらえない。『ビジネス・マーケティング』誌の元編集長ボブ・ドーナス氏は、「ごみの山から飛び出してくる」のが優秀な広告だという。

DM業者は、読者に読んでもらえるかどうかは最初の5秒が勝負だと知っている。DMをざっと見て5秒以内に何も興味を引かれるものがなければ、DMはそのままごみ箱行きだ。広告やCMも同様で、ほんの数秒で潜在顧客の関心を引かないと、ページをめくられたり飲み物をとりに台所に行かれたりしてしまう。コールドメール（購入した営業リストに配信するEメール）の開封率は平均で14%から23%だ(注3)。

広告において「つかみ」をとるのはヘッドライン(訳注)の役目である。「うまいヘッドラインが浮かんだら、うまい広告ができたも同然だ」とジョン・ステープルズ氏が著作『How to

注1：https://www.statista.com/statistics/273288/advertising-spending-worldwide/
注2：https://www.forbes.com/sites/forbesagencycouncil/2017/08/25/finding-brand-success-in-the-digital-world/#2765ac6626e
注3：https://www.propellercrm.com/blog/cold-email-statistics
訳注：商品広告などではメインコピー、ウェブサイトでは大見出しと一般的に呼ばれる。

Make Your Advertising Make Money』（仮邦題：もうかる広告）で述べている。そして、「いかに偉大なライターでも、下手なヘッドラインの広告はどうにもすることができない」、と。

ヘッドラインで「つかむ」には？

あらゆる種類の広告で、「第一印象」（読者が目にする、読む、耳にする最初のもの）が広告の成否を決める。つまらない、自分には関係ないと第一印象で思われてしまったら、関心は持ってもらえない。ニュースや役に立つ情報、広告を読むことで何か得られるものがあれば、第一印象で読者の興味が勝ち取れる。それが製品を買わせる最初の一歩なのだ。

それでは、第一印象とは一体どういうものなのだろう。

・紙媒体の広告ではメインコピーとビジュアル
・ウェブサイトではホームページの大見出しとキャッチコピー
・ラジオ・テレビCMではオープニングの数秒間
・DMでは封筒のキャッチコピーや本文内の冒頭の数行

・プレスリリースでは第1段落
・販促のパンフレットやカタログでは表紙
・パワーポイントのプレゼンでは最初のスライド数枚
・オンライン動画では最初の20秒
・メールマーケティングでは差出人と件名

本文にどれほど説得力があっても、製品がどれほど優秀でも、関心を持ってもらえなければ売れない。「つかむ」ヘッドラインは売れる広告のカギだというのは、広告のプロの大半が口をそろえるところである。

デイヴィッド・オグルヴィは『ある広告人の告白』でヘッドラインについてこう述べている。

広告ではほとんどの場合、ヘッドラインが最重要となる。読者がコピーを読むかどうかの決め手となる「電報」だ。

平均で、ヘッドラインを読む人は本文を読む人の5倍である。ヘッドラインを書き終えたら、1ドルのうち80セントは使ってしまったことになる。

ヘッドラインで売り込めなければ、クライアントのお金を80％は無駄にしたわけだ。

ある広告のヘッドラインを替えただけで販売力が10倍にあがった、とオグルヴィは述べている。私も同じような経験がある。それでは、ヘッドラインの成否を分けるのは何か？

多くのコピーライターが、言葉遊びや気の利いた言い回しがあれば優れたヘッドラインになると信じ込んでしまっている。しかし、少し考えてもらいたい。何かを購入するとき、営業トークで楽しませてもらいたいだろうか。それとも、どれが手頃な価格で高品質の製品かが知りたいだろうか。

答えは明白だ。人は買い物をするとき、ニーズを満たす予算内の製品を求める。腕利きのコピーライターはこのことを分かっているので、うまい言い回しや仕掛けなどではなく、製品のベネフィットをヘッドラインに盛り込む。広告を眺める読者が知りたいのは、「この製品を買ったら私に何の得がある？」ということなのだ。いくつか例を見てみよう。

・読者の利益をアピールする典型例が、デール・カーネギー著『人を動かす』の広告のヘッドライン、「どうすれば友達が作れて、人が動かせるか」だ。この広告を読んで本を買えば友達ができて人が動かせるようになる、と謳っている。このベネフィットは抗いがたい。よほどの世捨て人でなければ友人は欲しいものだ。

・「ガイコなら15分で自動車保険代を15％節約します」というのは、時間とお金の節約という最も基本的で魅力的なオファーだ。

どの見出しでも、広告を読むと得だというベネフィットを消費者に提供している。時間を割いて広告を読めば、製品購入に関して具体的な、役に立つ情報が得られると約束しているのである。

ヘッドラインの4つの機能

ヘッドラインは注意を引くだけではない。先のデール・カーネギーの広告の例だと、本文を読めば有益な情報が得られると読者を誘っている。また、特定の読者層にピンポイントに働きかける広告は多い。

ヘッドラインには以下の4種類の役割がある。

1. **注意を引く**
2. **特定の読者層に働きかける**
3. **完全なメッセージを伝える**
4. **読者を本文に引き込む**

実際に、どのようにこの4つの役割を果たしているかを見ていこう。

1. 注意を引く

読者の利益になることを強調して注意を引く、というのは先ほど見た通りだ。このタイプのヘッドラインをいくつか挙げてみる。

●GEエアコンの例

「今年も猛暑に耐えますか?」

●ノックスジーマの保湿クリームの例

「毛穴すっきり、てからない肌ならノックスジーマ」

ほかにも、読者の注意を引くのに効果的なのが、ニュースを提供するやり方だ。こういうタイプのヘッドラインでは、「新しい」「実感」「紹介」「発表」「今すぐ」「登場」「ついに」「新発売」などの表現が使われる。

●エクササイズの広告の例

「話題の新作動画で今すぐに細い太ももをゲット！」

ヘッドラインで「無料」という言葉を使っても問題ないのなら、ぜひ使うべきだ。無料というのはコピーライターにとって最強の武器となる。誰だってタダには弱いのだから。

目を引く効果の高い言葉は、ほかにも「～するには」「なぜか」「あなた」「セール」「すぐに」「手軽」「バーゲン」「最後のチャンス」「保証」「結果」「実証された」「お得」などがある。しょっちゅう広告で見かける表現だからといって避けないように。多く使われるのは効果があるからなのだ。コピーライターとしての腕は、オリジナリティではなく、コピーで生み出した売上で測るものなのである。

ヘッドラインで有益な情報をちらつかせるのも効果的だ。その情報は本文内で提供するか、無料のパンフレットに記載して資料請求に誘導する。

●メリルリンチの例

「振興成長株67銘柄の最新無料レポート」

読者にベネフィットを約束しない、または製品にまったく関係がないヘッドラインや仕掛けで読者の関心を引こうとする広告制作者も多い。しかし、こういう仕掛けは多くが失敗に終わる。好奇心から見物人は大勢寄ってくるのだが、真剣に購入を検討する消費者はほとんどいないので、売上につながらないのだ。

ヘッドラインを書くときは、重要なベネフィットや消費者の関心事を1つ選んで、はっきりと、ドラマチックに提示する。好奇心を刺激しても製品に関係がない言い回しは避けること。

2. 特定の読者層に働きかける

65歳以上に生命保険を勧めるのなら、若い世代から引き合いがくるような広告を作っても意味はない。ヘッドラインによって、広告の正しい読者層を選び、製品を購入しそうもない人々をはじくことができる。生命保険の例なら、「手頃な価格の生命保険をお探しの65歳以上の方へ」

という具合である。

3．完全なメッセージを伝える

デイヴィッド・オグルヴィによると、読者の5名に4名がヘッドラインだけを読んで本文は読まないという。これが本当なら、言うべきことはヘッドラインですべて言った方がいい。そうすれば、ヘッドラインしか読まない80％の読者にも売り込めるわけである。完全なメッセージを伝える大見出しの例を挙げる。

「日立のエアコンは電気代を50％も節約」
「オールステートの傷害保険なら、事故に遭っても等級があがりません」

ヘッドラインには決め手となる売り文句とブランド名を入れるべきだと同氏は言っている。例えば、健康商材の半面広告なら、ヘッドラインや見出しに製品名を入れるとたいてい良い反応が得られるようになる。

4. 読者を本文に引き込む

酒類、清涼飲料、ファッションなどの分野では、見栄えの良い写真とパンチの効いたヘッドラインを使えば、言葉は費やさなくても製品は売れる。

しかし、自動車やコンピューター、書籍、レコード、通信教育、生命保険、投資など、情報を大量に出さねばならない分野は多い。情報が盛り込まれるのは本文なので、ヘッドラインで本文を読ませたいと思わせる必要がある。

本文を読ませるためには好奇心を刺激すること。それには、ニュースや興味をそそるもの、謎めいたことが効果的だ。問いかけたり、大胆な発言をしたりするのもいい。本文を読めば何らかの見返りや知らせ、役に立つ情報が手に入ると思わせる、という手もある。

やる気を引き出すパンフレットのセールスレターを例にとってみる。ヘッドラインは「日本人上司にあって米国人上司にないものとは？」。当然、米国人上司たちは事業経営に強い日本人の秘訣を知りたいと思うわけである。

フェイシャルローションの古典的なヘッドラインでは、「美容整形に大金を注ぎ込まなくても、たったの5ドルで……」と読者を本文に引き込む。一体どんなものなのだろうと好奇心が刺激されるのである。これが「この5ドルのローションは高額の美容整形に代わる安価な選択肢です」というヘッドラインだったら、本文は読んでもらえない。

ヘッドライン　基本の8種類

クリエイティブな人なら、法則は使わず、独自性を大事にして新しいアプローチを追い求めるのは当然なことだ。この章に出てくるヘッドラインの多くが、「○○する方法」「○○する3つの秘訣」「新しい○○をご紹介」など、ガチガチの法則にはめこんだだけに見えるかもしれない。とはいえ、コピーライティングにはどうしてもルールがある。

コピーライターはアーティストではない。営業なのだ。文学作品を生み出すことではなく、読者に製品を買う気にさせるのが仕事だ。DMを得意としていた一流コピーライターの故ジョン・フランシス・ティグは「オリジナリティを追求するのが我々の仕事ではない。実証済みのテクニックを再利用するのが我々の仕事なのだ」と述べている。

もちろん、他人の仕事をまねることがコピーライターの本分だといっているわけではない。肝は、うまくいくテクニックを売りたい製品に当てはめて、説得力があり、記憶に残るような、刺さるコピーを作ること。当然、一流のコピーライターはルールをあえて破ることで名作コピーを生み出す。しかし、そうするためにはまずルールを知る必要がある。

というわけで、これまで無数の商品の宣伝で効果が実証されている8種類のヘッドラインを紹介しよう。活用して、自分の売れるヘッドラインの型を見出してほしい。

1．ストレートなヘッドライン

ストレートなヘッドラインでは、言葉遊びも語呂合わせも使わず、含みも持たせず、製品の売りをそのまま提示する。例えば、「絹１００％のブラウス――30％オフ」はこれ以上ないほどの直球勝負だ。新聞のチラシでよく見かけるセールのお知らせでは、たいていストレートな表現で店舗へと誘導する。

2．持って回ったヘッドライン

このタイプのヘッドラインでは、持って回った言い方で訴求点を伝える。ヘッドラインで読者の好奇心を刺激して、読者が抱いた疑問に本文内で答えを提示する。

例えば、「妻との別れをたった1日で決めるなんて。」というコピーがある。「別れを決める」ということは離婚関連の広告かなと思わせる。しかし本文を読むと、長年連れ添った妻の葬儀の話であることが分かる。ヘッドラインの意味は本文を読まないと分からないようになっているのだ。

3. ニュース型ヘッドライン

製品について新情報があるのなら、ヘッドラインで宣伝するといい。新製品の紹介や、既存製品の向上点や新しい用途でもいい。

●ノルウェージャン・クルーズライン社の例

「ついに、パンフレットそのもののカリブ海クルージングが登場」

この例は、ニュースを知らせるだけでなく、読者に寄り添った視点という訴求力もある。素敵な旅行プランのパンフレットに期待をふくらませていたら現地でがっかり、という経験は誰にでもある。この点をつくことで、読者の信頼を勝ち取っているわけである。

4. ハウツー型ヘッドライン

ハウツーものは、広告でも雑誌記事でも本のタイトルでも効果的だ。「○○する方法」というタイトルの書籍は7000冊以上も出版されている。ヘッドラインで「○○する方法」と銘打てば、本文では役に立つ情報やアドバイス、解決策が提示されるのだと読者は思う。「ちょっ

とした パーティーを豪華にする方法」「サクッと名文を書く方法」「30日で禁煙する方法……返金保証あり」「ウェビナーで購買サイクルを回す方法」など。

ヘッドラインが思いつかないときには、まず「○○する方法」と書いてみる。後は「○○」の部分を埋めれば、使えるヘッドラインの出来上がりだ。もっと良いものが思いつかなければこれで十分である。

5. 質問型のヘッドライン

このタイプのヘッドラインの場合、読者が共感できる質問か、読者が答えを知りたがるような質問でなければ効果はない。

●生命保険会社の例

「従業員が1人病気になると、会社が損を取り戻すのにどれくらいかかるでしょうか?」

大事なのは、あくまで読者の利益、好奇心、ニーズに重点を置くこと。「XYZ社の最近の取り組みをご存じですか?」のように、自分のことを語るだけのヘッドラインをよく見かける。これでは読者は「知らない」と思うだけで、そのまま通り過ぎてしまう。

6．呼びかけ型のヘッドライン

このタイプのヘッドラインは、潜在顧客に行動を起こさせることで売上を伸ばす。

「このクーポンを利用しよう」ハーショウ・ケミカル
「定期購読して、特別号を無料で入手」『プリベンション』誌

7．理由提示型のヘッドライン

製品の特長を箇条書きにすれば、効果的な本文がさっと出来上がる。このタイプの本文なら、理由提示型のヘッドラインが使える。

例えば、「マネーショー・トロントが見逃せない5つの理由」「この4日間のうちに毛皮を買うべき120から4000の理由」という具合だ。

「理由」という言葉をかならず入れないといけないわけではない。「6つの方法」「7つのステップ」「○○するには」などの表現も効果的だ。

8．証言型のヘッドライン

このタイプのヘッドラインでは、顧客に宣伝をしてもらう。例えば、パブリッシャーズ・クリアリングハウスのテレビCMでは、過去の懸賞当選者に高額の懸賞金を獲得したいきさつを語らせている。満足度の高い顧客の言葉なので、説得力があるわけだ。

雑誌広告の場合、たいてい顧客の写真つきで、顧客が実際に話しているかのように書く。ヘッドラインでも本文でも引用符を使うので、これは実際の声だとすぐ分かる。

証言型のコピーを書くときは、できる限り顧客自身の言葉を使うこと。手を入れていない、発言そのままの語り口調の方が、広告の信憑《しんぴょう》性が高まる。

スワイプファイルに入れるべき38のヘッドライン

スワイプファイルとは、広告を作る際に参照する作品集のことを言う。ヘッドラインのアイデアに詰まったときにはこのファイルが大活躍する。優秀なコピー作品を眺めて、新しい広告やDMのインスピレーションをもらうわけである。

スワイプファイルに入れておくオススメのコピーは、昔から使われているテクニックを使ったコピーだ。よく使われるということはすなわち利益を生むコピーなのである。ファイルに入れたサンプルの中で何度も目にするコピーには赤で印をつけておくこと。そうすれば一目で使えるコピーが見つかる。

私が作成した膨大なスワイプファイルの中から、そういう使えるヘッドラインをいくつかここに披露する。使われているテクニックが一目で分かるように分野別にしてある。

---

1. ヘッドラインで問いかける

「日本人上司にあって米国人上司にないものとは?」

2. 時事問題にからめる

「マーサ・スチュワートのように株式市場の先を行こう。ただし、合法的に」

3. 造語する

「機械の消耗部品に磁力でくっつく『有極性の油』なら、消耗部品が6倍長持ち」

4. 「新発売」「ご紹介」「発表」などの言葉を使ってニュースを知らせる

「痛みのない防衛費削減を発表」

5. 読者に行動を呼びかける

「このクーポンを利用しよう」

6. 数値や統計を用いる

「1個の鉢植えが1万7000個も花をつけるなんて⁉」

7. お得情報をちらつかせる

「注文住宅・建売住宅の購入で失敗しないためには」

8. 売りを強調する

「新刊本も雑誌のように定期購読ができるようになりました」

9. ストーリーを持たせる

「私がピアノ椅子に座ると皆に笑われた。でもいったんピアノを弾き出すと……」

10. オススメを入れる

「今すぐ買うべき5つの優良株」

11. ベネフィットを提示する

「お手軽にＵＮＩＸデータセンターを管理」

12. 比較する

「排ガス問題の解決策——従来のベンチュリースクラバーと比べてエネルギー代が半減」

13. 想像しやすい言葉を使う

「なぜ一部の食品は胃の中で『爆発』するのか」

14. 証言を用いる

「アヴブレンドなら飛行距離が50万マイルに達してもカムシャフトの故障はありませんでした」

15. 無料のスペシャルレポートやカタログ、パンフレットを提供する

「最新の無料スペシャルレポートでは、財産を守るために富裕層がとっている秘策をお教えします」

16. 売りをストレートに分かりやすく伝える

「手術台の修理——代替品を無料で提供」

17. 読者の好奇心を刺激する

「今すぐ買うべき唯一のインターネット株。ヒントは、皆さんの思っている株ではありません」

18. 秘密を明かすことを約束する

「ウォールストリートの秘密の論理を解き明かす」

19. 具体的に言う

「ロールスロイスの新車は、時速100キロでも電子時計の音しか聴こえません」

20. **特定の読者層を狙う**
「高収入キャリア狙いの人材を求めています」

21. **時間の要素を入れる**
「待っている間に一瞬で法人化」

22. **コストダウン、割引、コストパフォーマンスを強調する**
「2177ドル相当の高級株式市場ニュースレターが、何とたったの69ドルで購読できます」

23. **朗報を伝える**
「何歳でも聴力はあがります」

24. **ほかの商品に代わる選択肢を提示する**
「イェール大学に通う時間がないから、自宅でオンライン大学」

25. **挑戦状をたたきつける**
「あなたの頭皮、大丈夫？　頭皮チェックを受けてみませんか？」

26. **保証を強調する**
「アプリ開発にかかる期間を6分の1に。返金保証あり」

27. **価格を提示する**

---

28. 矛盾する言葉を組み合わせて使う（撞着語法）

「メインフレームにパソコン8台をたったの2395ドルでつなげます」

29. ほかでは手に入らない特典を提供する

「100%合法の『インサイダー取引』で儲ける！」

30. 読者の関心事を取り上げる

「世間は知らない『トレーダーの秘密兵器』で500%超の収益を叩き出す」

31. 「信じがたいことですが……」

「小規模企業の大半が破綻する理由とその対策」

「信じがたいことですが、株価2ドルで今日売りに出されたこの小さなR&D企業の株は近いうちに100ドルまでいくかもしれません」

32. 大きく出る

「20歳は若返ります」

33. 製品購入の費用対効果を提示する

「人材選びを間違うと、かかるコストは1年分の給与の3倍」

34. 「理由」を使う

「全米の制作会社が大事なテレビCMにはユニラックス社のストロボライトを選ぶ

7つの理由」

35. 商品について大事な質問に答える

「集金代行業者の選定で聞くべき7つの質問とその答え」

36. 特典の価値を強調する

「定期購読にすれば、今なら280ドル分のプレゼントあり」

37. 目標の達成を手伝う

「30日間で成功するマーケティングプランが作成できます……しかも無料で」

38. 一見矛盾したことを言う

「自宅のどの部屋でも瞬時に涼しく――エアコンなしで」

サンプルの多くが数字を使っていることにお気づきだろうか。数字は読者の目を引く。かならず漢数字ではなく算用数字で書くこと。「7つの理由」と書けば、読者は7つの理由が知りたくて広告を読んでくれる。また、記事広告というよりも通常の編集記事のように見える、箇条書きの広告やコンテンツは、書きやすくて読みやすい。

効果的なヘッドラインを作るための4つのU

広告を目にした見込み客は、通常ものの数秒で、広告を読むかどうかを判断する。その決め手はヘッドラインだ。広告があふれているこのご時世に、どうすれば多忙な潜在顧客に「この広告は読む価値がある」とたったの数語で思わせることができるだろうか。

コピーライティングで役に立つ4つのUがある。緊急性（Urgent）、独自性（Unique）、具体性（Ultra-specific）、有用性（Useful）だ。

同業者のマーク・フォードが刺さるヘッドライン作成のために創り出した4つのUによると、強力なヘッドラインは以下のように定義される。

1. 緊急性（Urgent）——緊急性があるヘッドラインは、読者に後でではなく今すぐ行動を起こさせる力がある。緊急性を醸し出すためには時間の要素を取り入れることだ。例えば、「今年は在宅勤務で10万ドル稼ごう」というコピーは、「在宅勤務で10万ドル稼ごう」よりも緊急性がある。また、期限つきオファー（ある日時までに注文すると適用される割引や特典など）でも緊急性が出てくる。

2. 独自性（Unique）――効果的なヘッドラインは何か新しい情報を出すか、読者が知っていることでも新鮮な言い方で表現する。例えば、日本製のバス用品を宣伝するEメールは、「なぜ日本人女性は肌がきれいなのか」というヘッドラインを掲げている。これは「日本製のバス用品、10％オフ」という普通の広告とは一味違う。

3. 具体性（Ultra-specific）――ニュースレター出版のボトム・ラインは、「魅惑のタイトル」と呼ばれる具体性の高い箇条書きの大家である。読者はヘッドラインに興味をそそられ、本文まで読み進めて製品を注文してしまうのだ。例えば、「飛行機で決して食べてはいけないもの」「支払いが遅れても問題ない請求書」「還付申告をするベストタイミングとは」など。

4. 有用性（Useful）――強力なヘッドラインは、ベネフィットを提供することで読者の欲をかきたてる。「スキーで節約しよう」というヘッドラインでは「節約」がベネフィットになっている。

ヘッドラインが書き上がったら、４つのＵに当てはまるかどうか検討してみてほしい。それぞれ、１点（ほとんど当てはまらない）から４点（非常に当てはまる）で計算してみよう。

４つのＵ全項目で３、４点をとるヘッドラインは滅多にない。が、少なくとも３つの項目で３点か４点がとれていないようなら書き直した方がいい。もっと強力なヘッドラインにできるはずだ。

反応率が良いからといって弱いヘッドラインをかばうのは、コピーライターがよく犯す間違いだ。そうではなく、「ヘッドラインが弱いにもかかわらず反応がいいのなら、４つのＵを当てはめていればどんなに収益率が高くなっていたことだろう」というのが正しい考え方である。

「無料のスペシャルレポート」という件名のＥメールキャンペーンが成功したとあるマーケターが教えてくれた。４つのＵに照らし合わせてみるとどうだろうか。

・緊急性――緊急性も適時性もない。４点満点でいうと「無料のスペシャルレポート」は１点だ。
・独自性――たしかに無料のスペシャルレポートというのはかならずもらえるものではないが、よくある特典ではある。そのため、独自性という観点では２点。

・具体性――「無料のスペシャルレポート」よりも具体性が低い件名はあるだろうか？
まぁ、「無料特典」ならこれよりもさらに具体性が低い。1点ではなく2点にしておこう。
・有用性――レポートには何か役に立つ情報が記載されているということくらい、読者は分かるだろう。だが、その役に立つ情報はあくまでレポート本文中に記載されていて、ヘッドラインではどのような情報なのか匂わせてもいない。ただでさえEメールは大量に送られてくるのに、読者は「無料のスペシャルレポート」をありがたがるだろうか？2点にしておこう。トピックを提示すれば得点は上がる（例えば、「無料のスペシャルレポートでは、Eラーニングで研修費を90％カットする方法を紹介します」）。

ヘッドラインを書くときには、かならずこうして4つのUをチェックしてみてほしい。従来型の広告でも、Eメールの件名やDMのティーザーコピー、レターの見出し、ウェブページの大見出し、小見出し、箇条書きでも使える法則だ。

書き上げた大見出しを全4項目で採点する。それから書き直して、少なくとも2項目、できれば3項目か全4項目で得点を少なくとも1点はアップさせよう。この単純なエクササイズを行えば、ちょっとの手間で読者数は増え、反応率は大きく伸びる。

ヘッドラインのヒントをもう少し

ヘッドラインを評価する際に見るべきポイントをいくつか挙げてみよう。

- 広告を読むことで得られるベネフィットや見返りを約束しているか？
- ストレートではっきりしているか？　シンプルな言い方で大事なポイントがすぐに伝わるか？
- できる限り具体的に書いているか？　（「みるみる体重が落ちます」よりも「3週間で9キロ落ちます」の方が効果的）
- 強力な「売り」を斬新な切り口でドラマチックに表現して読者の心をつかんでいるか？
- 製品にちゃんと関連性があるだろうか？　（大げさに書き立てておいて結局読者をがっかりさせるだけの誇大宣伝は避けること）
- ヘッドラインと広告のビジュアルで、その製品の販売コンセプトをきっちりと打ち出せているか？

・読者が好奇心をかきたてられ文を読みたいと思わせるものになっているか？
・読者層を選ぶヘッドラインになっているか？
・ブランド名がヘッドラインに入っているか？
・企業名がヘッドラインに入っているか？
・本文を読まないと意味が分からない「ブラインド見出し」は避けること（最近見かけたブラインド見出しの例。「手を貸してください」→フェイシャルパウダーの広告）
・関係のない言葉遊びや語呂合わせ、仕掛けなどの小技を使わないこと。面白い広告にはなるかもしれないが、製品は売れない。
・否定形は避けること。（「ナトリウムは入っていません」ではなく、「100％ナトリウムフリー」）

ヘッドラインを生み出すテクニック

まったく同じ方法でヘッドラインを作るコピーライターは2人といない。作業時間の90％をかけていくつもヘッドラインの案を出してから、ようやく本文に取り掛かる人もいる。まず本文を書いて、そこからヘッドラインを抜き出す人もいる。多くは世に出ている広告をスワイプファイルにためておいて、ヘッドライン作成の際にインスピレーションをもらっている（先ほどの「スワイプファイルに入れるべき38のヘッドライン」を参照されたい）。

大手広告代理店のコピーライターはアートディレクターにコンセプトづくりを手伝ってもらうことが多い。しかし、プロのコピーライターならヘッドラインもコンセプトもアイデアも自分で作れるようではなくては、と私は思う。

私のヘッドライン作成方法をここで披露しよう。まず、私は4つの質問を自分に問いかける。

1．顧客は誰か？
2．製品の要となる特長は？
3．その中で競合製品にはないものは？
4．顧客はなぜこの製品を買うのか？（顧客にとって最大のベネフィットをもたらすのはどの特長か？）

3番の質問に答えが出たら、ヘッドラインで使える最大の売りが分かる。後は、読者の注意を引いて、もっと詳しく知りたいと思わせるように、読ませる文章で読者を引き込んでこのベネフィットをはっきりと提示するだけだ。

ハウツー型のヘッドラインを使うこともあれば、質問型、理由型を使うこともある。それ以外のヘッドラインを作ることもある。製品の売りを法則に無理矢理当てはめようとしないこと。まず伝えたいポイントありきで、このポイントを一番よく表すヘッドラインを作る。

私はたいてい6本から8本のヘッドラインを作る。そのうち1本か2本は使えそうなものが出てくる。1本の広告のために十何本もヘッドラインを書くコピーライターもいる。あなたにとってその方法が合っているのなら、それでいい。却下したヘッドラインの中で効果的なものを小見出しや本文内で使うこともできるのだから。

既存商品の新しい広告を制作する場合は、広告の旧バージョンを確認して、どのような訴求ポイントが取り上げられていたのか調べる。本文内に、ヘッドラインで使える製品の伝えたいポイントが埋もれていることも多い。

息の通ったヘッドラインがどうしてもできないときには、製品に関連した単語を書き出すこともある。出てきた単語を組み合わせれば、新しくヘッドラインを作ることができる。

ヘッドラインが思いつかないとき、スランプに陥らないように。ヘッドラインはとりあえず脇に置いておいて、本文に取り掛かろう。本文を書いてメモを見直せば、ヘッドラインのアイデアがふと浮かぶものだ。思いついたら書き留めて、後で検討すればいい。大半がいまひとつかもしれないが、こうしているうちに完璧なヘッドラインが出来上がるかもしれない。

ヘッドラインについて最後に一言

広告で人の注意を引くのはヘッドラインだ。そして、注意を引くのは製品を買わせるための第一歩なのである。

人を楽しませようとするサービス精神、うまい言い回し、誇大広告は、それだけでは刺さるヘッドラインにはならない。そういったヘッドラインは、その巧妙さによって伝えたいメッセージがより伝わりやすくなり、人々の記憶に残るというのでなければ、作る甲斐はない。残念ながら、多くのコピーライターがクリエイティブな作品を作らなければという一心で広告を制作した挙げ句、伝えたいメッセージが目立たなくなるという事態に陥っている。

うまいけれども分かりづらい広告と、シンプルでストレートな広告の二択を迫られたら、後者を選んだ方がいい。広告大賞はとれないだろう。しかし、少なくとも製品は売れる。

本書では、ウェブサイト、Eメールマーケティングキャンペーン、オンライン広告など、特定のデジタルメディアで効果が大きい広告を取り上げる（第11章、第13章、第14章）。

第3章 伝えるためのライティング技術

Writing to Communicate

広告の効果を計る実験についての記事が『ハーバード・ビジネス・レビュー』誌に載っていた。実験によると、分かりやすい広告が最も効果的だという。つまり、意味がはっきりとしているコピーを書けば、製品は売れるのである。

理論上、簡単なことに思える。しかし実際には、効果的にメッセージを伝えられている広告はそれほど多くない。

ここでは、伝えたいポイントが伝わるコピーが書けるようになるヒントを教えよう。

明確なコピーを書くための11のヒント

1．読者のことを第一に考える

「強力なビジネスライティングのヒント」というパンフレットで、コンサルタントのチャック・カスターはビジネスレターを書くときに読者のことを考えるようにとエグゼクティブに助言している。

「人に向けて書くように」とカスターは言う。「読者のことを知らなくても構わない。読者と同じような知り合いを思い描くこと。その知り合い宛に書けばいい」

読者のことを考えよう。自問自答してほしい。この文章を読者は理解するだろうか？　この専門用語は知っているだろうか？　このコピーは読者にとって大事なこと、新しい情報や役に立つ情報を伝えているだろうか？　私が読者なら、このコピーを読んで製品を買う気になるだろうか？

読者に向けて書くコツがある。私が「あなた」に向けて本書を書いているように、読者に直接話しかけるのだ。このテクニックは「あなた志向」と呼ばれる。雑誌をめくれば、広告の

90％で「あなた」という言葉が本文中使われていることに気づくだろう。
次の例では、読者の関心事は無視して書かれた企業視点のコピー（◆）と、「あなた志向」に書き直したもの（●）を並べている。

◆バンク・プランは、最新技術を使って開発された、使いやすく洗練された中小企業向け経理ソフトウェア、売掛金勘定、買掛金勘定、総勘定元帳アプリです。
●バンク・プランは収支のバランスをとるお手伝いをします。あなたのキャッシュフローを管理します。また、未払いの顧客を把握します。何より、とても使いやすいプログラムです。トレーニングは一切必要ありません。
◆現金積立ファンドの目的は、低いキャピタルリスクや総流動性の管理と両立する最大限の経常収支を求めることです。
●現金ファンドならあなたの投資に最小のリスクで最大のリターンが得られます。それに、いつでも、いくらでも引き出せます。
◆注文をキャンセルするには、製品を元の容器に入れて返送してください。書籍が可販状態で返送された場合、請求がキャンセルされたことを経理部に連絡します。
●購入した書籍にご満足いただけない場合は、ただ返送するだけです。請求書は破棄してください。1セントも請求されませんのでご安心ください。

2．訴求ポイントを丁寧に組み立てる

中西部の銀行のマネジャーたちが、あるとき、銀行から送られてくるパンフレットは読まれているのだろうかと疑問に思った。そこで、100人の顧客に送付したパンフレットに1段落を追加した。4500語という長さの専門的な文章に仕込まれたこの段落には、希望者には無料で10ドル札をプレゼント、と書かれていた。

それでは、一体何人が無料の10ドル札を請求しただろうか。答えはゼロ。当然、読まれるかどうかは文章の構成で決まるところが大きい。パンフレットの表紙と封筒の外側に「無料で10ドル札進呈」と書いておけば、多くの顧客が請求したことだろう。

コピーを書くときには、じっくりと訴求ポイントの構成を考えないといけない。メインの伝えたいポイントが1つ（「燃費が良い」）、サブの伝えたいポイントがいくつかある（「車内が広い」「低価格」「500ドル分現金還元」）こともある。

ヘッドラインではメインの売りを提示し、冒頭の数段落で詳しく説明する。サブの伝えたい

ポイントは本文内で説明する。長いコピーなら、サブのポイント1つごとに見出しを入れたり番号を振ったりした方がいいかもしれない。

訴求ポイントの構成を決めるのは、各ポイントの重要性と、読者に与える情報量、それにそのコピーの種類（セールスレター、広告、CM、ブログ、ニュースなど）だ。

フリーランスのコピーライターのバートン・ピンカスは、独自のセールスレター構成パターンを作り上げた。まず製品の訴求ポイントをヘッドラインで伝え、それがどういうものか説明し、製品が広告通りのものである証拠を提示する。それから製品の注文方法を教え、製品の価値と比べたら価格は大して高くないと説明する。

広告やランディングページを制作する前に、訴求ポイントを書き出してみてほしい。論理的で、分かりやすく、すっきりとした形になるように各項目の順番を決めよう。コピーを書くときにはその順番でポイントを提示すればいいのである。

3. 短いセクションごとに書く

広告に訴求ポイントが何項目かあるのなら、項目ごとにセクションを立てるといい。150語以下（訳注：日本語の場合は400字弱程度）の短い広告ではその必要はないが、長い広告だと読みづらくなる。本文をいくつかの短いセクションに区切ることで、長くても読みやすくなる。

セクション分けはどうするのがベストだろうか？　訴求ポイントの各項目が論理的に並んでいる場合、もしくは重要性の順になっている場合、番号を振るといい。

特に重要性の順というわけでもなく、論理的な流れというものもない場合には、黒い点や星印、ダッシュ（—）など、行頭文字を使えばいい。各セクションのコピーが長いなら、小見出しを使うとよい（本書でそうしているように）。

段落も短くするべきだ。切れ目なく延々と文字が続くと、読者は読む気が失せる。小さな文字でびっちり埋め尽くされたページは、「読むのが大変そうだ」と思わせてしまう。

コピーの編集時には、大きなセクションごとに小見出しをつける。段落の間には空行を入れる。長い段落は短く切ること。5文からなる段落は、別の考えやアイデアが登場するところで切って、新しい段落を始めればいい。こうして2文か3文の短い段落に分けられる。

4．文は短く

短文は長文よりも読みやすい。新聞や雑誌記者であれ、広報担当者であれ、コピーライターであれ、物書きなら誰でも短く、簡潔で、パリッとした文を書けと教わっている。

長文を読むと読者は疲れ、混乱してしまう。長い文を読み終える頃には、最初に何が書いてあったのか忘れてしまうのだ。

それでは、どうやったら文を短くできるか見てみよう。まず、長文を2つか3つの文に分けられるところではかならず分けること。

×どんなに小さな収益でも大切な今日、ゴーマン・ラップは対価分の働きをするポンプをあなたに使っていただきたいのです。

◯今日、どんなに小さな収益でも大切です。ゴーマン・ラップは、対価分の働きをするポンプをあなたに使っていただきたいのです。

どれも同じ長さの文が続くと、つまらないコピーになる。流れをよくするには文の長さを変えることだ。たまに短い文や文の断片を入れることで、長文が多くても、コピーの平均的な文の長さを抑えることができる。

簡潔な短い文を書く練習をしよう。ある考えを説明し終えたら、文はそこで終わり。新しい考えは次の文で導入する。推敲するときには、言葉が長々と連なっていて2つに切れる箇所を自動的に探し出すようでなくてはいけない。

5. 簡単でシンプルな言葉を使う

シンプルな言葉の方が、難しい言葉よりも伝える力が高い。読者を感心させたくて難解な言葉を使ってしまいがちだが、感心してもらえることは滅多にない。それどころか、伝えたいメッセージよりも難解な言葉に気をとられてしまうことの方が多い。

それでも、難解な言葉はしょっちゅう使われている。それは、物々しい言葉を使うと読者や書き手がえらくなったように感じられるからだ。

広告のコピーは人に伝えるのが目的であって、感心させたり、自分のエゴを満足させたりするのが目的ではない。小難しい言葉や気取った言い回しを使うのはやめよう。通販を得意とするセシル・ホーグは、コピーに使う言葉は「店舗のウィンドウのようなもの。店内の製品が見えるようでなければならない」と言っている。

読者が農家でも物理学者でも漁師でも資本家でも、難解な言葉より分かりやすい言葉の方がいい。「高学歴の人でも、シンプルな言葉を使ったからと言って気を害することはない」とジョン・ケープルズは言っている。「(シンプルな言葉は)多くの人々が理解する唯一の言葉なのだ」と。

6. 専門用語は避けること

専門用語を使うのは産業広告だけではない。例えば、『フォーブス』誌に掲載されたポルシェの広告はこういう具合だ。

ポルシェの新車は2・5リットルのアルミニウム・シリコン合金製4気筒エンジンを搭載。ヴァイサッハで設計され、ツフェンハウゼンで製造。
最大トルク186Nm／3000rpmを実現、出力は105kW／5500rpm。
新型モデルにはポルシェ・トランスアクスルデザイン、ポルシェ空気力学、ポルシェハンドリング採用。

多くの『フォーブス』誌読者と同じく、私は自動車エンジニアではない。トルクの単位も、3000rpmがすごいというのも知らなかった。kWがキロワットでrpmがrevolutions per minute（毎分回転数）の略だと知ってはいたが、105kW／5500rpmというのがいいのか悪いのか普通なのかは分からなかった。

肝心なのは、専門用語を知らない読者に対して専門用語を使ってはいけない、ということだ。専門用語は、専門家の間では便利である。しかし、一般人を対象とするコピーで使うと読者が置き去りにされ、伝えたいメッセージが届かない。専門用語を使うと語数は省けるが、専門知識がない読者に読んでもらえないリスクがある。

専門用語を使ってもいい場合と、分かりやすい言葉で説明するのがいい場合と、どうやって見分けられるだろうか。これには2つのルールがある。

ルール1：読者の95％以上に理解してもらえるのでなければ、専門用語を使ってはいけない。読者が知らないような専門用語をクライアントに指定されたら、かならず用語の意味を説明すること。

ルール2：専門用語を使わないと意味が正確に伝わらないという場合を除いて、専門用語は使わないこと。例えば、「ソフトウェア」は、それ以上シンプルで短い言い方がないので使っていい。「降機」は、私なら「飛行機を降りる」と言う。

7．簡潔に

優れたコピーは簡潔なものだ。不必要な言葉があると、読者の時間が無駄になり、ポイントがぼやけてしまう。代わりにもっと効果的なことが言えていたのに。

簡潔なコピーを書くためには推敲すること。初稿の段階では言葉が自然と流れ出て、饒舌になっている。推敲して不要な言葉を削除し、力強く明確なコピーに仕上げる。

繰り返しは避ける。だらだらと続く文や、冗長な表現、受身形、不必要な形容詞など、語数は費やすのに意味をはっきりと伝える役にはあまり立たない表現の癖は捨てよう。推敲して、不必要な言葉、言い回し、文、段落を切り落とすこと。

8. 具体的に

広告は、製品の具体的な情報を読者に与えて、買うべき代物だと思わせる。なので、コピーに盛り込む事実は多ければ多いほどいい。具体的な情報のリサーチをさぼると、ぼやけていて刺さらないコピーしか作れない。

広告を作成するときは、最終的な作品に盛り込む情報の少なくとも2倍の背景情報を集めなくてはならない。コピーに盛り込む情報の選択肢がいくらでもあれば、コピーを書くのは簡単だ。その中で一番重要な事実を選んで、はっきりと、簡潔に、直接的に提示すればいいのだから。

9. 本題にすぐ入る

ヘッドラインが広告で一番大事なパーツだとすると、2番目に大事なパーツは当然、第1段落だ。ヘッドラインで読者に抱かせた期待に第1段落で応えられれば、読者は本文を読んでくれる。私が手がけた人生初の案件は、航空管制用レーダーのパンフレットだった。第1段落をお見せしよう。

時代は変わります。今日、空港の発着回数は１９６０年代後半とは比べ物にならないほど増えています。

当時のレーダーは未来を見据えて設計されたものではなかったので、ターミナル航空管制システムに課せられる負荷の増加に対応できません。

今日、空港の発着回数は驚くべき速さで増加し続けています。空港監視レーダーは今日のトラフィックだけでなく、明日の空港で必要とされる、より複雑な航空管制システムの要件を備えていなければなりません。

間違ったことは言っていない。それに、素人としては興味深く読める。しかし、パンフレットの対象は、中規模または大規模クラスの空港の航空管制官の責任者だ。トラフィックが増えていることなどすでに知っているだろう。

多くの新人コピーライターがこの罠に陥る。最初の数段落でウォーミングアップをしてからようやく売り込みにかかるのだ。それだと、製品について話し始めた頃には、読者はもう読むのをやめてしまっている。レーダーのパンフレットを書き直してみよう。

X‐900レーダーは、小型民間航空機でも233キロメートルの範囲で察知します。さらに、Lバンドを採用しているので、稼働効率はSバンドレーダーの40倍です。

ウォーミングアップでまず紙面に考えを書きつけたかったら、そうしたらいい。ただ、最終稿からはウォーミングアップを削除すること。完成品では最初の1語から最後の1語まで、売って売って売りまくるのだ。

10. 話しかけるように書く

アン・ランダースはアメリカで一番人気のコラムニストだ。人気の秘訣を聞かれて、「話すように書けと教わりました」とアンは答えた。

明確でシンプルで分かりやすい文章が好まれる。そして、最もシンプルで、最も明確な文体は、語りかけるような文体だ（「語り口調」と呼ばれる）。

広告は、営業がものを売り込む代わりに印刷物で大人数相手にセールスを行うものだが、語り口調が特に重要である（企業が広告を打つ唯一の理由は、外交員よりもずっと安く、より多くの人に売り込むことができるからだ）。ビジネスや科学、学術書の堅苦しい文体よりも、軽い口調で話しかける方が読みやすい。シンプルな文体なら気に入ってもらえるが、重々しい文体だと飽きられる。

どうすればそういう広告が作れるのか。『ウォール・ストリート・ジャーナル』紙のジョン・ルイス・ディガエターニが、語り口調になっているかどうかを判定するシンプルなテストを提案している。

推敲する際、自分はこのコピーを読者に向かって口にしたりするだろうか、と自問するのだ。または、読者に向かって話しかけるところを想像するのでもいい。

かつて元上司が作ったセールスレターで、「ご要望のパンフレットが同封されています」で始まるものがあった。「この封筒を郵送ではなく私に手渡しするとしたら、何て言いますか？」と私は聞いた。

「それなら、『頼まれていた情報はこれだよ』か、『お願いされたパンフレットを送ります』か、そういう感じかね」と答える彼に、「なら、そう書けばいいんじゃないですか？」と私は言った。

彼はその通りにした。

自然な語り口調のコツを教えよう。

・口語表現を使う――「間違いない」「イチオシ」「お買い得品」「大丈夫」
・シンプルな言葉を使う
・自然さをとるか文法をとるかの二択なら、自然さをとる

11. 性差別的な表現がないかどうか推敲でチェック

広告マン、セールスマン、ビジネスマンの時代は終わった。今は、広告スペシャリスト、セールスパーソン、ビジネスパーソンというのである。

コピーライターは性差別的な表現を避けなくてはならない。性差別的な表現が多くの人を不快にするというのは歴然とした事実なのだ。人を怒らせてものを買わせることはできない。性の多様化の時代に、ジェンダーには細心の注意を払うべきだ。

プロのテクニックをご紹介

たくさんの情報をいくつかの短い段落に詰め込んで、しかも読みやすい流れの文章を作るためにはテクニックがある。ここでいくつか披露しよう。

断片文を使う

文の断片を入れると、平均的な1文の長さがかなり抑えられる。それに、ドラマ性やリズムも生まれる。

フォーチュン1000社（訳注：有名なビジネス誌『フォーチュン』が毎年選ぶ全米上位1000社のこと）でも当社の成長率にはかないません。それも当然。スマートフォンは今後10年間で一番流《は》行《や》る製品で、その需要は陰ることを知らないのです。

文を接続詞で始める

文の始めに「そして」や「しかし」「なぜなら」を使うと流れがスムーズになる。難しい接続詞よりもこういうシンプルな接続詞を使う方がいい。「しかしながら」「それでも」よりも、短い「でも」の方が効果的だ。それに、「そして」で足りるところで「さらには」「なおかつ」などの古めかしい表現を使わないこと。

初回のレッスンは無料です。でも、こちらからお電話するわけにはいきません。最初のステップを踏み出すのは、あなたです。

1文だけの段落を使う

たまに1文だけで構成される段落を入れると、文章のリズムが変わり、キレが良い広告になる。どの文も段落も同じようなものだと、読者は眠気を誘われる。フリーランスのコピーライティング・サービスを宣伝するセールスレターを見てみよう。

多くの広告代理店にとって、産業広告は厄介で面倒な仕事です。細かい作業が多く、専門度が高い。コピーを制作するにはエンジニアの専門知識とコピーライターのライティングスキルを兼ねそなえた人が必要です。

いい、いい、いい、
そこで、私の出番です。

ビジュアルを使って単語や表現を際立たせる

ハイライトと下線は、教科書だけでなく印刷物の広告宣伝でも言葉やフレーズを際立たせるために使える。広告はちゃんと読まずに流し読みをする人が多いので、これらを使うとキーワードやフレーズ、段落を目立たせることができて便利だ。

もちろん、下線などの小道具は使いすぎない方がいい。セールスレターで1語ごとに下線を使えば、何一つ目立たなくなる。１ページのセールスレターで３語だけに下線を引けば、たいてい読んでもらえる。キーワードやキーフレーズに注目してもらうためにコピーライターが使うテクニックを以下に挙げる。

下線　　　　インデント
太字　　　　色文字
手書きフォント　　矢印と欄外の注釈
黄色のハイライト　　白黒反転
テキストボックス　　吹き出し

箇条書きを使う

コピー制作で非常に有効なテクニックが、箇条書きだ（例えば、「今冬、暖房代を節約する７つの方法」など）。だが、多くのコピーライターが箇条書きのリストをパパッと作ってしまう。そのため、何の変哲もないリストになってしまい、人の心をつかめない。

箇条書きでよくある失敗は、正しい情報量を盛り込まないことだ。「教えすぎればタダで情報をあげてしまうことになり、答えを見つけるために製品を注文する必要がなくなる」と、コピーライターのパリス・ランプロプーロスは指摘する。「例えば、『カプサイシンという市販薬を使って痛みを消す方法』という箇条書きだったら、もう秘密はばらしてしまっているので読者の好奇心は刺激されない」

その反対に、情報量が少なすぎるか具体的な情報が足りなくても、読者の関心は得られないとパリスは言う。「『ビタミンBがこの疾患にかかりやすい人にとって必須品であるわけ』なら、私は釣られない。『この疾患』というのが何のことか分からないからだ」

効果的な箇条書きを作るための基本ルールは、パリスによるとこうだ。問題については具体的に、解決策についてはあいまいに、謎めかせること。さらに、ひねりやフック（訳注：人を引きつける工夫）や一味違う切り口が必要だ。

パリスは、ナチュラル・ヘルスについての本の宣伝文を書くことになったコピーライターの例を挙げている。その本には、かさばるものに座っていると腰痛を引き起こすことがあるという豆知識が載っていた。だから、分厚い長財布をお尻のポケットに入れている人は、背中に圧力をかけないように後ろではなく前のポケットに入れること、というのだ。コピーライターが作った箇条書きは、「スリが腰痛を改善してくれるわけ」。具体的に問題（腰痛）を提示しているが、解決策については謎めいている（スリが腰痛をよくするとは一体どういうことだろう）。

コピーライターのチェックリスト

クライアントやアート部門にコピーを渡す前に、以下を自問してみてほしい。

●ヘッドラインで読者に持たせた期待に応える内容になっているか？

「どうすれば友達ができて、人が動かせるか」というヘッドラインなら、本文では友人づくりと人を動かす方法を読者に教えるべきだ。ヘッドラインで抱かせた期待に応えない広告は読者をだましている。

●興味を起こさせる広告になっているか？

広告を読みながら読者があくびをするようでは、製品に関心を持ってもらえない。物語を紡ぐ、ニュースを教える、読者の生活をより良くするなど、何でもいい。とにかく、読者の興味を起こさせること。退屈のあまり製品を買う人はいないのだから。

読みやすいか?

広告を読む人は、「一体どういう意味だろう?」と頭をひねりたいわけではない。シンプルで分かりやすい文章で説明するのがあなたの仕事だ。短い文、短い段落、簡単な言葉を使おう。意味をはっきりとさせること。

信じさせる力があるか?

かつて、私が使った表現について「ボブ、それは白々しいもいいところだ」と教師に言われたことがある。広告や広告制作者を人々は信用していない。広告の内容は本当だと読者に納得してもらえるためには、相当努力しないといけないのだ。信憑性を持たせるには、製品に満足しているお客様の声を入れること。もう1つの方法は、広告の主張を証明する実証実験や科学的な証拠を提示すること。とはいえ、人に信じてもらうベストの方法は、真実を語ることである。

説得力があるか?

はっきりとした読みやすい文章というだけではダメだ。伝えるだけでなく、買わせないといけないのだから。売るためには、人の関心を引く必要がある。フックで読者の関心を引く。製品への欲求を持たせる。優れた製品だということを証明する。そして、行動を促す（広告で売り込む基本については第4章で説明している）。

具体的か？

買う気にさせるためには、事実、特長、ベネフィット、お得な情報など、その製品を買うべき具体的な理由を提示すること。具体的なら具体的なほど、情報が多ければ多いほど、広告の信憑性は高まる。

簡潔な文章になっているか？

できるだけ少ない字数ですべて伝えること。言い尽くしたらそこでやめる。

読者にとって重要か？

フリーランスのコピーライターのシグ・ローゼンブラムがこう説明している。「優れたコピーのルールはこうだ。自分語りをしない。自分がしたこと、自分がなしとげたこと、自分が好きなことや嫌いなことを語らない。読者にとっては重要ではないからだ。読者にとって重要なことは、読者が好きなこと、読者が必要としていること、読者が欲しいものなのである」。読者の利益につながる事実を広告で取り上げるように。

流れがあるか？

優れたコピーは1つのポイントから次のポイントへとスムーズに移行する。ぎこちない表現や、分かりづらい意見、耳慣れない用語が出てきて読者を困惑させ、流れがとぎれるということはないのだ。

読者に行動を起こさせるか？

自社のブランドに切り替えてもらいたい？　無料資料の請求や営業に連絡をしてもらいたい？　それなら、購買プロセスの次の段階を示して、そこに進ませることだ。クーポンや返信用カード、フリーダイヤルなどを活用して、読者からの反応率をあげよう。

なお、印刷物とウェブという媒体による広告の違いについては第11章から第17章で詳しく見ていく。

第4章 Writing to Sell

売るための文章

「広告の目的は製品を売ることです」とヤング・アンド・ルビカム社のレイモンド・ルビカム氏は述べている。

新人コピーライターにとってこれは初耳かもしれない。雑誌記事やニュース記事、小説、テクニカルライティングなど、ほかの分野でライティングに携わった人なら、シンプルではっきりとした言葉で表現する術を知っている。情報を伝える書き方も分かっていて、人を楽しませる書き方すら心得ているかもしれない。しかし今、あなたは新しい問題に直面している。「この製品は『買い』だ」と読者に思わせる書き方を学ばないといけないのだ。

これは、ほとんどのライターが経験していない領域である。売るための文章ではいろいろな選択を迫られる。だが、営業や広告の経験がない人は、何を選べばいいのか分からない。

例えば、長文コピーの方がいいのか、短文コピーの方がいいのか（長文の場合、読者に読んでもらえるか？）。うまい仕掛けやスローガンを使わないと読者の注意は引けないのか？（それとも、製品のことだけを考えるべき？）

競合にちょっとでも勝《まさ》っているところがあるなら、そこを重点的に攻めるべきか？　それとも、全般的なベネフィットを取り上げるべきだろうか？（競合にもあるものでも）競合と何の違いもなかったらどうすればいいのだろうか？

あなたの文章に読者は納得してくれたり、関心を持ってくれたりするだろうか？　広告のアイデアが2つ、3つ思いついたら、一番良いものはどうやって選べばいいのか？

こういった疑問への答えをこれから見ていこう。

特長とベネフィット

売れるコピーを書くための第1ステップは、特長ではなくベネフィットを書くことだ。

特長は製品やサービスを説明したもので、「こういう製品である」という情報を指す。ベネフィットは製品が何をしてくれるか、その特長のおかげでユーザーは何を得られるか、ということだ。

例えば、私はパソコンで本書を執筆している。パソコンの特長は、編集や推敲が簡単にできるので、1文移動したり1語追加したりするために1ページまるまるやり直さなくて済むという点だ。このベネフィットのおかげで私は時間が大いに節約できて、生産性がアップする（その分稼ぎが上がる）。

「なぜ売れない営業がいるのか」というパンフレットがある。その中で、営業研修を行うラーニング・ダイナミックス・インコーポレイテッドは、「ベネフィットを提示するのが苦手」を売上につながらない10大理由に挙げている。「顧客は商品を買うのではない」と説明する。「商品が自分にしてくれることを買うのです。それなのに、ベネフィットのことは先刻承知だろうという思い込みから特長だけを説明する営業担当は多い。特長をベネフィットに変換するやり方と、それを顧客視線でプレゼンするやり方を学ぶ必要があるのです」

同じことがコピーライターにも言える。新人は事実や数字、使える統計など、特長を取り上げがちだ。ベテランはそういう特長を顧客にとってのベネフィットに言い換える。つまり、読者がその製品を買うべき理由である。

製品のベネフィットを見つけ出す簡単な方法がある。まず、1枚の紙を2つに分ける。左側には「特長」とタイトルをつけ、右側には「ベネフィット」とタイトルをつける。

左側には製品の特長をすべて書き出す。製品について集めた資料で見つかるものもある（集めるべき資料は第5章で説明）。残りは、製品を調べたり使ってみたり、顧客や営業、販売店、エンジニアなど、製品とかかわる人々から聞き出したりすればいい。

次に、特長のリストを見ながら、「この特長は顧客にどういうベネフィットを与えるだろう？この特長のおかげで製品はより魅力的に、より便利に、より面白く、よりお得になるだろうか？」と自問する。

リストが完成したら、右側には製品から顧客が得られるベネフィットをすべて書き出す。これがコピーに盛り込むべきセールスポイントになる。

このリストづくりを、手元にある一般的な家庭用品で練習してみてほしい。私がHBの鉛筆を題材に作った特長・ベネフィットのリストをお見せしよう（次ページ）。あなたはこのリストに項目を追加したり、ベネフィットを強化したりできるだろうか？

ベネフィットが出そろったら、どのセールスポイントが最も大事か、広告の「テーマ」としてヘッドラインで取り上げるものを決める。それ以外にも、使うものと使わないものを選別すること。採用するセールスポイントを、何らかの論理的な流れで組み立てる。

それでは、読者にまず関心を持たせてから購入まで持っていく流れを作る訴求ポイントの構成を考えるための5つのステップを見ていこう。

特長	ベネフィット
鉛筆は木製で円柱形。	いつでもきれいに書けるように、いくらでも削ることができる。
六角形。	デスクから転がり落ちない。
片側に消しゴムがついている。	便利な消しゴムつきなので、書き間違いをさっときれいに修正できる。
消しゴムは金属製のバンドで固定されている。	消しゴムがしっかり収まっていて、外れてしまうことがない。
長さは18センチ。	鉛筆の芯が18センチなので最後までずっと書ける。
直径は0.6センチ。	細いので握りやすく、書きやすい。
硬さはHB。	なめらかであると同時に硬さもあるという抜群の書き味。
外側が黄色い。	明るい、目を引くカラー。ペン立てでも引き出しの中でも目立つ。
12本セットで販売。	1度買えば何カ月も持つ。
12ダース入りの箱でも販売。	会社や学校など、大量に使う客にとっては購入が楽で、単価も低い。
製造はアメリカ。	高品質（それに、アメリカ製の製品を買えばアメリカ経済のためになる）。

買わせるステップ

これまで、多くのコピーライターが広告やCM、セールスレターの構造について「コピーの法則」を開発してきた。

中でも最も有名なのがAIDAモデルだ。AIDAはAttention（注目）、Interest（関心）、Desire（欲求）、Action（行動）の頭文字から成る。このモデルでは、まず読者に「注目」させて、製品への「関心」を持ってもらい、製品を所有したいという強い「欲求」を育てて、製品を購入するか、最終的に購入へとつながる「行動」をとってもらう。

次によく知られているのがACCAモデルで、Awareness（認識）、Comprehension（理解）、Conviction（確信）、Action（行動）から成る。このモデルでは、消費者にまず製品の存在を「認識」させ、次にどのような製品かを「理解」してもらう。それから製品を買うべきだと「確信」させ、最後に「行動」を起こさせて購入へとつなげる。

3番目に有名なのが4Pの法則だ。製品が読者にどういうことをしてくれるかを「描き出し」（Picture）、読者が製品を買えば実現されると「約束」（Promise）する。そして、これまでの実績で「証明」し（Prove）、今すぐ行動を起こすように「求める」（Push）。

そして、4番目に有名で私のお気に入りなのが「買わせるステップ」で、売れるコピーを書く方法を5つのステップで示した法則だ。

1．注意を引く

ヘッドラインとビジュアルで読者の注意を引く。ヘッドラインでは読者に提供できる最大のベネフィットを1つだけ取り上げること。

最大のベネフィットは最後の総仕上げにとっておいて、うまい言い回しや語呂合わせ、無関係の情報などで読者の気を引こうとするコピーライターもいる。しかし、これは間違いだ。最大の武器、その製品に相手が関心を持つべき最重要の理由で気を引かなければ、読者は本文を読もうとはしない（ヘッドラインの書き方については第2章を参照）。

2．必要性を提示する

どの製品も、何らかの問題を解決したり、何らかのニーズを満たしたりするものである。自動車は通勤の解決策になる。エアコンがあれば真夏日に苦しまなくて済む。

しかしたいていの場合、製品のニーズが一目瞭然ではなかったり、読者に浸透していなかったりする。そのため、売れるコピーの書き方の第2ステップは、なぜその製品が必要なのかを読者に示すことである。

例えば、中小企業の経営者は多くが自分で確定申告をしていて、会計士を雇うことなど検討したこともない。しかし本職の会計士なら、税制改正の最新情報を生かして何百ドル、何千ドルの節税を行うことができる。

そういうわけで、ある会計事務所のテレビCMでは「国税庁に1万ドル以上支払わないといけないなら、格安のお値段でこの問題を解決しましょう」と謳っている。

3．ニーズを満たす問題の解決策として製品を提示する

ニーズを読者に自覚させたら、次に、この製品でそのニーズが満たせること、読者の疑問に答えられること、読者の問題を解決できることを示さないといけない。

例えば公認会計士事務所の広告なら、このような具合だ。

5500ドル節税するために1000ドル払いますか？

昨年、地元のある生花店が会計士に確定申告を頼みました。料金が高そうなのが気がかりだったのですが、自分で申告する時間も、その知識もないことに気づいたのです。

それが、当初の予想よりも所得税が何千ドルも低くなると聞いて大満足。その会計士は私なのですが、その生花店や、そのほか私が担当する顧客は、税額控除や節税など合法的な税金対策で、年に2000ドル、3500ドル、さらには5500ドルも節約しています。

この広告はまだ手入れが必要だ。それでも、読者の関心を引き、ベネフィット（節税）を際立たせて、そのサービスが読者のニーズを満たせることを示している。

4．広告で謳った効果があることを証明する

あなたのニーズを満たします、と言うだけでは十分ではない。それを証明しないといけないのだ。汗水たらして稼いだお金をその商品に注ぎ込むリスクをとってもらうのだから。購入すれば自分の利益になると読者に納得してもらうための、実証済みのテクニックをいくつか紹介しよう。

・商品のベネフィットについて話す（特長・ベネフィットのリストを参照）。購入すれば得られるベネフィットを示すことで、購入する理由を提示しよう。

- 「お客様の声」を使う。製品を購入した人に、製品の良さについて自分の言葉で語ってもらう。こうして第三者の言葉を使った方が、メーカーが自社製品をほめるよりもよっぽど説得力がある。
- 競合製品と比べる。どのベネフィットをとっても、あなたの製品の方が優れていることを示す。広告に文句をつけられたときのために、主張の根拠を説明した資料を用意しておくこと。
- 製品の優位性を示す実証実験を行っていたら、その結果を使う。実験のレポートを無料で配布する。ダイエットのサプリだったら、査読付き医学雑誌に掲載された臨床研究が根拠となる。
- 信頼できる、今後も何年も続く会社だということを示す。従業員数、販売代理店ネットワークの規模、年商、事業年数、成長率などを広告に盛り込むこと。

---

5. 行動を起こさせる

どんな広告でも、最後にはかならず読者に行動を呼びかけるべきだ。注文書を郵送するか、オンラインで注文するように読者に呼びかける。販売店で売られている製品なら、広告を切り取って店舗で提示するように言う。

直接的に製品を売る広告ではないのなら、購入にいたる次の段階に進むように読者に働きかける。例えば、無料の資料やサンプルの請求などだ。どんなに弱腰でも、今後製品の購入を視野に入れてもらえるよう働きかけるくらいはするべきだ。

読者が行動を起こしやすくすること。会社名、住所、電話番号をどの広告にもかならず記載する。

店舗で販売される製品の広告なら、店舗の営業時間と場所を載せること。

ホテルや観光名所の広告なら、アクセス情報や近辺のマップを記載しよう。

注文書を郵送してほしい、あるいは無料資料を請求してほしいのなら、切り取って郵送しやすいクーポンをつけておくこと。

電話をかけてほしいのなら、フリーダイヤルの番号を大きく、太文字で、目立つように表示する。クレジットカード決済にも対応しているなら、そのことをかならず明記して、利用できるカードの種類を記載する。

カタログには注文書、ＤＭには返信用ハガキ、工業用製品の資料なら販売店のリスト、ランディングページのトップには返信フォームをつけておく。読者が反応しやすくするのである。

ウェブ広告では、広告にハイパーリンクを貼っておいて、資料請求や注文のフォームが表示されるようにする。

可能ならば、値引きクーポンや、期間限定セール、先着1000名に割引キャンペーンなど、今すぐ行動を起こしたくなる誘因を作るといい。

「ニセの論理」を使って、事実で売り文句を後押ししよう

コピーライターの大家、マーク・フォードが言うところの「ニセの論理」とは、ライティングのテクニックを駆使して既存の事実を操作する〈が虚偽や不実表示は避ける〉広告のことである。その目的は、それらの事実から読者がある結論に達するようにお手伝いすることだ。コピーライターの助けなしには気づかないかもしれないので。

ハリー&デイヴィッドのカタログでは、洋ナシについて「1000人に1人も味わったことのない洋ナシ」と謳っている。こうして統計を使われると、その洋ナシは滅多にお目にかかれない希少品のように思える。たいていの読者はそう解釈するだろうし、それがコピーライターの狙いだ。しかし統計学者が分析すれば、あまり人気のない洋ナシで、ほとんど誰も買わないという意味に読み取れると言うかもしれない。

ニセの論理は欺瞞《ぎまん》に近い部分もあるかもしれないが、それはコピーライター自身が判断しな

いといけない。金属商品のあるブローカーは、「注文の95%が在庫品の配送です」と、商品がすぐ届くことを示唆する宣伝文句を使っていた。しかし、この会社は実際には事務所で事業を運営していて、小さな倉庫しか所有していなかった。それで「在庫品を配送」と主張できるだろうか？

「うちはたしかに注文の95%が在庫品を配送しています」とマーケティング担当は言う。「ただ、うちの在庫ではなく、製造業者の在庫ですが。うちはブローカーですから。でも、ブローカーというと印象が悪いので、そのことは宣伝しません」

人はものを感情的な理由で買うのか、論理的な理由で買うのかという議論が昔からあるが、有能なマーケターなら前者の方が強力な購買理由になると知っている。「人は感情に基づいて購入し、その決断を論理で合理化する」というのはよく言われることだ。

「人が意識的に行うのは思考過程のたった5%です」とセンサリー・ロジック社長のダン・ヒルは述べている。「商品に対して3秒以内に感情的な反応を起こす、つまり実質的な決断を下すということが、神経学の研究で実証されています。ですから、企業は消費者と感情面でのつながりを作らないといけないのです」

購入の決断は強い気持ちや深い信念に基づくものなので、マーケターは消費者がすでに望んでいる行動を正当化して後押ししてあげるといい。理屈が通っていてもっともなら、読者は受け入れてくれるだろう。

ダイレクトマーケティングはどこかいかがわしいもので、マーケティングの中で一段劣る分野だとする向きもある。私がこうして「ニセの論理」を勧めれば、余計にそう言われるかもしれない。しかし実際のところ、ニセの論理はダイレクトマーケティングだけで使われているわけではない。マーケティング全般でよく使われていて、大成功を収めることもある。

マクドナルドの「何十億個の販売数」(注1)という宣伝は、人気があるのならいいものなのだろうという間違った結論に消費者を導く。似たような論理で、出版社も売りたい本を「『ニューヨーク・タイムズ』紙ベストセラー」と謳っている。

道理に反する手だろうか？　どう判断するかはあなた次第だが、私見を言わせてもらえばそうではないと思う。

コピーライターは弁護士と同じくクライアント（または雇い主）の擁護者だ。弁護士が裁判に勝つために使える理屈は何でも使うのと同じように、コピーライターも消費者に製品を買わせるために使える事実は何でも使うのだ。

もちろん、違法であったり、有害だったり、社会的倫理に反したりする製品の宣伝はするべ

注1：https://www.thedailymeal.com/eat/has-mcdonald-s-really-sold-billions-and-billions-burgers.

きではない。しかし、読者に買わせるために使えるツールがあるのに使わないのは、コピーライターとして無能か職務怠慢か、またはその両方かであり、ニセの論理は中でも強力なツールなのだ。

唯一無二の売り　USP

サミュエル・ジョンソンは、「売り、大きな売りこそ、広告の命だ」と述べている。

しかし、競合ではなくあなたの製品を買うように消費者を説得できるほど強力な売りは、どうすれば打ち出せるのだろうか？

その1つが、USP（ユニーク・セリング・プロポジション）を編み出すという方法だ。USPとは、『USP　ユニーク・セリング・プロポジション』で著者のロッサー・リーブスが作った用語で、競合に対する最大の強みを指している。どういうことかというと、あなたの製品が同じ種類の他製品と違いはなく、優れた点もないのなら、消費者にとってあなたの製品を選ぶ理由はない、ということだ。効果的に宣伝するにはUSP、つまり同じ分野の競合製品にはない大きなベネフィットがないといけないのである。

リーブスによると、USPには3つの要件がある（『USP ユニーク・セリング・プロポジション』から引用）。

1. 「広告はどれも消費者に提案（プロポジション）を行わないといけない。『この製品を買えば、この具体的なベネフィットが得られます』と言うのである」。ヘッドラインにはベネフィット、つまり読者への約束を盛り込まなければならないのだ。

2. 「提案は、競合が売りにしていない、または売りにできないものでなくてはならない」。USPの「ユニーク」はここから来ている。ベネフィットを提案するだけではダメなのだ。ほかの類似品と差別化しないといけない。エムアンドエムズのUSPは、チョコレートがキャンディーの殻で包まれているので手の中で溶けないという点である。

3. 「提案は大衆を動かせるくらい強力なものでなくてはならない（つまり、新しい顧客を獲得できるということ）」。差別化する点は些細なことではいけない。読者にとって大きなことでなくてはならないのだ。

失敗に終わる広告はどうしてこれほど多いのだろうか？　1つは、強力なＵＳＰを打ち立てて、それをもとに広告を作っていないからだと言える。広告を制作する際にはまずＵＳＰを考えないと、読者から反応を引き出せるものがないため効果は弱くなる。ほかのものと似たり寄ったりの広告になり、読者にとってどうでもいい内容になってしまうのだ。

コカ・コーラ社はブランドがあるので強い。炭酸飲料水を作っている会社はいくらでもある。しかし、「コーク」と言えばコカ・コーラしかない。

インテル社も、マイクロプロセッサーでペンティアムという支配的なブランドを築き上げた。膨大なコストをかけて、だが。

そのような高価なブランドづくりには、たいていの企業は手が出ない。企業の規模が小さすぎて、マーケティングですぐに成果を出す必要に迫られているからだ。そのため、ＵＳＰでは別の方法で差別化を図る。

よく使われる方法の1つに、自社製品やサービスにはあって競合にはない特長を使って差別化を図る方法がある。

よくある間違いは、競合にはないとは言え、消費者にとって重要ではない特長を使ってＵＳＰを打ち立てることだ。これだとその製品を買ってみようという気にはならない。

例えば、化学装置の業界では、設計上の独自の特長を目玉に顧客を得ようとするのは一般的な戦略だ。残念なことに、そういった設計上の特長が実質的なパフォーマンス向上にはつながらず、顧客にとって意味のある利点にならないのはよくあることだったりする。

20世紀の産業広告の名作を紹介しよう。設計などの技術面では差別化が図れないことを悟ったブラックマー・ポンプ社は、これとは違うアプローチをとり、製品の使い方からＵＳＰを作り上げた。

その広告に載っているのは、業界の購買ガイドから破りとったポンプメーカーが載っている一覧ページ。ブラックマーの名前が鉛筆で囲まれている。「ブラックマーにポンプを注文するべきときは限られています。いつでしょうか？」というヘッドライン。

本文でこう説明する（引用ではなく表現などは変えている）。「多くの場合、ブラックマーのポンプは他社製品と性能に大差はありません。ですから、ブラックマーが格別優れている、というわけではありません」

しかし、と続ける。特定の場合（粘性流体、研磨剤やスラリー入りの流体など）にはブラックマーがどこのポンプよりも性能が上回ることが実証されており、選ぶならブラックマーなのである。広告のクロージングには、この主張を裏づける技術マニュアルを無料で提供、とある。

このキャンペーンを手がけたのはアレクサンダー・マーケティング社（ミシガン州グランド・ラピッズ）のジム・アレクサンダー。私の旧友なのだが、非常に高い効果が得られたそうだ。

強力なＵＳＰを最も作りやすいのは、強力なベネフィットをもたらしてくれる、競合にはない独自の特長が製品にあるときだ。競合との違いといっても些細なものではなく、顧客にとって本当に意味のある優位性でなくてはならない。

しかし、そういう独占的な優位性がない場合は？　競合と大差なくて、何も特別な特長がない場合はどうすればいいのだろうか？

リーブスはその答えも提示している。独自性は、強力なブランド（マーケターの95％にとって現実的なオプションではないことは先述の通り）や、「他社の広告だとそういう形では宣伝されていないこと」から生まれる。つまり、競合にもその特長があるかもしれないが、広告でそのことが打ち出されていない、ということだ。

消費財の広告の例でいうと、「お口でとろけて、手にとけない」。エムアンドエムズにこの主張をＵＳＰとして打ち出されてしまったら、競合に何ができるだろうか？「うちのチョコも口でとろけて、手にとけません」と広告を打つ？

コピーライターとして成功するためには、コストを上回る純収益を生み出す広告を作らないといけない。リーブスは、これはあらゆる広告に当てはまると考えていた。広告を「できる限り低い費用で大半の人々にＵＳＰを知らしめる技」と定義している。私が手直しするとすれば、「できる限り低い宣伝費で、製品を買う可能性が一番高い人々にＵＳＰを知らしめる技」と定義する。

ＳＳＣ＆Ｂ社の元社長兼クリエイティブディレクターのマルコム・Ｄ・マクドゥーガルは、一見同じような製品を宣伝するには４つの方法があるという。

1．あまり宣伝されていない、またはあまり知られていないベネフィットを強調する

ある醸造所のビールが他社製品とは一線を画すところを見つけようと、コピーライターが醸造所を訪れた。ビール瓶は、牛乳の容器と同じく、細菌を死滅させるために生蒸気で洗浄するという事実に感心した。どのブランドもこの方法で洗浄しているのだが、ほかのメーカーはこの事実を喧伝していなかった。そこでこのコピーライターは、瓶を生蒸気で洗浄するほどピュアなビールだというコピーを作り、この醸造所のＵＳＰにした。

製品の特長とベネフィットのリストをじっくり見てほしい。次に、競合の広告を見てみよう。ＵＳＰとして打ち立てれば他社の製品と差がつくような、競合が取り上げていない重要なベネフィットはあるだろうか？

2．有無を言わさぬやり方で大きなベネフィットをドラマチックに実証する

フレックステープのUSPは、防水の密着性だ。テレビCMでは半分に切断されたボートを使った。フレックステープでつなぎ合わせて湖に漕ぎ出すと、ハイスピードでも水漏れしなかった。

3．製品名やパッケージを目立たせる

ペッツを覚えているだろうか？　ミッキーマウスやプルートなどのキャラクターの頭部がついたプラスチックの容器入りのキャンディーだ。ペッツは普通のキャンディーだが、あのパッケージのおかげで特別な存在になっている。

同様に、フエキ文具のどうぶつのりのオリジナル性はその原材料でも性能でもなく、赤い帽子をかぶった黄色い犬の顔の容器だ。

製品名やパッケージを有名にするのは、売れる製品を生み出す確実な方法である。しかしコストも高い。何百万ドルも予算があるのでなければ、この作戦は使えないだろう。

4．長期的なブランドの性格を作り上げる

国民的ブランドのメーカー大手が使う別の作戦に、広告でブランドに「性格」を与えるというものがある。

ベルギービールのステラ・アルトワはCMでサラ・ジェシカ・パーカーを起用し、コスモポリタンやマティーニなどのカクテルに代わる洗練されたビールとして位置づけた。

何百万ドルも予算があれば、製品に独自の「性格」を与えることができる。そこまでの宣伝予算はない場合でも、特長やベネフィットを使ってほかとは一線を画す製品にしてくれるUSPを作り上げることはできる。

二番手の売り

数ある競合から突出して収益につながる反応を引き出すためには、大きな売りがないといけないというサミュエル・ジョンソンは正しかった。大きな売りを打ち出している有名な広告の例を見てみよう。

・「引退して月600ドルで外国暮らし」
・「あなたのために約束された、動かせる資金」

少なくとも消費者を対象とするダイレクトマーケティングでは、小さな売りでは効果がないことが実証されている。注意を引き関心を持たせるには、大きくて強力な売りが必要なのだ。

しかし問題がある。大きな売りは魅力的だが、あまりにすごすぎて読者に信じてもらえなかったら……？　その場合、「二番手の売り」を使えばいい。

二番手の売りとは、大きな売りよりも小さめのベネフィットのことだ。小さめとは言っても、それだけでも十分に製品を買う理由となるくらい強力で、すぐに信じてもらえるほど控えめなものでなくてはならない。

これなら、大きな売りのことを読者がまったく信用していなくても、二番手の売りは信じてもらえて、それだけで購入にいたるのだ。

例えば、投資のキャンペーンでヘッドラインに大きな売りを盛り込んだ。「信じられないかもしれませんが、この株価2ドルの小さなR&D企業は、近い将来100ドルに成長します」

これは本当に大きな売りだ。2ドルから100ドルに株価があがれば、上昇率は4900％。1000株あれば、9万8000ドルの収益を手にすることになる。

問題は、弱気市場だとそんな高い上昇率は信じられないと思う読者も出てくることだ。しかしこの場合、これは事実だった。この企業の医療機器がFDAの認可を取得すれば、株価が50

倍に上昇するのは非現実的なことではなかったのである。

解決策は、大きな売りを謳ったヘッドラインのすぐ下の小見出しに、二番手の売りを入れることだ。


この肝臓病治療の新しいテクノロジーは成功します。そのあかつきには、株価50倍は堅いでしょう。

そうならなくても……そして治療法が失敗に終わっても、アーリーステージで同社に投資すれば、24カ月以内に株価は500%上昇するでしょう。


治療法がＦＤＡに承認されなくても、そのテクノロジーを別の方法で活用することで、同社は大きな儲けが見込める（承認された場合ほどではないにしても）。一番手の売りがうまくいかなくても、二番手の売りだけで十分に買うべき株だと思ってもらえるのだ。

お客様の声やケーススタディ、実験結果、好意的なレビュー、優れた製品デザイン、実績、システムや方法論、メーカーの評判など、読者に信じてもらえないときに最大の売りを証明する手はいろいろとある。

どれも良い手だ。しかし問題は、最大の売りが強力すぎると「そんなのうそだ」と一蹴されてしまうことだ。こういった証拠をいろいろと出しても、いったんうそだと思い込まれてしまったら反証するのは容易ではない。そこで、魅力的だがそれほど大きな話ではないので信憑性もある二番手の売りを抱き合わせにするといい。

二番手の売りは「プランB」なのだ。一番手と二番手の売りがある場合、一番手の売りがその派手さから読者の関心を引く。しかし、その売りが信じてもらえない場合は？　二番手の売りがなければ、広告やDMはごみ箱行きだ。

ここで、二番手の売りを目立つように添えれば（つまり、ヘッドラインやリード文で取り上げれば）、信憑性がないと一番手の売りを却下する読者の多くが二番手の売りを信用してくれて、それだけでも製品を買う魅力はあると判断してくれる。

「一番手の売りが本当ならお買い得だな。本当じゃなくても、二番手の売りだけで十分だ。こっちは本当だろう。だから、どっちにしてもお得な製品だ」となるわけである。

顧客を知る

『サイコロジー・トゥデイ』誌が、成功する営業の特徴を探る記事を特集していた。

「一流の営業はまず『ペーシング』、つまり顧客の知見や体験、行動を映した発言や身振りで、信用とラポール（信頼関係）を形成します」と実験の実施者は述べている。「ペーシングでは鏡のように相手に合わせることで、『私はあなたと同じですよ。息が合っていますよ。私を信じても大丈夫ですよ』と教えるのです」

つまり、やり手の営業は顧客と共感する。用意してきた宣伝文句をいきなりまくしたてるのではなく、まず顧客のニーズ、気分、人間性、偏見などを理解しようとする。顧客の考えや気持ちを反映したプレゼンを行うことで、購買への抵抗心をなくし、信頼と信用を獲得し、顧客が興味を持てるベネフィットのみを強調するのだ。

コピーライターも顧客を知らなければならない。顧客を理解し、製品を買う動機を理解することは、売れるコピーを書くためのカギとなる。

しかし、顧客不在で広告が量産されている。広告主も広告代理店も、顧客にとって重要な特長ではなく、自分たちの気に入った特長を取り上げている。その結果、広告主と広告代理店は大満足の広告が出来上がるが、顧客の心はちっとも動かされない。

同業者のメールマガジンで取り上げられた調査で、広告代理店とハイテク製品の買い手に重要だと思う製品特長をたずねた。その結果、広告代理店が重視する特長は買い手にとって重要ではないことが判明した。また、買い手にとって決定的な情報を広告代理店が無視していることも。例えば、買い手もエンジニアも、ハイテク機器を購入する際に価格が二番目に重要な検討項目だと答えている。しかし広告代理店は広告に盛り込むポイントとして価格は重要ではないと答えている。ハイテク製品の広告では、製品が時間の節約になることを強調するべきだ、と言うのだ。しかし、エンジニアも買い手も、そんなことより製品の仕様や制約の方がずっと重要だと答えている。

コピーを書くときには、顧客のことを考えなければいけない。パソコンの前で、どの特長やベネフィットにしようかな、と考えていてはダメなのだ。読者にとって大事なベネフィットや特長を探り出して、製品を買う気にさせるセールスポイントを取り上げよう。

読者のことを理解するためには、消費者としての自分の行動を振り返ってみるといい。ライターではなく消費者として考えるようになると、読者に敬意を払うようになる。空虚な宣伝文句ではなく、有用な製品情報やセールスポイントを書くようになる。

また、消費者を観察して市場を熱心に研究すること。スーパーに行ったらほかの買い物客を観察する。セールス品を手にとるのはどういうタイプの人で、有名商品を選ぶのはどういうタイプの人だろうか。

自動車販売店を訪れる際には、腕利きの営業がどのようなセールストークで接客しているかを観察しよう。あなたに対してどのようなセールストークをするだろうか？　それに心をつかまれたなら、そのわけは？　つかまれなかったなら、それはどうしてだろうか？

ＥＣ市場に日頃から注目するようにしよう。フェイスブックで広告が表示されたら、そのトピック、オファー、デザインに注目しよう。

そして、付き合いのある業者の人と話して、商品を勧めるのにどういうテクニックを使っているか学ぼう。自営業の大半がそうだが、顧客と距離が近い商売人は、そこらの広告代理店の重役や企業のブランドマネジャーよりもセールスの現実をよく知っている。彼らに話を聞けば、顧客の心を動かすコツが学べる（第5章では読者を理解するためのコツを伝授する）。

「八方美人ではうまくいかない」と昔から言うが、広告やセールスではたしかにその通りだ。万人にとって魅力的な広告やＣＭを作ることはできない。なぜなら、顧客層によってニーズが異なるからだ。コピーライターはまず、顧客層、つまり市場のどの層を対象としているのかということを考え、次にその顧客層にとって意味のある製品ベネフィットは何かを突き止めなければならない。

顧客層ごとにアピールするべきベネフィットが明らかなこともある。また、どの特長をアピールするべきか、広告主か顧客に聞かなければならないこともある。あるとき、2つの異なる顧客層を対象とした浄水器のコピーを作成する案件を担当したことがある。同じ製品だが、買い手が海洋ユーザー（主に漁船）と化学工業ユーザー（化学プラント）と2種類あったのだ。

各グループから数人の顧客と話してみて、海洋ユーザーは信頼性を重視していることが分かった。航海中に真水が手に入らなくては困るからだ。また、大きい機器を船に積み込めば燃料も消費するので、重量も大事な要素だった。

一方、化学工業ユーザーにとって重量はどうでもいい要素だった。機器は工場に設置されるからだ。水源もいくらでもあるので、信頼性もそれほど重要ではない。だが、エンジニアであるため技術面に関心を持っていた。使われているナットやボルト、ポンプ、パイプラインといったありとあらゆる製品仕様を知りたがった。このような違いは、実際に話を聞いてみなければ分からなかった。顧客を理解するのは重要なことなのだ。

あなたは顧客をどれほど理解できているだろうか？　農家、ＩＴ業界、配管工などと相手の分野を知っているだけではダメだ。刺さるコピーを書くためには、統計上の分類を超えて、人々を本当に動かすものは何かを理解しないといけない。どういう人たちで、何を求めていて、どう感じているのか。あなたの製品が解決してくれる最大の問題や懸念は何か。頭の部分、心の部分、人としての部分、と3つのレベルで顧客に働きかけるべきなのだ。

まず頭という第1の要素は、効果的ではあるのだがほかの2つに比べて弱い。知性に訴えるポイントは論理に基づいている。例えば、「弊社が投資ニュースレターで推薦する株式を購入すれば、市場平均を50％から１００％上回る収益が得られます」という具合に。

それよりも、顧客の心に訴えかける方が強力だ。恐れ、欲、愛情、虚栄心、それから募金の場合は善意など、さまざまな感情が利用できる。

さっきの例で言うと、感情面へのアピールはこんな具合だ。「弊社のアドバイスで損失が減り収益が大幅に伸びます。ご友人やご近所よりも裕福になれます。レクサスでも、BMWでも、どんな高級車も、次の自動車は現金一括払いで購入。しかも夜はぐっすり快眠です」

訴求力が最も高いのは、人としての部分に働きかけることだ。また株式ニュースレターを例にとる。「2008年の株価大暴落では被害に遭われましたか？　中には、引退や経済的独立などの予定を先延ばしにしないといけない人もいることでしょう。しかし今こそ、失ったものをすべて取り戻し、自己資本を再構築し、早期退職や経済的独立の目標を実現するチャンスです。もう、待つ必要はありません」

潜在顧客を動かすためのBDFフォーミュラ

潜在顧客の頭の部分、心の部分、人としての部分に働きかけるためには、コピーライターのマーク・フォードが言うところの「コア・コンプレックス」を理解しなければならない。コア・

コンプレックスとは潜在顧客を突き動かす感情と考え方と願望のことで、これらを表したのがBDFフォーミュラだ。BDFフォーミュラは、次の要素から成る。

- **信念（Beliefs）** 顧客は何を信じているだろうか？ あなたの製品や、製品が解決してくれる問題に対する考えは？
- **欲望（Desires）** 顧客は何を求めているだろうか？ 目標は？ あなたの製品にどのような変化を引き起こしてほしいのだろうか？
- **感情（Feelings）** 顧客はどのような精神状態だろうか？ 自信に満ちあふれているだろうか？ 不安がっているだろうか？ 人生や仕事、業界における大きな問題についてどう感じているだろうか？

例えば、ITエンジニアのコミュニケーションや対人スキルを向上させるセミナーを行う会社のために、次のエクササイズをIT部門にやってもらった。グループミーティングであがったアイデアを以下に挙げる。

- **信念（Beliefs）** ITエンジニアは、自分はほかの人々よりも頭が良く、テクノロジー

はこの世で最も大事なもので、ユーザーは頭が悪く、経営陣は自分を正当に評価していないと思っている。

・**欲望（Desires）**　評価され、認められたいと思っている。また、コンピューターを相手にする方が楽なので、できる限り人の相手は避けたい。もっと予算を出してほしい。

・**感情（Feelings）**　両方ともITエンジニアが仕える相手なのだが、経営陣やユーザーと敵対関係にあることが多い。他人に嫌われている、馬鹿にされている、仕事を理解してもらえない、と感じている。

この分析、特に感情面の分析に基づき、同社は「ITプロフェッショナルのための対人スキル」というセミナーの宣伝キャンペーンで送ったDMで、かつてない大成功を収めた。セールスレターには、「『くたばれエンドユーザー』と言いたくなったことがあるITプロフェッショナルの方へ。重要なお知らせです」という珍しい見出しがおどった。

コピーを書く前に、ターゲット市場のBDFを物語形式で書き出してみよう。チームで検討して、決定版を作成しよう。そして、BDF決定版を使ってコピーを書こう。

潜在顧客の欲望や懸念は、市場調査から分かることもある。例えば、食用油のメーカーを顧客に抱えたあるコピーライターは、グループのインタビューを読んでいるときに「鶏肉を油で炒めた後に油を計量カップに戻してみました。減ったのは小さじ1杯分だけでした」というユーザーのコメントを見つけた。フォーカスグループの報告書の補遺資料に埋もれていたこのコメントは、テレビCMでセールスポイント（油で料理しても食品に油が吸収されない）に使われてキャンペーンは成功を収めた。

この業界の古株であるジョー・サッコは、あるとき糖尿病患者がインシュリン注射に使う新製品の針のキャンペーンを依頼された。最大のセールスポイントは何だろうか？

サッコが話を聞いた糖尿病患者は、針が鋭くて良いと全員が喜んでいた。実際に使う人でなければ、おそらく「鋭い」ことをポジティブにはとらえないだろう。しかし、自分や他人に注射をしたことがある人なら、鋭い針の方がスムーズに入り、痛みが最小限で済むと知っている。針が鋭くて良いという意見をもとに、この針ならインシュリン注射も痛くなくて楽だという広告をサッコは制作した。

コピーライターのドン・ハウプトマンは、「まず手をつけるべきは製品ではなく潜在顧客だ」と述べている。ＢＤＦを使えば、潜在顧客に何かを売りつけようとする前に、深い理解がすぐに得られる。そうすれば、たいていマーケティングキャンペーンはうまくいくのである。

「製品を買いたい理由」のチェックリスト

先述したように、いろいろな人々がいろいろな理由で製品を買う。私が自動車を買うなら、頼れる交通手段としてなので、安い中古車で十分だ。しかし、ポルシェやメルセデスベンツの所有者はただ交通手段が欲しいわけではない。ステータスと名声も欲しているのだ。

コピーを書く前に、あなたの製品をなぜ人が欲しがるのか見直してみるといいだろう。購入の動機となる22の要因を「製品を買いたい理由」としてリストアップしたので、ぜひ役立ててほしい。このリストはすべてを網羅しているわけではない。だが、誰に向けて広告を書いているのか、なぜその人たちに向けて書いているのかを考える手がかりとなる。

それでは、あなたの製品を買いたい22の理由を見てみよう。リストを読むだけでなく、それぞれの理由を検討して、あなたが担当する製品にどのように当てはまるか考えてみてほしい。

□人に好かれるため
□正しくあるため
□評価されるため
□自分が重要人物だと感じたいため

□稼ぐため
□時間を節約するため
□安心を得るため
□セクシーになりたいため
□個性を持ちたいため
□娯楽のため
□健康でいるため
□便利だから
□欲から

□お金を節約するため
□仕事を楽にするため
□魅力的になりたいため
□心地よくなりたいため
□幸せになりたいため
□知識を得るため
□好奇心を満たすため
□恐怖心から
□罪悪感から

あなたが買うもののことを考えてみてほしい。それを買う理由は？

良い香りがするようにコロンを買う。良い香りがするようになりたいのは、異性を惹きつけるため。

スポーツ用品は娯楽のために買う。スパに入会するのは健康になるため。ゴールドのマネークリップを買うのは個性が欲しいのと自分が重要人物だと感じたいから。

生命保険に入るのは安心が欲しいから。スリッパを買うのは心地よさのため。製氷機つきの冷蔵庫を買うのは便利だから。

人がなぜものを買うのかを理解すると、売り方が見えてくる。そして、コピーの書き方も。後はただ構成と推敲といくつか単純なテクニックがあるだけだ。

長文コピーVS短文コピー

古典的な煙草ＣＭのスローガンで、「どれほど長くするかじゃない、どうやって長くするか、だ」というのがある。これはコピーの長さを決めるときにも当てはまる。

つまり、何語書けばいい、ということではなく、購入に持ち込むためには情報をどれくらい盛り込むか、ということなのだ。

一般的に、コピーの長さは製品、顧客層、コピーの目的という3つの要素で決まる。まず、製品について考えてみてほしい。製品について言えることがいくらでもあるだろうか？　そういう事実を列挙したからといって、読者は買う気になるだろうか？

宣伝できる特長やベネフィットをたくさん持っている商品もある。コンピューターや自動車、書籍、生命保険、セミナー、旅行、スマートフォンなどがそうだ。

ほかの多くの商品は特長やベネフィットが多いわけではなく、あまり宣伝できる材料もない。例えば、炭酸飲料やファストフード、ガム、ビールやワインなどのお酒、宝石、香水、せっけん、洗濯洗剤、化粧品、リネン類、ペットフード、シャンプーなどだ。ジンジャーエールの新製品が出ても、おいしくて他社製品より安いということ以外に言えることはあまりない。

一方、自動フードプロセッサーは宣伝できるベネフィットが数多くある。時間の節約になる。食材を切り刻む手間がいらない。料理が手軽に楽しめる。たいていの食材は、薄切りにしたり、さいの目切りにしたり、すりつぶしたり、泡を立てたり、混ぜたり、下ごしらえできる。デザートを作るのにも、前菜、サラダ、メインディッシュを作るのにも使える。

というわけで、コピーの長さは商品と、それについて言えることで決まる。

第2に、コピーの長さは顧客にもよる。たくさんの情報を必要とせず、長文を読み慣れていない顧客もいる。一方で、手に入る事実は何でも欲しくて、こちらが与える情報は何でも読み尽くす顧客もいる。

あるブッククラブは、新会員勧誘のDMに使うコピーの分量を知りたいと思っていた。そこで、1ページ、2ページ、4ページ、8ページ、12ページと、さまざまな長さを試してみた。12ページのDMが最も入会者数が多かった。なぜだろうか？　ブッククラブに入会するような人は本

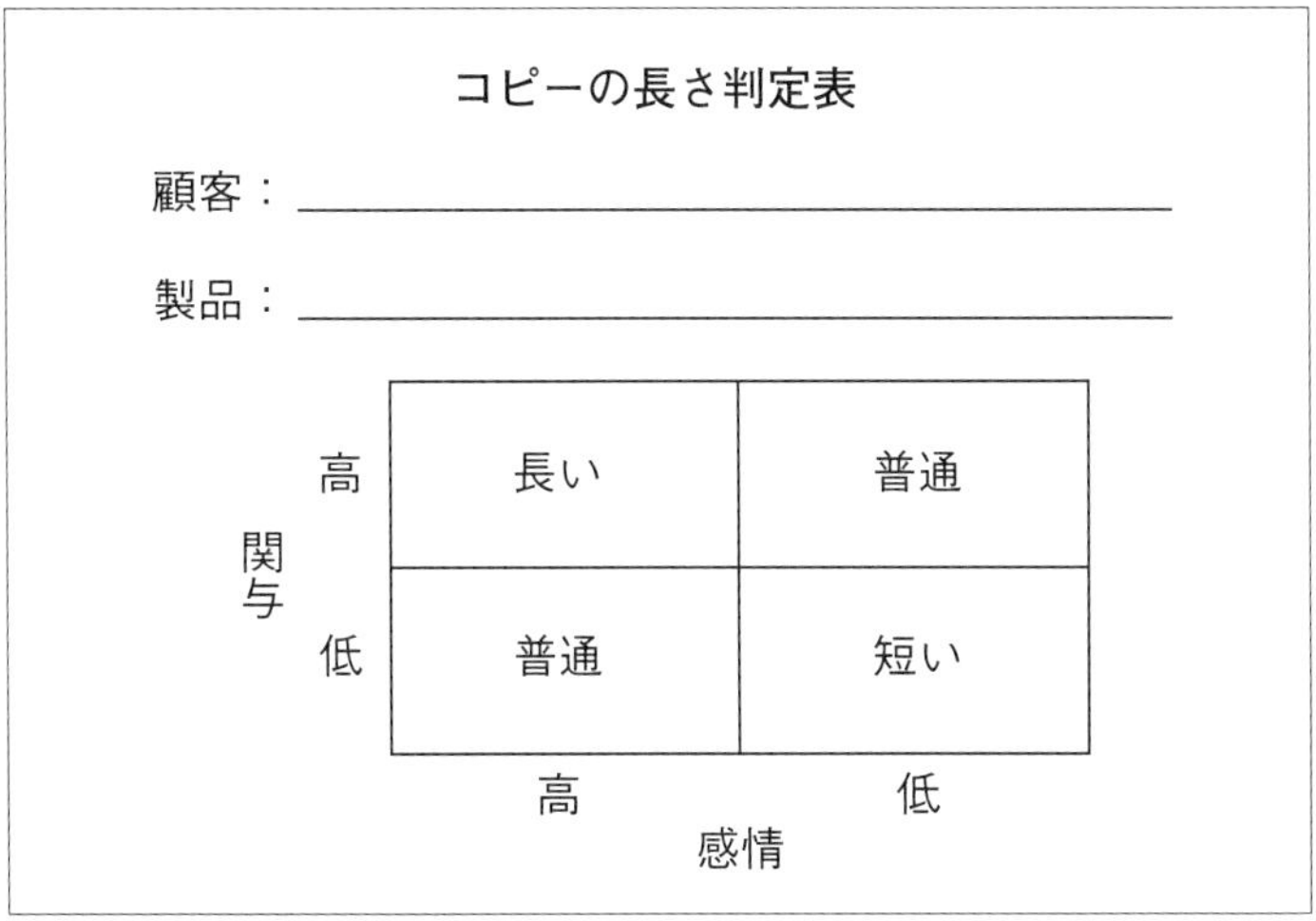

図 4-1　コピーの長さを決定する「コピーの長さ判定表」

好きなのだ。興味があれば、12ページくらい読んでくれる。

コピーの長さを決める第3の要素は、コピーの目的である。リード獲得のためならば、コピーに詳細を盛り込む必要はない。反応が返ってきたときにまた情報を提供できるからだ。一方で、注文書を郵送させるための広告ならば、購入を決めて注文してもらえるように必要な情報はすべて盛り込まなくてはならない。

「そうはいっても、この製品、顧客層、目的にとって最適の長さは一体どうやったら分かるんだろう」とあなたは思うかもしれない。

お答えしよう。「コピーの長さ判定表」（図4-1）と名付けた、私が開発したツールがある。これで、少しは科学的かつ定量的な方法で、コピーの長さを決めることができる。

　コピーの長さ判定表では、あなたの案件にとって最適の長さを、感情と関与という二大要素によって決定する。

「感情」とは、購入を決定する要素として感情面がどれほどの割合を占めているかを指している。ダイヤモンドの婚約指輪を買う場合、感情面の占める割合がとても高い。しかし、どのクリップを買おうか決めるのに感情が動かされることはほとんどない。

「関与」は製品の購入にどれほどの時間をかけ、考えをめぐらせるかを指している。例えば、ダイヤモンドの婚約指輪はじっくり考えて買うものだ。しかしクリップなら、特に考えもしないで文房具屋の棚にあるものを買うはずだ。

　この方法では、感情と関与の2つの水準を高いか低いか評価する。これによりどの象限に入るかが決まり、コピーの適切な長さがおおまかに判定できる。

　例えば、感情の要素が非常に大きいダイヤモンドの婚約指輪の場合、じっくり考えた上での購入なので「熟慮買い」にあたり、関与度が高い。左上の高い位置にくるということは、ダイヤモンドの婚約指輪には長文コピーが適切だと分かる。

　一方、クリップはそれに比べると「衝動買い」の部類に入る。文房具屋で最初に目にしたクリップがちょうどいいサイズならレジに持っていく。この購入行動に感情の要素はなく、ほとんど検討もしていない。

そのためクリップは右下の象限に位置する。つまり、熱のこもった長文コピーをクリップについて書き上げても、売上がアップするわけではないということだ。

もちろん、コピーの長さ判定表はおおまかな目安でしかなく、精密な分析が行えるわけではない。それに、コピーの長さを決めるときにはほかの要素も考慮しないといけない。ほかの要素は以下の通りである。

●価格

製品が高価であれば高価であるほど、売るためには長いコピーが必要となる。購入を促す前に、製品の価値が高いことをきっちり売り込むのだ。そうすれば、価格を提示したときにも、製品を購入して得られる見返りに比べたらそれほど高くもないと思ってもらえる。

●目的

紙面や画面で直接製品を売りつける広告（ワンステップマーケティングや通信販売）は、あらゆる製品情報を提示してあらゆる抵抗をしりぞけないといけないので、通常長くなる。リードを獲得するための広告（ツーステップマーケティング）は短くてもいい。カタログやパンフレット、営業などが後で製品の詳細を売り込む機会があるからだ。

●顧客層

多忙なエグゼクティブの類いは時間に追われているため、短文コピーに対して反応がいい。引退した高齢者など時間にゆとりのある人や、愛好者などあなたの製品に大きな関心を寄せている人なら、長文コピーを読んでくれる可能性は高い。

●重要性

人々に必要とされる製品（冷蔵庫やエアコンなど）は、短文コピーでも売れる。製品を買わないわけにはいかないからだ。欲しいと思っていても買わないといけないわけではない製品（エクササイズのＤＶＤや金融ニュースレターなど）は、売り込まないと買ってもらえないので長文コピーが必要になる。

●認知度

すでによく知られていて理解されている製品の場合、短文コピーが効果的だ。売り込む必要がそれほどないので、有名な一流誌（『ニューズウィーク』誌など）の定期購読の宣伝に……

はクーポンや返信用ハガキが使われることが多い。

コピーの長さ判定表やそのほかの要素を考えると、長文コピーがどの製品に対しても効果が高いというわけではないことは明らかだ。短文コピーやほぼコピーなしの方が最適の場合も多い。ホッチキスや散水ホースなど、「売らなくても売れる」製品がそれにあたる。

しかし、生命保険や高級車、ＩＴシステム、コレクターズアイテム、高級ジュエリーなど、売り込む必要がある製品の場合、長文コピーが必要になることが多い。

長文コピーを恐れることはない。売るために必要ならいくらでも事実を盛り込もう。

また、コピーの長さに影響するほかの要素もある。例えば、バナー広告では短文コピーしか使えない。ユーザーが広告にクリックすると製品ページが表示されるので、そこでようやく成約に持っていくためにいくらでも売り込める。

世代別マーケティング

今日では、特定の世代に狙いを定めたマーケティング戦略がおそらくこれまで以上に盛んになっている。最も多いのがベビーブーム世代やミレニアル世代向けの広告だ。表4‐1では異なる年代の年齢、関心事、考え方、ライフスタイルなどをまとめた（注2、3、4）。

テクノロジー開発の迅速化や経済の不透明性、不安定な情勢、高齢化により、世代間の差はかつてなく開いている。そのため、特定の世代を狙ったマーケティング戦略がしばしばとられるようになり、大きな効果をあげている。

ポジショニング

『ポジショニング戦略』で共著者のアル・ライズとジャック・トラウトはこう述べている。「今日、ポジショニングは、潜在顧客に製品のことをどのように思わせるかという広義の意味で使われている。つまり、最近の有能なコピーライターは製品の特長や機能について教えるためではなく、製品の位置づけのために広告を使うのである」

例えば、クアーズはロッキー山脈の水で作られた新鮮でピュアなビールとして位置づけられている。ハイネケンは「ビール通が作った」プレミアムビールとして位置づけられている。

ポジショニングは特長やベネフィット、売り文句に取って代わるものではなく、補完するものなのだ。ニッチ製品なら、有名ブランドの対抗馬として位置づければ手っ取り早く製品を消費者に覚えてもらえて効果的である。

しかし、消費者に製品のことを考えさせるだけでは十分ではない。買う気にさせないといけないのだ。また、その製品が消費者に何をしてくれるか、なぜ競合製品よりも良いのかを教えない限り、買わせることはできない。

注2：Dr. Ralph Ryback, 〝From Baby Boomers to Generation Z,〟 Psychology Today, February 22, 2016.

注3：https://www.marketingteacher.com/the-six-living-generations-in-america/.

注4：FourHooks, a Digital consultancy agency, The Generation Guide—Millennials, Gen X, Y, Z and Baby Boomers, April 26, 2015, http://fourhooks.com/marketing/the-generation-guide-millennials-gen-x-y-z-and-baby-boomers-art5910718593/.

世代	マチュア世代（1945 年生まれより前）	ベビーブーム世代（1945 年～ 1960 年生まれ）	X 世代（1961 年～ 1980 年生まれ）	Y 世代（1981 年～ 1995 年生まれ）	Z 世代（1995 年生まれより後）
主な出来事	第二次世界大戦、配給制、ビッグバンド、核家族、性別により決められた役割（特に女性）	冷戦、終戦後のブーム、“スウィンギング・シックスティーズ”、アポロ 11 号の月面着陸、若者文化、ウッドストック、家庭中心、ティーンエイジャーの台頭	冷戦終結、ベルリンの壁崩壊、レーガン＆ゴルバチョフ、サッチャリズム、ライヴ・エイド、パソコン 1 号機、携帯電話の揺籃期、鍵っ子、離婚率の上昇	アメリカ同時多発テロ事件、プレイステーション、ソーシャルメディア、イラク戦争、リアリティ番組、グーグル・アース、グラストンベリー・フェスティバル	不況、地球温暖化、グローバル化、モバイル端末、エネルギー危機、アラブの春、オウンドメディア、クラウド、ウィキリークス
夢	マイホーム	雇用の安定	ワークライフ・バランス	自由と柔軟性	安心と安定性
テクノロジーに対する姿勢	ほぼ無関心	IT のアーリーアダプター	デジタルイミグラント	デジタルネイティブ	テクノホリックス ── IT 技術に完全に依存していて、ほかの選択肢はあまり理解していない
キャリアに対する姿勢	終身雇用	企業中心 ── キャリアは会社で決まる	初期の“ポートフォリオ”型キャリア志向 ── 忠誠を誓う対象は職業で、かならずしも会社ではない	デジタル起業家 ── 会社“のために”ではなく“と一緒に”働く	キャリアのマルチタスキング ── スムーズに企業を渡り歩き、ぽんぽん起業
代表的な製品	自動車	テレビ	パソコン	タブレット・スマートフォン	グーグル・グラス、グラフェン、ナノ・コンピューティング、3-D プリンター、自動運転車
コミュニケーションの手段	手紙	電話	E メールとメッセージ	メッセージか SNS	小型携帯端末またはウェアラブル機器
コミュニケーションの取り方	対面式	対面式がいいが、必要なら電話か E メール	メッセージか E メール	オンラインとモバイル端末（メッセージ）	フェイスタイム
金銭上の決断	対面式の会合	対面式がいいが、オンラインが増えている	オンライン ── 時間があれば対面式	対面式	クラウドソーシングで解決

表 4-1　世代別マーケティング

第5章 下準備する Getting Ready to Write

数々の名作コピーを手がけたルムート・クローンは、広告制作に取り掛かるやり方は決まっていると言う。「まっさらの紙に、何か興味深いことをまずはたくさん書きつける」

しかし、まっさらの紙や画面と向かい合うために、コピーライターは一体何をすればいいのだろうか？　コピーを書く前にどのような情報が必要で、その情報はどうやって収集する？　広告のアイデアはどうやって思いつくものなのか？

この章ではこういった疑問に答えて、コピー作成に取り組む前に製品と市場に詳しくなるための具体的なテクニックを説明する。

コピーライティングのリサーチ

私がコピー案件に取り組む際、製品やテクノロジー、競合、市場を調べるために行う3つの基本ステップを教えよう。

第1ステップ――顧客に資料をもらう

顧客に聞けば、たいてい大量の資料をくれる。どの書類を頼めばいいかさえ押さえておけばいい。

第2ステップ――調べ物をリサーチャーに頼む

ネットでの調べ物を全部やってもらうためではなく、普通の統計と見つかりづらいデータを探す時間を節約するために。

第3ステップ——自分でもネットで調べ物をする

コピーライティングに役立つ情報が記事や論文に潜んでいて、見つけたり、たまたま読んだりするまで気づかないことがある。これは、地元の図書館や本屋で本棚を漁るのと似ている。ほかに、コピーづくりに大いに役立つ資料を見つけるための方法や情報源はあるだろうか？もちろん、たくさんある。しかし、まずはこの3つから始めるといい。

オンラインリサーチをざっくりまとめると

大手の検索エンジンは膨大な量のインデックス、高い知名度、利用者の数を有する。有名な検索エンジンの方が、一般的に信頼性が高い結果が得られる。

グーグル、ヤフーなどの大手はご存じのことだろう。だから基本的なことを説明してあなたの時間を無駄にするのはやめよう。それよりも、正確で信頼できるウェブサイトで情報を見つける方法を取り上げることにする。スタンフォード大学説得技術研究所とマコフスキー社によるネットの信憑性についての研究（注1）では、信憑性を「信じられること」と定義しており、情報自体の問題というより、情報の受け手がそれをどうとらえるかの問題だと指摘している。

信憑性は、ウェブサイトの専門知識とその信用性という2つの分野で基準をクリアすると生じる。どちらにも多くの検討項目がある。

信憑性の高いウェブサイトの特徴をいくつか以下に挙げる(注2)。

- 著者の氏名、研究機関または関連組織(あれば)、および有効な連絡先が記載されている。
- 著者の経歴や資格が載せられている。
- 引用がリストアップされている。さらに、情報源が権威のあるものかどうか確認するといい。
- 最新の情報である(更新されている、リンク切れがない、古いニュースがない、など)。
- 著者の立場がほとんど見えない。取り上げている商品の宣伝ではない。ウェブサイト上の広告が最低限か、または広告がない。
- 閲覧が条件つきではない。料金や、有料のブラウザ、またはソフトウェア要件などの制限なしに情報を閲覧できる。

注1：http://credibility.stanford.edu/pdf/Stanford-MakovskyWebCredStudy2002-prelim.pdf.
注2：https://mason.gmu.edu/~montecin /web-eval-sites.htm.

同研究では、信頼できるウェブサイトとして機関や業界団体が運営するものが挙げられている。そういったウェブサイトには研究や白書、報告書、調査、プレスリリースなどが掲載されている。たいてい信頼がおけるのだが、その機関や業界団体がきちんとしたところであったり、さらには一流だったりするとなおさらいい。

ネット上で見つけた記事にほかの情報源へのリンクしか記載されていない場合、リンク先の信憑性はそのサイトの運営団体では測れないため、それぞれ判断するべきだ。市場やアプリ、テクノロジーをリサーチするのに使える情報源にはほかに次のものがある。

- 大半が学会の検索エンジンで見つかる、科学や医学の査読付き学術誌
- ヤフーなどの金融サイト
- 『ニューヨーク・タイムズ』紙や『USAトゥデイ』紙などの有名紙
- 『ビジネスウィーク』誌や『キプリンガー』誌などの大手のビジネス誌
- 政府機関の公的な統計データ
- 専門家のウェブサイト

コピーライティング案件の下準備

ここで、説得力の高い、事実ぎっしりのコピーを書くために必要な情報を得るための４ステップを伝授しよう。

第１ステップ：製品に関するあらゆる既存資料を入手する

既存製品の場合、クライアントがコピーライターに渡せる参考資料は次の例など山ほどある。

・雑誌などに掲載された以前の広告の切り抜き
・年次報告書
・記事の抜粋
・スピーチやプレゼン
・プレスリリース
・広告計画
・パンフレット
・カタログ
・技術文書
・音声ファイルや動画の脚本
・市場調査
・ウェブサイト

- 製品ユーザーからの手紙
- 競合の広告や販売資料を集めたもの
- 技術情報
- 試作品のイラストや写真
- 事業計画やマーケティング計画
- 提案書
- メールマガジンのバックナンバー
- 内部メモ
- 製品の仕様書、設計図、計画書
- エンジニアの作成した図面
- 報告書
- 顧客のレビュー

参考資料は、打ち合わせに出席したりコピー制作に取り掛かったりする前にクライアントから取り寄せよう。必要な参考資料のチェックリストを作成すると集めやすい。

ネットで入手できる製品情報は、1つ残らず入手すること。クライアントのウェブサイトは、少なくとも製品に関連したページを印刷して、時間をかけて読み漁るべきだ。

クライアントに主な競合を聞いて、競合のウェブサイトもよく調べること。最後に、製品に関連したキーワードを検索すれば、コピーに使える情報がたくさん見つけられる。

こういった参考資料を調べることで、コピーを書くために必要な情報の9割がたが見つけられる。残りの1割は打ち合わせやEメール、電話などで正しい質問をすれば手に入る。第2ステップから第4ステップでは、クライアントのマーケティング担当に聞くべき製品、顧客層、コピーの目的についての質問を取り上げる。

第2ステップ：製品についての質問

・製品にはどういう特長とベネフィットがあるか？（その全部を網羅したリストを作ること）
・どのベネフィットが1番重要か？
・競合とどんな違いがあるか。どの特長が競合にはないか。どれが競合よりも優れているか？
・競合と違いがなければ、競合は宣伝していない特質で前面に押し出せるものはあるか？
・競合のテクノロジーはどういうものか？
・製品にはどういう活用法があるか？
・顧客層が抱えるどういう問題をこの製品は解決できるのか？
・競合に対してどのような位置づけか？
・製品はどのような仕組みになっているか？
・どれくらい信頼性が高いか。どれくらい長く使えるか？
・どれくらい効率性が高いか？

・どれくらい経済性があるか？
・価格はどれくらいか？
・使いやすいかどうか。メンテナンスは楽かどうか？
・どのような人が買っているのか、またその人たちの感想は？
・どのような材質、サイズ、モデルが出ているか？
・メーカーからどれくらいの日数で製品が配送されるか？
・配送されないのなら、どこでどうやって購入することができるか？
・メーカーはどのようなサービスとサポートを提供しているか？
・製品保証はあるか？

第3ステップ：顧客層についての質問など

・製品を買う人は誰か？（どのような市場か）
・顧客は製品から一体何が得られるのか？
・顧客はなぜ製品が必要なのか。どうして今必要なのか？
・この類いの製品を購入する際に顧客が最も気にすることは何か？（価格、配送、性能、信

頼性、サービス、メンテナンス、品質、効率性、可用性）

・買い手はどのような性格か。製品が売られる相手はどのようなタイプの人か？
・買い手の動機は何か？
・広告では何人の異なる購買影響者に働きかけないといけないか？（例えばおもちゃの広告なら、親と子供の両方の心をつかまないといけない）
・雑誌広告なら、広告が掲載される雑誌のバックナンバーを読むこと
・DMなら、使われるメーリングリストを調べて研究すること
・オンライン広告なら、掲載されるウェブサイトやメールマガジンを研究すること

第4ステップ：コピーの目的を決める

1つだけとは限らないが、以下のような目的が考えられる。

・トラフィックを促進する
・コンバージョン率を伸ばす
・問い合わせ件数を増やす
・売上を伸ばす

・問い合わせに応える
・潜在顧客を絞り込む
・店舗の来店者数を増やす
・新製品や既存製品の改善点を紹介する
・潜在顧客や顧客と関係を保つ
・潜在顧客のオプトイン・リストを作成する
・潜在顧客に製品を買わせる
・ニュースや製品情報を発信する
・ブランドの認知度と人気を高める
・企業イメージを作る
・営業のためにマーケティングツールを提供する

コピーを作成する前に、宣伝する製品をよく調べよう。どんな特長、ベネフィット、過去の実績、用途、市場があるのか。コピーライティングでは売れる秘訣は細部にあるので、事実を洗い出して損はない。

インタビューで事実を見つける

もちろん、参考資料を読み漁っても、こういった質問への答えがかならずしもすべて見つかるわけではない。エンジニアやデザイナー、営業、プロダクトマネジャー、ブランドマネジャーなど、クライアント企業に勤める製品のエキスパートからさらに聞き出さないといけないこともある。

コピーライターが行うインタビューとレポーターが行うインタビューでは意味が違う。コピーライターは、相手の豊かな人間性や過去に興味があるわけではない。欲しいのはただ厳然たる事実や、製品情報のみ。そのため、相手の素顔に迫る必要はない。電話でもスカイプでもズームでも、対面式のインタビューと同じことなのだ。

実は、電話インタビューには利点がいくつかある。まず、エキスパートは製品について詳しいものの、たいてい宣伝を仕事にはしていない。それに多忙なので、製品の宣伝にはかかわりたくないのだ。電話インタビューなら時間がかからないので、多忙なマネジャーでも効率的なやり方だと喜んでもらえる。

次に、電話の方がメモをとりやすい。聞き手がノートパソコンでカタカタとメモをとっていると落ち着かない人もいる。しかし、電話ならメモをとっていることは相手に見えない（ウェブカメラを切れば）。自分の言葉が記録されていることを知らない相手は、リラックスして自然体で話すことができる。

さらに、クライアントの会社に出向かずに済む。案件ごとに1件いくらの料金体系なら、経費が節約できるので収益が増える。時間給なら、時間を節約できた部分はクライアントにとってはリサーチ代の節約となる。

新人のコピーライターに聞かれるのが、「デジタルレコーダーを使うべきでしょうか、それともキーボードつきの端末でメモをとるべきでしょうか？」という質問だ。それは状況や案件による、というのが私の答えだ。ところで、インタビューを録音することにしたら、相手には開始前にそのことを伝えるように。

製品や市場について参考資料も大して得られないままに打ち合わせに出席する羽目になることもある。この場合、打ち合わせで知らない情報を大量に浴びせられる。こういう状況では、キーボードで高速タイプできるのではない限り、デジタルレコーダーやスマートフォンのアプリなどを使うことを勧める。

一方、事前に情報を十分に仕入れられているなら、打ち合わせや電話会議では、参考資料から得られなかった製品情報について質問を用意しておくこと。欲しいのは短い具体的な答えだ。この場合、メモをとるのはパソコンでもメモ用紙でも何でもいい。

私はたいてい事前に質問のリストを先方にEメールで送っておくようにしている。そうすると2割がたは返信で回答してくれる。

『ザ・ライター』誌のドロシー・ヒンショウ・ペイトンによる記事で、インタビューの準備と実施のコツが挙げられている（コピーライターのニーズに合わせて説明を加えておいた）。

---

1. インタビューの依頼で電話をかけるときには、自分が何者か、誰の紹介か、どうしてインタビューしたいのかをすぐに説明すること。

例えば、こんな具合に。「ジム・ローゼンタールさんですか？　お忙しいところ恐縮ですが、少しお時間をいただけますでしょうか。御社の地上レーダー装置のパンフレット作成を担当いたします、アンダーソン&アソシエイツのボブ・ブライと申します。レーダーディッシュのことならローゼンタールさんにおたずねするべきだと弊社のランシング・ナイトに聞きまして、お電話いたしました。今少しお時間をいただけるなら、いくつか質問させていただきたいのですが」

協力してもらえないこともあるだろう。そういうときには、次を試してみてほしい。

・インタビューはすぐに済むことを説明する（「6点ばかりお聞きしたいことがございます。全部で10分とかかりません。ご多忙のところ恐縮ですが、明日か明後日で、10分ほどお時間をいただくのにご都合のいい日時を教えていただけますでしょうか？」）。

・お世辞は使っても、あくまで誠実に（「部内のほかの方にお話をうかがうこともできるかとは思いますが、アンテナを設計されたのはローゼンタールさんだとうかがっております。この広告は『マシン・デザイン』誌や『デザイン・ニュース』誌や『エレクトロニックス・ダイジェスト』誌に掲載されますので、正確な情報を得たいと思っておりまして」）。

・案件の重要性を説明する（「この記事は本年度の年次報告書に掲載されますので、できる限り正確な情報が必要なんです」）。

・権力者の名前をちらつかせる（「シャーリー・パーカー部長にはこの件でご協力いただいておりまして、ローゼンタールさんにぜひお話をうかがうようにというのがパーカー部長のご意向です」）。

2. インタビューの日時は先方に選ばせる。午前中、昼食時、夕方、仕事の後など、いつでも先方の都合に合わせると伝える。勤務中はインタビューを受ける時間がないため、夕方5時、6時以降の余裕があるときにしたいという人も、昼食時がいいという人もいる。先方の都合に合わせて予定を組むこと。

そして、同じくらい重要なことは、対面式でも電話でも、インタビューの日時を確定させることである。電話でインタビューを行うなら、その日時に電話をするために時間を空けておくことを先方にちゃんと伝えること。電話インタビューも会議と同じように大事な約束だとみなしてもらうべきである。

3. 締め切りに余裕を持ってインタビューの手配をすること。広告業界では短納期が一般的なため、これはなかなか難しいことかもしれない。そのため、案件の依頼を受けたらその日のうちにインタビューを手配するといい。そうすれば重要な情報源の都合がつかない場合でも、クライアントにその旨を伝えて策が講じられる（納期を延長してもらうか、ほかの人にインタビューを受けてもらう）。

4. 事前によく調べること。準備を怠らず、事前に参考資料はすべて目を通しておく。インタビューで先方に教えてもらいたいことを具体的に把握して、質問のリストを作成しておくこと。

先方の時間には（あなたの時間にも）、クライアントからお金が支払われている。基本的なことを聞いて時間を無駄にしないこと。この貴重な時間は、製品資料や参考資料では得られなかった製品やマーケティングの詳細な事実を専門家に聞くために使うこと。

5. インタビューは時間厳守。ビジネスパーソンはせっかちな人が多く、約束の時間に遅れれば二度とチャンスはもらえないかもしれない。どうしても遅れてしまうときには事前に連絡して事情を説明すること。

6. メモをとるときには、事実を把握するために必要な情報だけをメモすること。

7. 先方とラポール（信頼関係）を形成する。共通項はそれほどないかもしれないが、先方の抱える問題に関心と理解を示すことで、相手を味方にできる。敵意を持たれている人や、無関心な人よりも情報が聞き出しやすくなる。
世界初の光ファイバー製釣り竿を開発した苦労話など、実のところあなたにとってはどうでもいいかもしれない。だが、インタビューを受けてくれるエンジニアにとっては大事《おおごと》だ。だから、「張力を正しい長さと直径の比に調節するのは本当に大変でしたよ」

と言われたら、分かるという風にうなずいて微笑むこと。「それは大変な思いをなさったんですね。いや、素晴らしい釣り竿ですよ」と言ってもいい。これは人としての礼儀であって、インタビューの潤滑油となる。

8. インタビューした人のリストを作ること。また、広告の完成品が引き渡され、掲載された後も、何カ月もメモはとっておくこと。クライアントに情報源を聞かれたり、広告の正確性を疑問視されたりした場合にこのリストやメモが役に立つ。

9. 感謝の気持ちを伝える。インタビューの終わりにはかならず礼を言うこと。後で短いお礼のEメールを送るとさらにいい。

情報を整理する

この時点で、大量の製品資料を読み込み、メモをとったり下線を引いたりしているはずだ。また、製品に詳しい人へのインタビューのメモや音源もあるはずである。コピー作成の下準備で次のステップは、メモをパソコンでタイプして印刷し、いつでも見たいときにさっと見られるようにすることだ。

こうすることで2つの利点がある。まず、情報は指先から脳を通して紙面に落とし込むことで自分のものになる。

1960年代に私は小学生だったが、先生が出す課題は簡単なレポートが多く、百科事典の記事だけでどうにかなった。大したリサーチをする必要もなかったので、『ワールドブック百科事典』や『ブリタニカ百科事典』を写せば先生の目はごまかせると思っていた。

しかし、先生たちは一枚上手だった。百科事典の説明を自分の言葉で書き直すことで、自分の頭で考え、自分の結論に達することをよくご存じだったのである。

コピーライターも同じことだ。インタビューを書き起こしたり広告の旧バージョンを書き写したりすることで自分の言葉になり、製品について新しい視点が得られて、売るための独自のアイデアも生まれる。

正直に言えば、このステップを踏まないコピーライターも多い。私に言えるのは、このステップは私にとっては効果があるということだけだ。私は、集めた情報を全部まずタイプして印刷して脳内整理を行わずにコピー作成に取り掛かることはない。

2つ目の利点は、そうすることで何時間もかけて行ったインタビューや目を通したウェブページ、ホワイトペーパー、製品パンフレットを、3枚から10枚程度に凝縮できることだ。膨大な量のリサーチ資料を漁ってカギとなる事実を見つけ出すよりも、タイプした資料なら、ワードの検索機能を使えば瞬時に見つけられる。

また、こうすればメモがチェックリストとしても使える。コピーに使うことにした事実をチェックし、未使用だが入れるべき事実を丸で囲み、不採用の事実には取り消し線を引く。それに、大量の手書きメモを読むよりも、タイプしたメモの方がずっと読みやすい。

こういうメモは便利なのだが、実は、いったんパソコンに打ち込めば内容が頭に叩き込まれるので、たまにちょっと事実を確認したり欠けているデータを探したりするためにのぞくだけでコピーは書けてしまうはずだ。

私はこれまでメモを1度も見ないで広告やメールマーケティングのメールを完成させたことがある。コピーを書き上げたら、メモは重要な事実がすべて盛り込まれているかどうか確認するためのチェックリストとして使っている。

最初にアウトラインを作成するべきか？

コピーを書き出す前にアウトラインを作るといいと主張するコピーライターは多い。これも、あなたのやり方次第だ。あなたにとって役立つならアウトラインを作ればいい。

ネット広告、Ｅメール、ブログ記事などの短いコピーなら、たいていの場合、取り上げるべき訴求ポイントがそれほど多くないので、アウトラインは頭の中で作れる。書き出す必要がないのだ。しかし、訴求ポイントが通常よりも多かったり、広告の組み立て方が思いつかなかったりする場合（普通は思いつくが）、私は新規ワードファイルを立ち上げてアウトラインを作ってみる。

セールスプレゼン動画（ＶＳＬ）やランディングページ、ホワイトペーパー、ウェブサイトなどの分量が多いコピーの場合、アウトラインがいつも役に立つ。デスク脇のコルクボードにアウトラインを貼り出して、広告が完成するまで進行状況の確認に使う。各セクションの初稿が終わるたびに、アウトラインでそのセクションをチェックする。こうするとやり遂げた感が得られて、次に進む気になる。

何十年も、私は少なくとも大雑把なアウトラインをクライアントに見せて承認を得てから初稿に取り掛かるようにしてきた。アウトラインは、仮のヘッドラインと本文で取り上げる予定のテーマと内容（箇条書きか段落形式）で構成される。

こういうアウトラインは「コピー・プラットフォーム」とも呼ばれる。コピー・プラットフォームを提出して承認を得ないで書き始めると、せっかくコピーを完成させてもテーマやコンセプトをクライアントに却下され、一からやり直しになることもある。承認されたコピー・プラットフォームを土台にしていれば、その危険性はずっと低くなる。

それでは、アウトラインはどのように組み立てればいいのだろうか。第4章で紹介した買わせるステップは、人を説得することを目的とするあらゆる文章の一般的なアウトラインだ。広告やパンフレット、ユーチューブ動画、フェイスブックの投稿の宣伝、プレスリリース、セールスレター、Eメールなど、特定の文章の構成は後述する。

ソーシャルメディアから情報を得る

フェイスブックの友達、ツイッターのフォロワーなどのネットワークを築き上げると、大人数の聴衆が手に入ったことになる。中にはリサーチのために役立つ人もいるかもしれない。グループに質問をしたり、質問への回答を読んで記録しておいたりするだけで手軽にリサーチができる。ソーシャルメディアのアカウントの育て方や、リサーチの道具としての使い方、異なるネットワークを対象としたコピーの書き方については第15章を参照されたい。

オンライン調査

下調べをオンラインで行うには、オプトインのメーリングリストを作成するという手もある。そのためには、無料メールマガジンの配信登録ボックスをホームページに設置するといい。メーリングリストができたら、サーベイモンキーなどを使って読者に調査を行うことができる。ソーシャルメディアでのリサーチだと定性的な回答が得られる一方で、オンライン調査では定量的なデータが得られる。

自分で調査を行う以外にも、グーグル検索すればほかの人が同じトピックで行った調査も数多くヒットする。調査結果ではパーセンテージのデータが得られるだけでなく、最多の答えから最少の答えまでランキングがつけられる。数値には具体性があり、読者の注意が引けるので、数値を使うと広告の効果は高まる。

コピーを書くには

さて、いよいよ皆さんお待ちかね、コピーの作成方法だ。

どのライターにも草稿を書く自分なりのやり方がある。あなたも自分に一番合っている方法でやるべきだ。

最初にヘッドラインを作り、ビジュアルのラフを描き、それから本文コピーを書くコピーライターもいる。パンフレットや年次報告書で一番長い部分や一番難しい部分から取り掛かる人もいる。まず簡単な部分に手をつけてウォームアップを行う人もいる（例えば、DMなら注文フォーム、ウェブサイトなら会社情報のページ）。

あなたがどのアプローチをとるにしても、初めからうまくいくことはほとんどないと思っておいた方がいい。売れるコピーを書く秘訣は、2稿、3稿、4稿……と、うまくいくまで何回も書き直すことにある。コピーを書くとなると頭が真っ白になる新人が多い。下手な文を書いたりつまらないアイデアを出したりするのが怖くて緊張してしまうのだ。

しかし、初稿は誰にも見せる必要はないし、最初から傑作を書く必要もない。だから、どんなアイデア、言い回し、スローガン、ヘッドライン、文や断片でも、思いついたものは怖がらずにすべて書き出すこと。効果的でない言葉はいつでも削除できる。しかし、何かアイデアや言うことが思いついても、書き留めなければ失われてしまう。

初稿では、最終稿で必要になる以上に長いコピーを書くライターは多い。余計な部分をとって最高部位のみを残すことができるからだ。同じように、最終稿で使う以上に情報をたくさん集めるといい。そうすればコピーで取り上げる事実を厳選できる。

各段階で書き直しは何度かするものの、コピーライティングは基本的に3つの段階に分けられる。

第1段階では、パソコンに「すべて放り込む」。アイデアが出てくるのに任せる。自分の考えを検閲しないこと。書いた言葉に手を加えたりしないで、書き留めたいアイデアや言い回しを思いつく限り書き続けよう。

考えが浮かぶのに任せることが苦手なライターもいる。「コピーを書くのだ」と思うと、難しそうでブレーキがかかってしまうのだ。あなたもそうなら、友達に手紙やEメールを書いているつもりになればいい。「とても良い新製品を見つけたから買った方がいい」と、説得するつもりで。このテクニックは効果がある。手紙やEメールの方が広告よりも日常的で、書き慣れているからだ。

第2段階では推敲を行う。不必要な言葉を削除する。ぎこちない言い回しや文を書き直す。コピーを声に出して読み、スムーズに読めるかどうか確認する。そして、もっと論理的な流れになるように、構成を組み直す。

また、自分が書いたものが説得力の高い効果的なコピーの基準にかなっているか、読んで確かめること。かなっていなければ、書き直して売る力を高める。盛り込む事実を増やしたり、ヘッドラインやクロージングを直したり、ビジュアルを変えたりするといい。

第3段階は校正で、書き間違いや文法ミスのチェック、それにファクトチェックを行う。ここで、コピーの一貫性を確認する。例えば、ヘッドラインでは社名をGAFと表記しているのに、本文内ではG.A.F.としていないか、など。

どのようなライティングでも、経験を積まないとうまくならない。経験を積む中で悪い癖が直せるようになり、書くことに慣れ、言葉も意のままに操れるようになる。

情報源を記録する

コピーライターには、コピーで使うあらゆる情報の情報源を記録する責任がある。例えば、不妊治療のパンフレットに「アメリカでは6組に1組の夫婦が不妊に悩んでいます」と書くならば、その情報源を控えておかなければならない。

一番良いのは、ワードの「脚注」機能や「文末脚注」機能を使って、クライアントがすぐに引用や事実を確認できるようにすることだ。

広告の作成後、少なくとも6カ月間から12カ月間はあらゆる情報源の資料を保管しておくこと。その資料のコピーをクライアントに渡すのもいい考えだ。

売れる広告のアイデアを生み出すテクニック

コピーライターの仕事は、宣伝する商品を売るための言葉やアイデアを考え出すことだ。では、そのアイデアは一体どうすれば思いつくのだろうか。それには、製品、市場、「売上を伸ばす」という広告の目的を理解することだ。

とはいえ、どんなに凄腕のコピーライターでもアイデアに詰まることはある。ここで、アイデアがひらめく9つのステップを紹介しよう。広告やヘッドライン、販促キャンペーン、そのほか何でもござれのやり方である。

1. 問題を突き止める

問題解決の最初の一歩は、何が問題なのかを理解することだ。しかし、自分がやろうとしていることも分からずにやみくもに突き進む人は多い。問題を正確に理解するまで、解決策を実行しないこと。

2. 関連した事実を組み立てる

犯罪小説では、探偵は真相解明のカギ探しに時間のほとんどを費やす。情報収集抜きで、鋭い読みだけで事件を解決することはできない。あなたも、問題解決に乗り出したり情報に基づいた決断を下したりする前に、事実を手に入れる必要がある。

どの分野でも、専門家は具体的な事実を入手することの重要性を知っている。実験を計画している科学者は、似たような実験が実施されていないかと論文要録を読み漁る。コンサルタントはある企業について何週間、何カ月間も調べてようやく大きな問題の解決策を思いつくのだ。

ある案件について収集した参考資料はファイルに整理しておこう。解決策を検討する前に、このファイルを見返すといい。リサーチした資料については、パソコンでまとめること。この重要性については前述の通りだ。

3. 一般知識を集める

コピーライティングでは、「具体的な事実」は案件にかかわるものを指す。製品や市場、競合、メディアなどに関する事実だ。「一般知識」というのは、これまであなたが働く中で、または人生の中で蓄えてきた見識のことで、人生、出来事、人間、科学、テクノロジー、ビジネス、世間全般についての情報を指す。

あなたの仕事に関連した分野はたくさんあるはずなので、そういった分野で貪欲に知識を求めてほしい。業界の知識なら、業界誌や業界団体のホームページは2大情報源だ。専門分野に関連した分野のメールマガジンや業界誌を定期購読しよう。どれもざっと読んで、あなたにとって役立ちそうな情報が記載された記事を切り抜いてとっておく。主題ごとにまとめてファイルに保管しておけば、いつでもすぐ記事が見つけられる。

専門分野の書籍を読み漁り、参考文献リストを作成しよう。コピーライター歴20年のベテランがラジオCMについて本を出したらその本を買おう。その人が20年かけて積み上げたものを1日やそこらで学ぶことができる。講座に通ってみる。セミナーやカンファレンス、展示会に行ってみる。その分野で友人を作り、情報や物語、アイデア、事例、技術的なアドバイスなどを交換する。

私が知っている名のあるコピーライターたちは、情報収集をせずにはいられない性質《たち》の人ばかりだ。あなたもそうなってほしい。

4. 組み合わせを見つける

アイデアというのは何も完全に新しいものでなくてもいいのだ。多くのアイデアが、以前からある要素を新しく組み合わせたものにすぎない。古いアイデアでも、新しい組み合わせや新しいつながりを見つければ、斬新なアプローチが思い浮かぶ。

例えばアップルウォッチは、デジタルウォッチ、スマートフォン、血圧計、心拍計、アプリ、ワイヤレス充電器など、いろいろとテクノロジーを組み合わせて作られた。

事実を調べるときには、相乗効果を生み出すような組み合わせを探すといい。

5. 寝かせる

問題はしばらく脇に置いておくと、創造力を出し尽くしたと思っていても、新たにアイデアを生み出す力が湧いてくるものだ。

とはいえ、ほんの5分くらい考えてみてちょっと頭がごっちゃになったからといって時間を置く、というのではいけない。まずはありとあらゆる情報を集めること。次に、集めた情報を何度も見返して、これだというアイデアが出てこないか粘る。アイデアをいじくりまわしているうちに、目がかすんで頭がクラクラしてくる。そこでようやく問題をいったん脇に置いて、寝かせておく。無意識に委ねよう。

寝ている間、シャワーに入っている間、髭剃りをしている間、公園で散歩している間に解決策がひらめくかもしれない。ひらめかなくても、また問題に取り組むときには力がみなぎり、新しい視点が得られていることだろう。私は文章を書くときにこのテクニックを実践している。書き上げた部分は寝かせておいて、翌日に新鮮な目で読む。完璧だと思っていたのに見直したら書き直す余地があった、というのはよくあることだ。

6. チェックリストを活用する

チェックリストは創造力を刺激し、新しいアイデアを生み出すスタート地点になる。本書にはチェックリストがいくつか載っているので、ぜひ活用してもらいたい。しかし、自分で作るチェックリストが何より一番だ。あなたが日常の中で抱えている問題のために作られたチェックリストなのだから。

とはいえ、遭遇するあらゆる状況に対応できるチェックリストは存在しない。チェックリストはあくまで創造的な発想のためのツールであって、魔法の杖ではない。

7. フィードバックをもらう

プロのライターとして、読ませるコピーの書き方を知っているという自負が私にはある。それでも、助手に草稿を見せると毎回もっと良い代案をいくつか出してくる。

1人で働く方がいいという人もいる。私はそうだし、あなたもそうかもしれない。あなたがチームの一員ではないなら、ほかの人に自分の作品の意見を聞くことで考えがまとまり、自分では思いつかなかったようなアイデアが生まれることもある。

フィードバックは参考までに聞いておくといい。たいていのフィードバックは、何より効果的な最善策に導いてくれる有益な情報を教えてくれるものだ。

もちろん、「この報告書を読んでみて」と誰かに頼むなら、あなたも意見を求められたときに進んで協力しないといけない。ほかの人の文章をレビューするのは勉強になるし楽しくもあるはずだ。自分で作品を作るよりも、誰かの作品を批評する方が楽なのだ。それに、あなたにとっては自明のことでもその人には思いつきもしないのだと思うと、直しを入れるときにくすぐられるものがあるだろう。

8. チームを組む

グループの方が発想力は高くなるという人もいる。あなたのスキルや発想法と釣り合いがとれて補ってくれる人とチームを組むのが理想的だ。例えば、広告業界ではコピーライター（言葉が専門）はアートディレクター（ビジュアルが専門）とチームを組む。

起業家は会社が成長すると一流企業からプロの経営者をひっぱってくることが多い。起業家は物事を起こすやり方は心得ているが、プロの経営者は収益の上がる効率的な経営方法を心得ている。

9. 新しいアイデアを試してみる

特に経営者がそうなのだが、多忙なビジネスパーソンは創造的な能力よりも批判的な能力の方が鍛えられていることが多い。創造的なエンジニアや発明家が彼らの意見を聞いていたら、パソコンも、航空機も、電球もこの世に存在していないことだろう。

創造のプロセスは2段階になっている。第1段階はアイデアを生み出す段階で、自由な発想が求められる。次は批判、または編集の段階で、アイデアを1つずつ冷徹に、現実的なものかどうか検討する。

私たちの多くがこの2つの段階を一緒くたにしてしまっている。特にアイデアを生み出す段階で、アイデアが提示されると勢い込んで批判してしまう。本来はアイデアが生まれるように励ましてあげるべきなのだ。これで没になってしまった良いアイデアは数知れないので、この轍は踏まないように。

本章で説明した作業やステップは大変そうに思えるかもしれないが、心配はいらない。あなたにならできる。かつてオグルヴィ・アンド・メイザー社でコピーライターを務めていたルー・レドモンドはこう言っている。「広告は芸術ではなく工芸にすぎない。だから恐れることはない」

第6章 Writing Print Advertisements

印刷広告を作るには

今日、印刷物の広告にはマーケティングの目的がいくつかあるが、主なものは以下の通りである。

1. **製品を直接顧客に売りつける（通信販売の広告）**
2. **リードを生み出す（無料のパンフレットやホワイトペーパーの請求を促す広告）**
3. **製品の認知度を高める（単価の低い消費財の大半）**
4. **実店舗とオンラインショップに客を誘導し売上を向上させる**

この4つにはどういう違いがあるのだろうか。

注文を促進する（売上に直結する）広告は、セールスの全段階をこなす。営業担当も、ショールームも、ディスプレイも、営業トークで使うパンフレットもない。広告が読者の注意を引き、心をつかんで、見たこともない製品を注文させないといけないのだ。

通販の広告はたいてい長い（半面の新聞広告で1000語以上はある）。情報を出し尽くさないといけないからだ。買い手のあらゆる疑問に答え、不安を解消し、反論に打ち勝って購入までこぎつけないといけない。また、ウェブサイトへのリンクやクーポン、フリーダイヤルの電話番号など、受注のための仕組みにもスペースを割かないといけない。

企業相手の広告だと、通常はリード獲得が目的となる。製品に関心を持たせて、資料を請求させるのだ。B2Bの製品だと大半がすぐに売れるものではなく、営業がプレゼンを行った上で成約にこぎつけるものだからである。

リードを生み出す広告は、情報量は多いことも少ないこともあるが、広告ですべて説明し尽くしてしまうことはない。情報を全部入手するためにメールしたり電話をかけたりクーポンを郵送したりウェブサイトを訪問したりしないといけないようになっている。リードを得るための効果的な広告を作るには、購買プロセスを理解して、その中で広告が担う役割を把握する必要がある。

消費者向け製品の中には、通信販売や営業による販売ではなく、スーパーやデパート、自動車のショールーム、ファストフード店などで販売されるものがある。そういう製品はたいてい必要なときに買うのであって、広告を見たからといって買うわけではない。

そのため、こういった製品の広告はそれだけで購入につながるわけではない。製品を消費者に意識させて、欲しいと思わせるのがそういう広告の目的だ。広告キャンペーンでは長い期間をかけて認知度と欲求を高める。バーガーキングのCMを見たからといって消費者がいそいそと来店してワッパーを買うわけではないと、バーガーキングは分かっている。広告の目標は、消費者がハンバーガーを食べたくなったらマクドナルドやウェンディーズよりまずバーガーキングを思い浮かべ、選んでもらえるようにすることなのだ。

製品ではなく企業を宣伝するための広告もある。この類いは企業広告と呼ばれ、企業の特定のイメージを読者に植えつけることを目的としている。世間の企業に対する誤解を解くためだったり、ただ企業を宣伝するためだったりする。もっとよくあるパターンは、株主や投資家、実業界向けの企業広告だ。『フォーブス』誌や『フォーチュン』誌、『ビジネスウィーク』誌にはそういう広告がいくらでも載っている。

また、新聞紙や雑誌、商工名鑑、オンライン広告など、掲載媒体によっても広告は異なる。小売広告を長らく支えてきたのは新聞だった。小売店は価格と店舗の住所を記載した広告を出す。商品の価格を目立たせたシンプルな広告で、地元の客を最寄りの店舗に誘導する。こういう広告はたいてい全店セールなどの特売日に出される。

もちろん、小売店以外にも、銀行や保険会社、不動産会社、劇場、出版社、エクササイズ用品など、さまざまな広告主が新聞に出稿する。シンプルな価格と店舗情報のみの広告を打つところもあれば、雑誌広告に近い、より洗練された広告を出すところもある。

雑誌と新聞には2つの大きな違いがある。まず、新聞は一般読者を対象とするのに対し、雑誌は女性やティーンエイジャー、エグゼクティブ、ITエンジニア、エンジニア、地質学者、ライターなど、特定の分野に特化している。雑誌は市場の小さなセグメントに働きかけるのに効果的であり、新聞は一般大衆向けの広告媒体なのだ。

次に、雑誌の紙質は新聞よりもはるかに優れている。それに、雑誌ならフルカラーの広告が出せる。製造業者は、製品の認知度アップと企業イメージ浸透の広告キャンペーンには雑誌を使う。多くの消費者向け雑誌で通販のセクションが設けられている。

オンライン広告にはいくつか種類がある。かつてはバナー広告が最も一般的だったが、もうここ何年もバナー広告の効果は低下している。ポップアップ広告が邪魔でフィルターを使うユーザーが増えているのだ。

バナー広告以外の選択肢としては、「Eジーン（電子雑誌）」とも呼ばれるメールマガジンに小さな広告を出稿する手がある。短いテキスト（50語から100語程度）に貼られたハイパーリンクで、製品の詳しい情報が載っているウェブサイトに誘導する。

出稿先が新聞でも雑誌でも、ウェブサイトでもメールマガジンでも、読者の関心を得るためには工夫が必要だ。雑誌や新聞を買ったり、ウェブサイトを訪問したりするのは記事やコンテンツを読むためであって、広告を読むためではないのだから。読者の大半が雑誌の広告は数個しか読まない。だから、大きなベネフィットやお得な情報を約束するヘッドラインとビジュアルで興味を引き、完全にこちらを向かせなくてはならない。

また、広告のサイズによっても書き方が変わってくる。雑誌や新聞の全面広告なら、イラストのサイズやコピーの分量が自由に決められる（雑誌広告は通常短めだとはいえ、テキストがぎっしり詰まった広告なら1000語を超えることもある）。

ブランドの広告主は、全面広告をイメージづくりや認知度アップのキャンペーンの中心に据えることが多い。そして、リードを生み出す目的では小さい広告を使う。通販だと小さな広告で大きな効果をあげている企業が多い。

刺さる広告を作るには

雑誌と新聞紙、通販とイメージ広告、B2BとB2Cなど、異なる状況で使われるさまざまなテクニックはたしかに大事だ。しかし、優れた紙媒体の広告の基本は、掲載媒体が何であってもほとんど変わらない。

有効な販売ツールとして広告が満たさないといけない9つの基準をここで説明しよう。

1．ヘッドラインが「重要なベネフィットやニュースを伝える」「好奇心をかきたてる」「広告を読めば見返りがあると約束する」ものになっている

節約や割引は、ヘッドラインで使える何より強力なベネフィットだ。例えば、「説得術」についてのポッドキャストの通信販売の広告を見てみよう。ヘッドラインには、「フォーチュン500社の重役が一日5000ドルで習っている説得術が、何と30ドルで学べます」とある。

オーディオファイルをストリーミングするのと実際にセミナーを受講するのとでは当然話が違う。しかしこのヘッドラインは、4970ドルもお得に新しい知識が習得できる、という印象を読者に植えつける。

センチュリー21の社員募集広告もストレートだ。「今なら、不動産売買でがっぽり稼げます」。言い回しの工夫なんてない。語呂合わせもない。ただ、分かりやすい、そのものずばりの言い方で、抗いがたい約束を提示しているだけである。

2. ヘッドラインで提示した最大のベネフィットをビジュアルで説明する（ビジュアルを使う場合）

「ビジュアルを使う場合」と書いてあるのに注目されたい。ほかの人には反対のことを言われるかもしれないが、多くの場合、広告で人に買わせる力があるのは言葉であって、写真やイラストではない。これまで何百件もの広告が、言葉の力だけで読者に買わせてきた。何千件もの広告が、シンプルな写真や小さなイラスト、簡素なグラフィックスだけで、読者にものを買わせてきたのだ。

可能なら、ビジュアルはヘッドラインで打ち出されるベネフィットを表現したものがいい。何より効果的なテクニックとしては、「ビフォー・アフター」の写真が挙げられる。

デュポン社はフッ素樹脂のテフロンの広告で、テフロン加工した工業プロセス機器が酸に強いことを2枚の写真を並べて示した。1枚はテフロン加工していないミキシングブレードの写真で、工業用酸性溶液でボロボロになっている。もう1枚はテフロン加工したブレードで、同じ酸性溶液の中で使用していたのに完璧な状態を保っている。テフロンを使うベネフィットを説明するのに、これほど分かりやすい証拠があるだろうか。

ベネフィットを説明するために凝ったビジュアルを使う必要はない。マイホーム所有者用の保険の広告なら、例えば、最初の家が火事で焼け落ちてしまった後に保険金のおかげで建てられた安全で居心地の良い自宅を描き出せばいい。

ビジュアルにはキャプションをつけると効果的だ。キャプションで読者に注目してほしい点を説明するのでも、重要な事実を強調するのでもいい（例えば、製品が大好評のあまり製造が追いつかないというキャプションで、「品薄」を今すぐ買わせるためのインセンティブとして使う、など）。

3. 第1段落でヘッドラインのテーマを発展させる

いくつか例を挙げてみよう。

●**深刻な腐食の問題に悩まされているのなら、デュポン社のテフロンが必要です**

化学物質が使われる腐食性の高い厳しい環境では、デュポンのテフロン樹脂やフィルムを使った流体流通系の部品は他社製品よりも持続性が高いのです。

●**今なら、不動産売買でがっぽり稼げます**

センチュリー21は破竹の勢いです。キャリアを築くなら今が絶好のチャンス。センチュリー21では世界中のどの企業よりも多くの営業職が成功を手にしています。

4. レイアウトで読者の目を引き、本文コピーへと誘導する

コピーライターは広告のビジュアルが読者にどのような影響を与えるかを考えなければならない。小見出しをつけてたくさんの短いセクションに分けるか？　クーポンはつけるか？　反応をよくするために電話番号のフォントサイズを大きくするか？　キャプションつきの小さな写真を何個か使って製品やプロセスを説明するべきか？　こういったことを検討しなければならないのだ。

広告を読んでもらうためのカギは、ごちゃごちゃしていない、すっきりとした見やすいレイアウトだ。レイアウトで読者の目を引き、ヘッドラインとビジュアルから本文コピー、ロゴ、住所へと視線を自然な流れで誘導していく。

- 画像は中心的なものを1つ使う。
- ヘッドラインは大きなサイズで太字にする。
- 本文コピーはヘッドラインと画像の下に置く。
- 本文コピーにははっきりとした読みやすいフォントを使う。
- 段落間にスペースを入れると読みやすくなる。
- 小見出しで視線を誘導する。

・コピーは白い背景に黒い印字にするべき。
・短い段落の方が長い段落よりも読みやすい。
・第1段落はごく短く抑える。できれば3行以内。
・ビジュアルはシンプルなものが一番。要素が多いと読者が混乱してしまう。
・レイアウトも、ヘッドライン、大きな画像、本文コピー、ロゴ、とシンプルなものが一番。小見出しや写真などの補足的な要素は広告を読みやすくもしてくれるが、多すぎるとごちゃごちゃして見栄えが悪くなる。
・「白いスペース」(余白)が少ないとごちゃごちゃして読んでもらえないと信じているアートディレクターは多い。しかし、フォントがすっきりしていて読みやすければ、文章がぎっしり詰まっていても読者はちゃんと読んでくれる。

反対に、広告の魅力を損なうビジュアルのテクニックがある。そういうテクニックを使うといかにも広告っぽくなるのでやめておいた方がいい。例を挙げよう。

・ヘッドラインとコピーが斜体になっている
・反転(黒い背景に白字)や写真の上に文字を載せる

- モノクロ写真にワンポイントカラーを入れる（たいてい青か赤）
- 小さいフォント（フォントサイズが8ポイント未満）
- 長い、切れ目のない文章のかたまり
- ロゴの下に事業所の住所をいくつもずらりと並べる
- カラム幅（訳注：段組みレイアウトで列の幅）が広すぎる
- アートワークや写真の技術が低い

外観、レイアウト、画面の構成など、広告の見た目は、下手なコピーを効果的にはしてくれない。一方、レイアウトがひどいと、製品に関心がある読者でも、読めば参考になる情報が満載の素晴らしい広告を読む気が失せてしまうことがある。

5. 本文では重要なセールスポイントを論理的な流れですべて提示する

効果的な広告は、製品について興味深い重要な物語を読者に伝える。小説や短編のように、コピーも序盤、中盤、終盤と論理的な構成になっていなければならない。

製品とそのベネフィットを説明するのなら、おそらくセールスポイントを重要度順に並べることになるだろう。ＵＳＰ（ユニーク・セリング・プロポジション）をヘッドラインに使い、本文コピーでは主なベネフィットから重要度の低い特長へと並べる。この形式では、広告はジャーナリストがニュース記事で使う「逆ピラミッド型」に似た形になる。

セールスポイントがバラバラで関連性がなければ、番号を振ってリストにするといい。事例やお客様の声を使った広告なら時系列が使える。または、問題と解決策を並べて、製品がどのように問題を解決するかを示すこともできる。

6. 最大数の絞り込み済みの潜在顧客を、購買プロセスで次の段階に進ませるために必要な情報を提供する

広告に盛り込むセールスポイントの数と長さは、「何を売るのか」「誰に売るのか」、そして「購買プロセスの次の段階は何か」によって決まる。

あるとき『グッド・ハウスキーピング』誌をめくりながら、広告の長さを考察した。

・カルシウムサプリのカルトレート600の広告は、図表とチャートと400語を超える長さの本文コピー、それに「カルトレート600の新製品は骨を健康にします」というストレートなヘッドラインで構成される。健康食品やサプリについて言えることは多い。また、割引クーポンと「カルシウム計算表」を無料でプレゼント、と宣伝している。

・食品の広告にはその食品を使ったレシピが載っていることが多い。レシピを気に入ってもらえたら、そのレシピで料理するたびに製品を買ってもらえるのではという考えだ。
・ブレンダー、ジューサー、フローリング、遺伝子検査キット、入れ歯、不動産などの高額製品の広告は、どれも電話や郵送で資料請求をするように読者を誘う。新聞や雑誌の広告ではとても製品について語り尽くせないことを知っているからだ。パンフレットやホームページ、営業の援護射撃が必要である。

コピーを書くときには「読者に求める行動は？　何と言えばその行動を起こしてもらえるだろうか？」と自問してほしい。

7. 面白い読み物になっている

「広告のあまりのつまらなさに製品を買う、ということはない」と『「売る」広告』でデイヴィッド・オグルヴィが述べている。「しかし、関心を持たせられれば買う気にもなるかもしれない」

人は興味を感じた広告しか読まない。つまらなそうな広告は読んでもらえない。

あなたはライターでも読者でもあるので、面白い文章とつまらない文章の違いを知っている。歯切れが良くて勢いがあって軽快な文体、リズムがあって明解なコピーが望ましい。

しかし、いくらうまく書けていても中身がなくてはダメなのだ。広告は読者の私欲に訴えかけないといけない。ただ読者を楽しませるだけのものでなく、なぜその製品が魅力的なものなのか理由を提示して、読者を納得させなければならないのだ。

気を引く広告にするためのコツをここでいくつか伝授しよう。

- 読者の人生、感情、ニーズや欲望に直接訴えかける広告
- 物語を描き出す広告
- 人々にフォーカスした広告
- 友人からの手紙のように温かく親切で誠実な、親しみやすい文体の広告
- 有名人の推奨
- 無料のオファー（プレゼント、パンフレット、サンプルなど）
- 特にヘルスケアや医学における実用的な技術の進展など、重要なニュースを伝える広告
- 美容、健康、高齢化、子育て、結婚、マイホーム、セキュリティ、家族、キャリア、教育、社会問題などの大きなテーマを扱った広告
- 読者が抱いている疑問に答える広告
- 読者が興味を持つ事柄についての広告

続いて、つまらない広告の例を挙げる。

- 企業やその理念、実績など、メーカーについての広告
- 製品がどのように読者の役に立つかよりも、製品の製造方法や仕組みばかりを取り上げた広告
- 読者がすでに知っていることを伝える広告
- 難解な言葉や長文、長い段落が出てくる長ったらしい広告
- どの文も同じ長さの広告（文の長さを変えることで締まりのある文章になる）
- 製品のベネフィットではなく特長ばかりを取り上げる広告
- 視点がなく、強力な売りや一貫した売り口上がない広告（そういう広告は事実だけを提示して、その事実が読者のニーズにどう関係してくるのかをきちんと示さない）
- レイアウトがごちゃごちゃしていて画像が低品質で、読む気をなくさせる広告

---

8. 信じられる広告になっている

コピーライターの仕事は容易なものではない。注意を引き、製品を説明し、説得するだけで

なく、読者の不信感を打ち消して広告を信じてもらわなければならないのだから。
信憑性を高めるためのテクニックは、証言、実証、研究結果など、すでにいくつか紹介した。しかしそういうのはテクニックにしかすぎない。信じてもらうためには、真実を語ることが何より大事なのだ。

これは、実は極論というわけではない。広告代理店の重役は舌先三寸の押し売りだというイメージに反して、実際には、自分たちが宣伝する製品の良さを信じている、実直でプロ意識の高いビジネスパーソンが多いのだ。有害だったり低品質だったりする製品の広告は作ろうとしない。これには倫理的な側面もあるが、本当のところ、その理由は広告についての単純な事実にある。

巧妙な広告なら、製品がひどくても1度は試そうかという気にさせられる。しかし、試してみて気に入らなかった製品をもう1度買わせることはできない。

つまり、広告でうそをついたところで儲からないのだ。広告代理店と広告主にとって得にならず、広告業に悪評が立つ。

そういった倫理的ではない広告を制作する同業者はどんどん減ってきている。大半が、読者にとって有益だと信じられる製品の宣伝を請け負っている。製品のことを信じていれば、誠実で、情報満載で、読者の役に立つ広告を書くのは容易《たやす》い。そして、誠実な広告なら、読者にもその誠実さが伝わり、信じてもらえるのだ。

9. 行動を喚起する

注文、問い合わせ、サンプルの試用やウェブサイトの閲覧など、広告は読者に購買プロセスの次の段階に進むように呼びかけるべきだ。

クーポンやフリーダイヤルなど、反応を促すためのツールについてはすでによくご存じだろう。『オポチュニティー』誌のマーチャンダイジングディレクターのバリー・キングストンは、読者から最大の反応を引き出すためのコツを次の通り挙げている。

- 郵便局の私書箱番号ではなく会社の住所を記載すること。その方が、業績が安定しているちゃんとした大企業だと思われる。
- 読者の大半にオファーを受ける資格があるのなら、フリーダイヤルを使って反応率を伸ばす。リードの絞り込みをしたいのなら、会社の電話番号を記載するといい。
- 電話でのクレジットカード決済に対応しているのなら、フリーダイヤルを記載すること。
- オンラインショップでも印刷物の広告でも、信用性を高めるために会社の電話番号を記載すること。

- クーポンを使うと反応率が25％から100％になる。
- 返信を求めると反応は悪くなるが、質の良い絞り込みリード（製品に本当に関心がある人）が得られる。

広告にスローガンは必要か

スローガンやキャッチフレーズは、会社のロゴの下に置かれるフレーズや文のことである。広告の中心的なメッセージを打ち出したり、どういう会社かを伝えたりするために使われる。有名な例を挙げてみよう。

- アメリカン航空が何より得意とすること
- 最後の一滴までおいしいのがマックスウェル・ハウス
- アメリカン・エキスプレス　出かけるときは忘れずに。

こういったスローガンは商品を簡潔に言い表し、心に残るので、ブランドの認知度を高める。

しかし、採用されて数カ月で広告から外され、二度と使われないスローガンはいくらでもある。広告でスローガンは使うべきだろうか。

コピーライティングでは、「形式は機能に従う」という大原則がある。つまり、効果があり自然なテクニックなら使う。しかし、広告にふさわしくないテクニックを無理矢理使おうとしてはならないのだ。

この大原則をスローガンに当てはめると、製品の主な売りやその性質がキャッチーな1文で言い表せるのならスローガンを使えばいい。しかし、製品や事業の本質が1行では言い表せないなら、スローガンを使わないことだ。不自然なスローガンが広告の効果を損ない、コピーライターのあなたも広告代理店も顧客も決まりの悪い思いをすることになる。

スローガンは、覚えやすいものを長期にわたって顧客層に何度も繰り返し使うと最大の効果を発揮する。例えば、保険会社のオールステートは１９５０年から「オールステートなら安心です」というスローガンを使っている。

広告草稿のフォーマット

今日、私が使っている納品方法は、ワードファイルをメール添付で送付するか、ドロップボックスのフォルダやグーグルドキュメントで顧客と共有するか、である。クライアントがパソコンに強い人なら、ワードの「変更履歴」機能を使ってコメントをつけることができるだろう。こうすればいちいち印刷して手書きでコメントをつける必要がない。

中には、テキストが大見出しか小見出しか、本文かキャプションか、テキストボックスか画像の説明なのかを説明するためにラベルをつけるコピーライターもいる。左側の余白に括弧書きでこういう説明をつける人もいる。私はこういうラベルは太文字にして左側の余白にぴったり寄せる。ラベルにはコロンをつけて、括弧書きにはしない。こうすれば、左側に全部ぴったり寄せられるので草稿がすっきりして読みやすい（次ページ参照）。

サーモパルの魔法瓶の広告―1 ページ

大見出し：
アイスティーの氷が溶けない秘密

画像：
蓋の空いたサーモパルの魔法瓶の隣に、アイスティー入りのタンブラーグラスが置かれている

コピー：
猛暑日にのどの渇きをいやしてくれるのは、何と言っても冷たいアイスティー。
でも、缶やカートン入りのアイスティーでは、真夏にはぬるくなってしまいます。普通の魔法瓶だと、ブリーフケースやバッグやランチボックスに入りません。
そこで、サーモパルの出番です。コンパクトなサーモパル魔法瓶なら、いつでも冷たい飲み物がどこにでも携帯できます。

小見出し：
小さなボトルで大きな一口

コピー：
サーモパルはコンパクトなサイズなので、薄いブリーフケースにも、中身がぎっしり詰まったリュックにも入ります。さらに、容量たっぷり冷たいアイスティーやレモネード、フルーツジュースが 230 ミリリットル入ります。これは家庭のタンブラーグラスや自動販売機で売っている缶と同じ容量です。

昼食時の飲み物をサーモパルに入れておけば、自販機やファストフード店なら 1 ドル以上かかる飲み物代が節約できます。ほんの数週間でサーモパルのもとは取れるわけです。それに、長いひと夏の間には大きな節約になります。

サーモパルは何年もお使いいただけます。故障した場合には全額返金保証があります。ご注文は、クーポンを切り取って郵送してください。または、www.thermopal.com/offer でも購入できます。お急ぎください。大人気商品のため、春のなかばには売り切れ必至です。

クーポン：
□ サーモパルを____個（単価 8.95 ドルと送料 1 ドル）購入します。小切手を同封します。製品に不満がある場合、魔法瓶の蓋を返送して全額返金してもらいます。

氏名：______________________________

住所：______________________________

クーポンの宛先：　サーモパル
アメリカ XXX 州 XXX 町
郵便局私書箱 XXX

広告のアイデアのチェックリスト

コピーライターは、案件に着手するときに「さて、証言型の広告にするか」「今回はハウツー型にしよう」などと思うわけではない。まずは製品、顧客層、広告の目的を調べる。それから案件に合ったテクニックを選ぶのである。

とはいえ、実績のある広告のさまざまなパターンを知っておくのは悪いことではない。そういった広告の種類をチェックリストにした。このリストに目を通すことで「この製品にはこのアプローチが効くんじゃないか！」などと、思いつくことがあるかもしれない。このチェックリストにすがるのではなく、あくまで売るためのアイデアを生み出すヒントにしてほしい。

□質問型の広告——ヘッドラインで質問を提示し、本文で答えを提示する。
□クイズ型の広告——本文でクイズを出し、読者がクイズに答える。その答えで、製品やサービスの潜在顧客かどうかが判明する。

□ニュース型の広告――新製品や既存の製品について新情報を発表する。
□直接的な広告――事実をストレートに提示する。
□間接的な広告――好奇心をかきたてて本文を読ませるために、大見出しをぼかす。
□報奨型の広告――広告を読めば何かしら得になることがあると約束する。
□呼びかけ型の広告――行動を起こすように呼びかける。
□価格と店舗情報型の広告――セールのお知らせ。製品の詳細、価格と割引、店舗情報を教える。
□理由提示型の広告――その製品を買うべき理由を提示する。
□手紙型の広告――手紙の形式で書かれている。
□ビフォー・アフター型の広告――使用前と使用後の差を示す。
□証言型の広告――製品の利用者や有名人が製品を推奨する。
□事例型の広告――製品による利用者のサクセスストーリーを詳しく紹介する。
□無料の資料請求型の広告――パンフレットなどの資料を無料で提供する。製品を直接売りつけるよりも、資料請求してもらうことに重点を置いている。
□ストーリー型の広告――人や製品にまつわる物語を展開する。
□アート系の広告――斬新なビジュアルで注意を引く。

- □特定の読者向けの広告――ヘッドラインで顧客層を選りわける。
- □情報型の広告――製品を売りつけるよりも、製品の利用に関する一般的な有益情報を提供する。
- □場所型の広告――特殊な場所での使用例を取り上げることで、製品の多用性、有用性、利便性、耐久性などを強調する。
- □架空のキャラクター型の広告――ミスター・ウィップルやグリーン・ジャイアントなどの架空の人物を中心に据えている。
- □架空の場所型の広告――マルボロ・カントリーなど、架空の場所を中心に据えている。
- □漫画型
- □広告主登場型の広告――広告主が広告に登場して製品について語る。
- □造語型の広告――製品やその利用法を表す言葉を造語する（例えば「アスリート・フット（水虫の意）」という用語は、馬の塗布剤で足の白癬の治療にも使えるクライアントの製品を売り出すために広告業者のオビー・ウィンタースが造語した）。
- □比較型の広告――製品を競合と比べる。
- □読者への挑戦型の広告――これよりも優れた製品があるか、と読者に問う。
- □保証型の広告――製品ではなく保証に重点が置かれている。

□オファー型の広告――製品ではなくオファーやセールに重点が置かれている。
□実演型の広告――製品がどのような仕組みになっているかを見せる。
□語呂合わせ型の広告――うまい言葉遊びを使ったヘッドラインで関心を引く。語呂合わせは本文で説明する。
□コンテスト型
□イベントとのタイアップ型広告――「今」感や緊急性を生み出す。

反応を引き出すメカニズム

製品に関心のある潜在顧客には、次は何をすればいいか、どうすればいいか、そしてなぜそうしなくてはならないのかをかならず教えること。よくある広告への反応方法は次などである。

・フリーダイヤル
・普通郵便
・料金受取人払い郵便
・Eメール
・ウェブフォーム
・チャットボット

・QRコード
・店舗やショールームを訪問
・営業が消費者の自宅を訪問
・テキストメール

あなたのオファーに最適なパターンを選ぶといい。それに加えて、いくつか別の方法も提示しておこう。人によっては好みが違うので（テキストメールを使わない人もいる、など）。

第7章

ダイレクトメールを作成するには

Writing Direct Mail

データ＆マーケティング協会（ＤＭＡ）によると、２０１８年のダイレクトメール（ＤＭ）費は３８５億ドル（注1）。今日では、毎年１２００億通以上のＤＭが郵送されている。

ＤＭが広告媒体として人気の理由はいくつかある。

第１に、届いた注文書や返信用ハガキを数えれば簡単に成果が測れる。紙媒体の広告やＣＭでは、広告の効果はかならずしも毎回測れるわけではない。それがＤＭを使えば、儲かったかどうかが毎回把握できるわけである。

第２に、ＤＭはほかの媒体よりも投資利益率が高いことが多い。家具販売の小規模チェーン店の宣伝を手がけるあるコピーライターは、新聞広告やテレビ広告、デジタルマーケティングよりもＤＭの方が集客力は高いという。「ＤＭを手に来店してくれて、しかも売上が大幅アップするので、ＤＭは読んでもらえているし効果抜群なことは明らかです」

第３に、慎重に吟味して適切なメーリングリストを選べば、絞り込んだ潜在顧客のグループを対象としたＤＭを送ることができる。各グループのさまざまなニーズに合わせてコピーを変えればいい。それに、予算次第で送るＤＭの数を多くも少なくもできる。そのため、大企業にとっても中小企業にとってもＤＭは費用効果がいいのだ。

第４に、ＤＭだとあまり様式の制約がない。印刷物の広告は紙面のサイズという制約があり、ＣＭは尺という制約がある。ＤＭでは売るために必要なら紙面を何枚でも、画像を何個でも使える（最近、何と全16ページという大長編ＤＭが送られてきた）。製品サンプルや読者へのプレゼントを同封することもできる。

こういった利点があるため、多くの広告主が次のような多岐にわたる目的のためにＤＭを活用している。

・通信販売のため
・リード獲得のため
・製品への問い合わせ対応のため

注１：https://www.themailshark.com/resources/articles/is-direct-mail-dead/

・カタログ、ニュースレターなどの資料を配布するため
・営業にやる気を与えるため
・以前の顧客と関係を保つため
・現在の顧客にもっと買ってもらうため
・問い合わせのフォローアップで
・テレマーケティングや紙媒体の広告、CMなど、ほかの広告媒体とタイアップするため
(例えば、かつてパブリッシャーズ・クリアリングハウスは宝くじのお知らせがDMで届くことをテレビCMで宣伝していた)
・セミナーやカンファレンス、レセプション、展示会に潜在顧客を招待するため
・サブスクリプションや会員期限、サービス契約、生命保険の更新をしてもらうため
・来店してもらうため
・情報やニュース、製品サンプルを配布するため
・調査を実施するため
・信頼関係を築くため
・セールのお知らせ

第5に、これは意外かもしれないが、ＤＭの反応率は上昇している。２００８年以降は平均14％の上昇率だ。２０１９年7月号の『Talon Newsletter』によると、同じ期間で、Ｅメールの反応率は何と57％も低下している（注2）。

パーソナルな広告媒体

ＤＭとほかの広告の主な違いは、ＤＭはパーソナルな広告媒体だという点にある。手紙は人から人への一対一のコミュニケーションだ。雑誌に掲載された広告は、何千人、何百万人もの読者が読むことになる。しかし、手紙を読むのはあなただけだ。

もちろん、ＤＭの大半は大量生産され、何千人もの潜在顧客に大量に送付されている。それでも、読者にとって手紙は雑誌や新聞よりもパーソナルなものなのである。そこに目をつけて、私信の特徴をうまく再現するのがＤＭのコツだ。

紙媒体の広告と違い、セールスレターには署名がある。だから、売り文句をパーソナルなも

注2：Robert Bly, *The Direct Mail Revolution* (Irvine, CA: Entrepreneur Press, 2019), p. 8.

のにするために、第1人称を使えばいいのだ。「私」から読者である「あなた」への手紙、というわけである。

文体もパーソナルな口調にする。腕利きのDMライターはくだけた語り口調を好んで使う。省略形や口語的表現、短くテンポの良い文を使えば、書き手の人柄がにじみ出た、熱意や温かさ、誠実さにあふれた手紙になる。

新人のコピーライターだと紙媒体の広告はあまり経験していない人が多いが、DMはやりやすいはずだ。誰でも手紙を書いた経験はあるのだから。しかし、あまりに多くのDMを手がけると、何と言うか……広告っぽくなってしまう。DMを書くときには普段のスタイルを殺さないこと。自然な言葉で友達に手紙を書くようにDMを書くといい。

ほぼどのDMも、反応を得るための広告媒体である。明日ではなく、1週間後でも1カ月後でもなく、今すぐ注文してくれ（少なくとも何らかの行動を起こしてくれ）と頼むわけである。だから、DMにはたいてい注文書や返信用封筒と、「今すぐ行動を起こしましょう。待つことはありません。本日中にご注文ください」という文句が入っている。

先述の通り、DMでは何を同封するか自由が利く。コピーライターのあなたの一存で決められるのである。手紙を入れるべきか？　パンフレットは？　注文書は？　返信用ハガキ？　製品サンプル？　2つ目の手紙は？　2つ目、3つ目の資料はどうする？

古典的なＤＭだと、封筒、手紙、パンフレット、返信用ハガキという構成だ。しかし、分かっているＤＭ制作者は目的に合わせて構成や形態を変える。

ＤＭで一番大事なのはセールスレターだ。これで買ってもらえるかどうかがほぼ決まる。パンフレットは訴求ポイントを強調し、製品を説明し、セールスレターで取り上げるにはふさわしくない技術的な情報を提供するためのものである。ＤＭ制作者の間では、「レターで売る。パンフレットで教える」と昔から言われている。

セールスレターの仕組み

広告を書き始めるのは簡単だ。どれも形式が同じなのである。ヘッドラインに始まり、それを説明してくれる画像を出して、それから第1段落でヘッドラインのテーマをふくらませる。

しかし、セールスレターの書き出しは選択肢がこれよりも多い。

まず、受取人の氏名と住所を記載してパーソナルな手紙にするか、それともテンプレートを使った手紙にするか、という選択がある。

パーソナルな手紙にするには、メーリングリストに載っている全員に向けてカスタム化した手紙をパソコンで作らないといけない。これは高くつくこともある。外見も文体も一人ひとりに向けて書かれたように見えるのであれば、パーソナルな手紙の方が一般的に反応は良い。とはいえ、相手の名前を繰り返しすぎないように（「ですから、レイモンド様、このスペシャルオファーはレイモンド様とご家族のためだけに……」）。嘘くさく聞こえてしまう。面と向かって話すときは、こんなに何度も相手の名前を口にすることはない。

既存顧客や重役に出すセールスレターは、パーソナルなものにする甲斐がある。企業が大きければ大きいほど、受取人がトップに近ければ近いほど、わざわざパーソナルな手紙にした苦労が報われる。

手紙のヘッドラインは、16ポイントなどの大きいフォントサイズの太文字にする。ヘッドラインは挨拶語の上に置いていい。中央寄せにしてボックスに入れて、目立たせることもできる。これを「ジョンソンボックス」という。

ヘッドラインを使わず、ただ「拝啓」「皆様」「スミソニアン協会の支援者の皆様へ」など、挨拶語からいきなり始める方がいい場合もある。

「皆様」などよりも、「農家の皆様」「弁護士の皆様」「コンピューター愛好家の皆様」「億万長者を目指す皆様」など、読者層を表す挨拶語を使った方が効果的だ。

挨拶語だけを使うこともあれば、挨拶語とヘッドラインの両方を使うこともある。それに、ヘッドラインだけで挨拶語はない方がいい場合もある。

セールスレターはどう書き出すのが正解？14通りの冒頭パターン

1文目は手紙で最も大事な文だ。ここで、大事なことが書かれている手紙か、ごみ箱直行の手紙かが決まる。読者の興味を引くだけでなく、読み進めさせないといけない。

長年の間に、セールスレターの制作者たちは効果的なDMの冒頭を模索し、最適解を見つけ出した。そういうリード文の種類を14通り紹介しよう。初めてのセールスレターに苦労しているのなら、書き出しをどうすればいいか、ヒントをここで見つけてほしい。

1．オファーを提示する

オファーとは、製品とその価格、取引条件（割引なども含む）、それに保証のことである。オファーが非常に魅力的なものなら、製品やそのベネフィットではなくオファーを手紙のテーマにするといい。

2. 無料資料をアピールする

潜在顧客から問い合わせを引き出すためのレターでは、通常、パンフレット、小冊子、カタログなどの販促資料を無料でご提供、と読者に呼びかける。「資料請求は無料」という点を強調して、商品よりも資料のベネフィットについて売り込むことで反応率が良くなる。

3. ニュースを発表する

スペシャルオファーや新製品、特別イベントなど、何か発表できることがあれば、その重要なニュースを冒頭に持ってくる。

4. ストーリーを伝える

物語形式で書かれたコピーには読者を魅了する力がある。第1に、読者の共感が得られる。読者の状況と共通項があるストーリーにすれば、読者は自分のニーズを思い浮かべる。第2に、物語は読み慣れていて、読むのも楽しい。新聞や雑誌、テレビでは、ニュースは物語形式で発信されている。物語には興味をそそられるので、普通なら読まないセールスレターでも読んでもらえるのだ。

5. 読者を特別扱いする

ＤＭが嫌われるのは、１つに、実際にはパーソナルな手紙ではないことを読者は知っているからである。メーリングリストで何千通も一斉に発送された手紙の１つにすぎないことを、彼らはちゃんと承知している。

しかし、読者を持ち上げることで、かえってこの事実が利用できるのである。「たしかに、あなたの名前はメーリングリストから拾いました。たしかにあなたはそのグループに入っています。しかし、これは特別なグループなのです。ほかの人々とは一線を画す、優れた特徴を備えた人々のグループですから。あなたは優秀な方です。だからこそ、こうして手紙を送っているのです」と読者に伝えればいいのである。

6. 仲間として読者に語りかける

特殊な顧客層の人々は（ＤＭはたいてい特定の潜在顧客の層を対象とする）、部外者よりも仲間からの売り込みに耳を貸す。

だから、農家を対象とするセールスレターなら、差出人も農家にするべきだ。そして、農家同士が話すときの、ざっくばらんでストレートな話し方で手紙を書くこと。

「ほら、私もあなたと同じなんですよ。あなたの問題は分かります。私も悩まされましたから。

でも解決策を見つけました。信じてもらっていいんですよ」と伝えることで、読者の共感が得られるのだ。

7．社長からの個人的なメッセージ

ＤＭでは、事業のオーナーやマネジャーが直接顧客に語りかけることができる。顧客というのは責任者に相手をしてもらうのが好きなのだ。企業のトップがセールスレターに署名をすれば、読者は重要人物として扱われているように感じる。また、署名によって、広告の信頼性が少し高まる（「本当のことじゃなかったら署名しないだろう」という声をよく耳にする）。

8．刺激的な引用を使う

ニュースや衝撃的な統計や事実か、問題発言を引用する。ニュース記事の見出しのように、疑問を持たせたり好奇心を刺激したりして、詳しいことが知りたくなって本文を読むように仕向けるのである。

9．質問する

読者にとって興味深い質問や重要な質問や、読者が心から興味を持つような質問なら、質問

で始めるのは効果的だ。

10. パーソナルな手紙にする

パーソナルな手紙は、通常、テンプレートの手紙よりも関心を持ってもらえる。だから、DMはできるだけパーソナルなものにするといい。コピーの中で1度か2度読者の名前を出す。重要なことは、読者のニーズ、関心事、エゴに働きかけることである（『アメリカのブライ家栄光の歴史』というタイトルの本はブライという名字の人にとって大きな魅力があるように）。

11. 読者の問題を突き止める

あなたの商品が何らかの問題を解決するなら、その問題を見出して取り上げて、次にどのように解決するかを説明すれば、強力なセールスレターが出来上がる。

このテクニックには2つの利点がある。第1に、こうすることで読者を特定のグループに絞り込める（「独身だからといって余分に税金を支払わされるのにはうんざりしませんか？」という書き出しの手紙に反応するのは独身者だけだ）。

第2に、製品がどのように読者の問題を解決してくれるかがストレートに提示される。問題をはじめに取り上げれば、次に解決策について話し出すのは自然な流れである。

12. ベネフィットを強調する

読者にとって大きな魅力がある重要なものならば、ベネフィットを真正面から提示するのがどんなテクニックよりも効果的だ。

プレンティスホール出版は次のヘッドラインで始まる新刊についてのセールスレターを出した。「新刊、『HOW TO MAKE YOUR ADVERTISING MAKE MONEY』（仮邦題：広告で収益アップ）を読めば、成果を上げる広告がこの1冊で分かるようになります」。このヘッドラインは効果的だ。というのも、このセールスレターを受け取る業界人なら誰でもより効果的な広告を作りたいと思っていると考えて間違いはないからだ。

13. 人の心に訴えかける

誰でも、人の話を読むのが好きなものだ。特に、不安や恐れ、問題を抱えている人、それに自分と似たような関心事を持っている人の話が好きである。

最強のセールスレターの中には、心を揺り動かすドラマチックな話をつづるものがある。語られる出来事が自分の人生と重なって、心をつかまれるのだ。技術的な製品特長や知性に訴えかける売り文句と違って人の心に訴えかけるため、こういう手紙は深い印象を残す。

14．内部情報を読者に明かす

雑誌の広告なら、何万人という人が目にすることを消費者は分かっている。しかしＤＭの場合、ほかに何千人もの潜在顧客に送られているのか、それとも厳選された数名に送られているのかは知るよしもない。

ＤＭは、「自分は特別扱いを受けている」と感じたい読者のニーズに応えるにはぴったりの媒体だ。そして一番の特別扱いは、ほかの人は知らない内部情報を明かすことである。「あなただから特別にお伝えします」というメッセージをもらって、自分は特別だと思わない読者などいるだろうか？

封筒にティーザーコピーはつけるべき？

ＤＭを受け取ったときに読者が最初に目にするのは封筒である。ここから売り込みが始まる。ここで読者に開封する気にさせられなかったら、いや、もっと悪いことにそのまま捨てようという気にさせてしまったら、傑作セールスレターを作っても骨折り損だ。

封筒には2つの基本的なアプローチがある。第1のアプローチは、封筒に印刷されたヘッドラインとコピーで開封前から売り込みをかけるやり方だ。これは「ティーザーコピー」と言われ、読者の好奇心をあおったり、お得な情報をちらつかせたりして開封させる。

この戦略の問題は、ティーザーコピーを使うとその郵送物が広告だとすぐに分かってしまう点である。封筒にヘッドラインとコピーをでかでかと印刷すれば、「これは広告です！　読む価値はありません！」と言っているようなものだ。

ティーザーコピーは、開封せずにはいられないような抗いがたいメッセージになっている場合にのみ使う、という規則を私は自分に課している。ティーザーコピーが効果的なのは、強力なメッセージになっている場合のみだ。例えば、「ダイエットも、特別なエクササイズもなしで、人より長く、健康に生きる秘訣とは？」というティーザーコピーつきの封筒は、私には無視しがたかった。

一方、「ソーヤー生命保険は今年創業50周年を迎えます。半世紀にもわたって地域社会に貢献してまいりました」というティーザーだったら、あなたはおそらくわざわざ開封しないことだろう。

ティーザーにはいろいろな形がある。ヘッドラインだけにするのでもいいし、ヘッドラインと本文の両方でもいい。窓付きの封筒なら、窓から見えるコピーがティーザーになる。透明ビニール封筒なら、パッケージ全体をティーザーにして読者の興味をそそることができる。イラストや画像、写真を封筒に印刷することすら可能だ。

しかし、ティーザーの大半は以下の3つの基本形に当てはまるようである。

1. 史上最高の付録
2. この付録で最大500ドルも節約
3. 付録付き

この中では、開封すれば報奨が得られる3番目のティーザーが最も効果がある。この郵便物が広告だと分かっていても、読者は中に何が入っているのだろうという好奇心に打ち勝てないのだ。

1番目はティーザーとして最悪だ。ただの自慢で、このように得意気に言われても読者はただ郵便物を捨てるだけである。

2番目は3番目ほど効果的ではないにしろ、ベネフィットを約束しているので1番目よりはマシである。「ええ、これはＤＭです。でも、あなたに何の得があるのか、開封して確かめてみる価値はあるかもしれませんよ」と語りかけているのだ。

ティーザーなしの方がティーザーつきよりも効果的である場合が多い。ＤＭを私信に似せるというやり方である。郵便物を手に取った読者は、私信なのか広告なのか確信がつかないので確認するために開封する。開封してもらえればもう勝ったも同然だ。後は、第１段落が強力で説得力のあるものなら、潜在顧客の心がつかめて本文も読んでもらえる。

ティーザーなしにするなら、郵便物が私信に見えるように工夫すること。色はプレーンホワイトかオフホワイト。鮮やかな色の販促資料を同封するなら、外から透けて見えないようにする。それから、封筒に会社のロゴを入れてはいけない。シンプルな字体で差出人住所を載せるだけにする。

セールスレターは売り込むもの、パンフレットは教えるもの

ＤＭの多くが、セールスレターと返信用ハガキだけで十分良い仕事をしている。どのＤＭにもセールスレターを入れるべきだが、チラシやパンフレットはどちらでもいい。ライターのあなたが決めればいいのだ。いくつか参考意見を教えよう。

色鮮やかな製品、またはビジュアルが印象的な製品の場合、チラシを入れるといい。雑誌の

定期購読、高級食材、コレクターズアイテム、家電などがこれにあたる。

デモを行うのが一番効果的な製品もある。しかし、普通は郵便物でデモは行えない。次善の策として、デモのステップごとの写真を載せたチラシを同封するのである。

オファーがとても魅力的なので、セールスレターではベネフィットの説明だけに専念することもある。その場合、製品特長は同封チラシで取り上げればいい。チラシでは、セールスレターで取り上げるには細かすぎる技術的データや製品情報を発信する。

書籍を売るためのＤＭを制作したとき、私はセールスレターとは別に、目次を掲載したチラシを同封した。こうすれば、特殊なトピックに興味のある読者が、そのトピックが含まれているかどうか目次で確認してくれる。トピックが目次に入っていれば、このチラシのおかげで本が売れる確率がぐっと高くなるのである。

ＤＭにはチラシ１枚、セールスレター１つ、注文書１枚しか入れてはいけないという決まりはない。売るために必要なら何でもいくらでも入れていいのだ。

郵便物への反応率を高めるには

ＤＭは反応を引き出すためのものだ。ブランドの認知度を高め、謳い文句を覚えてもらうことが目的ではない。重要なのは、注文や問い合わせがいくつもらえるかだけである。正しい顧客層に正しいオファーを正しいコピーで提示する、というのがＤＭの成功の秘訣だ。しかし、反応率を高めるためのテクニックには、コピーライティングの技術や常識とはまるで関係がないものもある。いくつかあなたの役に立つものを紹介しよう。

- 反応をもらえるようにするための手をかならず打っておく。無料の返信ハガキでも、返信用封筒でも、注文書や注文ページのURLでも、フリーダイヤルの番号でもいい。
- 料金受取人払の返信用封筒とハガキ（無料の返信用封筒と返信ハガキのこと）を入れておくこと。切手を貼らないと出せない普通のハガキや封筒よりも反応率が高くなる。
- 開封したときにセールスレターが真っ先に目に入るようにすること。封筒を開けるとレター、チラシ、返信ハガキが出てくるという風に自然な流れを作ること。

・DMに反応したらもらえる特典をつける。潜在顧客が欲しがるようなもので、製品やオファーに関係したものが理想的。
・DMに反応したら無料のパンフレットや小冊子、カタログ、デモ、調査結果、見積もり、相談、トライアルなど、何か価値のあるものが手に入るようにする。
・ネガティブな反応も想定しておき、ポジティブな反応に逆転させる。私は自分の事務所のセールスレターに同封する返信ハガキに、「今は興味がありません。○○カ月後に連絡してください。」というチェックボックスをつけてある。これで、今すぐサービスを必要としていない読者からも反応を引き出せる。
・郵便物にグッズを入れること。かさばった封筒はほぼかならず開封してもらえる。製品サンプルや特典、3Dのポップアップカードなどを同封する（私のもとに送られてきたDMの例で言えば、インスタントコーヒー、コースター一式、カレンダー、ペン、鉛筆、懐中電灯、虫眼鏡が入っていたことがある）。費用は高くつくが、普通のレターやチラシ入りの平らな封筒ばかりの郵便受けの中で、グッズ入りの郵便物はとても目立つ。
・オファーには有効期限を設ける。レターを読み終えたら2度と手に取ってもらえないかもしれない。反応を最大限引き出すためには今すぐ行動を起こすように促すこと。
・オファーに有効日数を設定する（「ベートーヴェン・ヴァイオリン協奏曲のオファーは10日間

以内にご利用ください」）。

・オファーがいつまでも手に入るわけではないことをちらりと書く（「お急ぎください。個数限定です」）。

・行動を呼びかけて緊急感を醸し出す（「保険は事故に遭う前に入っておきましょう。事故に遭ってからでは遅いのです」）。

・請求書など重要な郵便物に似せた封筒にする。こうすれば、たいてい開封してもらえる。

・コピーなしの、差出人住所すら記載されていない無地の封筒を使う。謎めいた郵便物は思わず開封してしまうものだ。

・セールスレターの追伸でオファーをもう1度取り上げて、訴求ポイントをダメ押しする。読者の80％が追伸を読んでくれる。

・保証をつける。通信販売なら15日間、30日間、60日間、さらには90日間の返金保証をつける。

・リード獲得のためのDMなら、何の義務も発生しない、営業から電話がかかってくることもない（希望がない限り）ことを伝える。

・メーリングリストに役職の記載はあっても名前がない場合、封筒に誰宛の郵便物か説明書きを印刷すること（「電子部品のバイヤー様へ――重要」）。

・切手が貼られた郵便物や料金別納証明印が押された郵便物の方が、料金別納郵便の証印が印刷された郵便物よりも効果が高い。

・カラーの注文書や、証明書になっている凝ったデザインの注文書、または情報が満載の注文書の方が、普通のすっきりとした注文書よりも効果が高い。

・インデント、下線、色つきフォントを使ったセールスレターの方が、シンプルなセールスレターよりも効果が高い。

・矢印や、余白に手書き書体のフォントで書かれたメモや、小さなイラストなどで飾りつけたセールスレターは、下流層と中流層の消費者向けの場合、反応率が増加する。企業の重役や専門家、上流層の消費者向けのセールスレターでは、こういうテクニックを使わないようにすること。

・ヘッドラインつきのテンプレートを使った手紙は、宛先の氏名と住所を手動で入力したテンプレートを使った手紙と同じくらい効果がある。

・セールスレターとパンフレットを分けて入れたDMの方が、レターがパンフレットに組み込まれたDMよりもいい結果が得られる。

・オファーを返信ハガキにも記載すること。

・返信ハガキの1行目に潜在顧客がとる行動を示し、本文でオファーを繰り返す（「電話代を半減する方法を知りたいので、長距離電話サービスの選び方の無料ガイドを希望します。これにより義務が発生することは一切なく、営業の電話はかかってきません」)。

- 契約書のような文体で怖がらせないこと。オファーと条件と保証を分かりやすいシンプルな表現で説明するように。
- 反応しやすいように工夫する。つまり、オファーはシンプルなものにして、注文書は記入しやすいものにする。また、注文書には必要事項を記入するのに十分な広さの空欄を設けること(返信ハガキやクーポンには記入欄が狭いものが驚くほど多い)。
- 製品への関心レベルを念頭に置いて、売り込みはしつこすぎないように、あっさりしすぎないように気をつける。

ＤＭ制作は、新人でもベテランでもコピーライターの修業として最高の経験になる。ＤＭを発送してから数週間で、コピーに効果があったかどうかが判明するのだ。オンラインマーケティングは別として、これほど迅速に正確なフィードバックが得られる分野はない。

第8章 パンフレットやカタログなどの販促資料（印刷物・PDF）を作るには

Writing Brochures, Catalogs, and Other Printed and PDF Sales Materials

販促資料は昔から使われてきた。『Ripley's Believe It or Not』（仮邦題：ウソのような本当の話）によると、初のパンフレットはエルナン・コルテスにより500年近く前に書かれたそうだ。カール5世がスペイン国民に瓦版として配布したもので、七面鳥セールの宣伝だった。

このデジタル時代でも、多くの企業がいまだに印刷物の販促資料を使っている。旅行代理店やスーパーマーケット、銀行、住宅建設会社、デパート、保険会社、医療機関、大学、そのほか多くの業種で、パンフレット、チラシ、カタログなどの紙の販促資料を使って営業活動が行われている。

潜在顧客の自宅や職場を営業が訪問するとき、あるいは潜在顧客が展示会でブースを訪れたときに販促資料は役立つ。また、紙のパンフレットには「触れられる」良さがある。それに、参考資料として保管しやすい。

さらに、パンフレットはウェブサイトからPDFでダウンロードすることもできる。印刷物でも電子でもその両方でも、企業は2つの理由で販促資料を必要としている。

第1は「信憑性」である。「本物の会社」には製品資料があると思われているのだ。誰でも50ドル出してレターヘッドと名刺をそろえれば、企業でございという顔ができる。しかしパンフレットは、特に紙媒体だと「実際に事業を行っていて、いい加減な会社ではない」という証になる。

第2に、時間の節約になることだ。人は自宅に持ち帰って時間のあるときにじっくり読むことができる印刷物の資料を欲しがるものだ。しかし、製品について問い合わせがあるたびに製品情報をつづったセールスレターをいちいち書いていたら手間がかかりすぎる。それに、ウェブサイトを訪問して製品について調べるのが好きな人もいれば、手元に資料を置いておきたい人もいる。

じゃあどうすればいいのか。製品について基本的な情報をまとめた、大量生産できるパンフレットを1つ作っておけばいいのである。潜在顧客が必要とする情報の大半が記載できる。残りの情報は、セールスレターを送るか電話をかけるか、来店してもらえばいい。

仕事でパソコンやモバイル機器を使い、製品情報はウェブサイトでチェックするという人でも、販促資料を求めることが多い。ウェブサイトを印刷しなくても済むからだ。

パンフレットは情報媒体である。どういう製品なのか、何ができるのかを潜在顧客に教える。また、製品の仕組みや、製品を買うべき理由、注文方法も説明するべきだ。

しかし、優れたパンフレットは情報を伝達するだけではない。説得もする。あくまで販売ツールであって、取扱説明書ではないのだから。優れたパンフレットは事実や製品特長をただ列挙するのではなく、そういった事実や特長を顧客にとってのベネフィットに転換する。「あなたはなぜその製品を買うべきか」を提示するのである。

パンフレット作成の腕を上げる11のアドバイス

これから、読者が知りたいことを教え、同時に、製品を買う気にさせるパンフレットを書くための11のヒントを教えよう。

1．購買プロセスにおいてパンフレットがどこで使われるかを理解する

スーパーに行ってその場で選ぶようなせっけんやシャンプー、豆の缶詰などの消費者製品とは違い、パンフレットを必要とする製品がワンストップで販売されることは滅多にない。コン

ピューター、自動車、旅行、保険、金融サービス、不動産など何十種もの商品では、成約にこぎつけるまでに売り手は買い手と何度か会ったり接触したりする必要がある。

こういった商品の大半で、パンフレットは最初に接触してから最後に契約が成立するまでのどこかの時点で使われる。一体どこで？　商品に詳しくないけれども関心はある買い手に見せるために？　それとも、成約が見えてきたところで、信頼性を高めたり質問に答えたりするために？

その答えは、それぞれの製品や市場、それに会社の営業販売のやり方による。購買プロセスの流れの中で複数のパンフレットを使って買い手を成約に導く会社もある。

私はコピーライターとして生計を立てているが、業界誌、ＤＭ、記事による宣伝効果、口コミ、ウェブサイト、クライアントからの紹介など、リードの入手源は多岐にわたる。

新しく獲得したリードとは、まず話してみて関心のレベルを見極める。電話でいくつか質問すれば、見込み客になる可能性が高いかどうかがすぐに分かる。

電話でリードの絞り込みを行ったら、次は販促資料一式を送付する。略歴やクライアントリスト、４ページにわたるセールスレター、かつて執筆した記事、作品サンプル、価格表、注文書など、７点か８点の資料が同封されている。つまり、私が提供するサービスについて、潜在顧客が必要とする情報のすべてを提供するのである。

私を雇うかどうかはこの資料で判断できるはずだ。フォローアップで電話したり、過去の作品サンプルを追加で郵送したりすることはあるが、基本資料一式があればクライアントは郵送で発注できる。これだけで十分で、ほかの情報や営業訪問の必要はないのだ。

一方、経営コンサルの友人は、潜在顧客にほとんど情報を与えない。サービスを簡潔にまとめた薄い小冊子にカバーレターを添えて送るだけだ。

不十分な情報しか与えない理由は、彼の購買プロセスでは第2のステップが潜在顧客と会って話すことだからである。私のように情報満載の資料を送ってしまうと、フォローアップする必要がほとんどなくなってしまう。情報を少ししか与えないことで、サービスの主なベネフィットだけを教えて興味はそそりつつ、直に会って話を聞いてみたいと相手に思わせることができる。

友人も私も、略歴、資格、サービス、クライアントについての情報が網羅されたウェブサイトは持っている。しかし、ウェブサイトをわざわざ訪問してくれる潜在顧客の多くが、「郵送かメールで資料を送ってください」というものなのだ。

購買プロセスにおけるパンフレットの立ち位置をいくつかご紹介しよう。

配布資料として

配布資料とは、潜在顧客と会ったとき最後に渡すパンフレットのことだ。売りをまとめて、製品とそのベネフィットをきちんと説明したものになっているべきである。

店頭資料として

店頭資料とは、売り場に置かれている資料のことである。例えば、旅行代理店にはたいてい旅行やツアーのカラフルなパンフレット入りのラックが置かれている。通行人が足を止めてパンフレットを手に取り、家に持ち帰りたくなるように、店頭資料の表紙には目を引くヘッドラインとビジュアルを使う。

問い合わせへの回答として

問い合わせが来るということは、製品についてもっと詳しく知りたいということだ。広告やPR、グーグル検索、紹介などであなたに興味を持ってくれたから問い合わせてくれたわけで、問い合わせがない潜在顧客よりもずっと買う可能性が高い「ホットリード」なのである。

問い合わせ対応で送る資料一式では、疑問を解決し、購買プロセスで次の段階に進む気になるように、十分な情報を与えるべきである。ホットリードはすでに製品への興味を示しているので、事実や訴求ポイントを遠慮せずにいくらでも載せること。

DMとして

第7章で述べたように、パンフレットやチラシは情報を補うためにDMに同封される。セールスレターで売り込んで、パンフレットでほかの訴求ポイントを提示し、技術的な特長を挙げて、製品の写真や図を載せる。郵送費を抑えるために、こういうパンフレットは通常薄いものが多い（それに、定型封筒に入るサイズになっている）。

営業の支援ツールとして

医療消耗品や事務用品、生命保険、産業機器などの多くの商品は、営業が潜在顧客の自宅や会社を訪れて販売している。そこで、売り込みの補助として（また配布資料としても）パンフレットを使う。そういうパンフレットは大判で、大きなイラストがついていて、大見出しや小見出しは太字、売り口上が順に追っていけるようになっている。標準的な製品資料を営業ツールに作り替えて、3つ穴バインダーに挟んだり、パワーポイントでプレゼンしたりすることもある。

配布資料、店頭資料、問い合わせの回答、ＤＭ、営業支援など、使い道は何であっても、パンフレットを作成するときにはクライアントの販売方法を決め手にするといい。購買プロセスで次の段階へと潜在顧客を導くのに必要かつちょうどいい分量の製品情報と売り文句を備えているのが最高のパンフレットである。

販売資料の作成アドバイスをもう１点だけ。読者がそのパンフレットをどのように使い、保管するかということも考えよう。ポケットサイズの小さなパンフレットはＤＭや店頭資料にぴったりだが、ファイルのフォルダーに入れたり、フルサイズの販促資料を並べた本棚に置いたりすると埋もれてしまう（競合はおそらくＡ４サイズだ）。

同じように、珍しい形やサイズのパンフレットは目立つかもしれないが、標準的なファイルキャビネットにしまえないので捨てられてしまう可能性もある。また、購買係向けのパンフレットはおそらく３つ穴バインダーに保管される。ということは、余白を十分に取らないとコピーの一部にパンチの穴が開いてしまう。

2. パンフレットが単独で使われるのか、ほかの資料と併用されるのかを把握する

パンフレットの作成者は、単独で使われるパンフレットなのか、ほかの販促資料と併用され

るものなのかを把握しておく必要がある。ほかの資料があるかどうかによってパンフレットの内容が決まってくるからだ。

例えば、ウェブサイトに詳細な製品特長や仕様を載せている会社は、パンフレットでは要点だけをまとめて、より詳細な情報が欲しい人向けにはウェブサイトのＵＲＬを載せるようにするかもしれない。

いろいろな販促資料で重複が出てしまうのは仕方がないこともあるが、内容が重なっているパンフレットを作りすぎないように注意すること。例えば、全８ページの製品資料なら、私はメーカー紹介に半ページを費やす。

しかし、そのメーカーがすでに会社案内を制作してあるなら、その必要はない。製品資料と会社案内の両方を、資料請求をした潜在顧客に送ればいい。

あなたが作成するパンフレットがどのような状況で使われるのかを確認しよう。単独ものか、シリーズものか。紙媒体の広告と併用か、ＤＭやＰＲで使われるのか。

クライアントは年次報告書や会社案内、カタログ、そのほか企業に関する基本的なパンフレットを持っているだろうか。抜粋した記事やファクトシートなど、メインのパンフレットと同封して送付できる資料はあるだろうか。

3. 顧客層を知る

先述の通り、パンフレット制作では、まず購買プロセスのどの段階で使われるものか把握する必要がある。そして、顧客層が必要とする情報を提供しなければならない。読者のことを考え、パンフレットにどういう情報を求めているのかを考えてほしい。「どうすればこのパンフレットで製品を買わせるところまでいけるだろうか？」と自問しよう。

アルファアルファの種子について農家向けのパンフレットを作成するとしよう。農家はおそらくアルファアルファの歴史（または会社沿革）には興味がないだろう。

農家が知りたいのは、この製品が健康な種子であり、雑草が混入していなくて、立派なアルファアルファがたくさん生えること、そして価格が適正であることなのである。

そのことを納得してもらうために、成果を提示するという手がある。パンフレットの表紙にはアルファアルファ畑の写真を2枚載せる。左側には雑草混じりのやせ細ったアルファアルファの写真。右側には青々とした健康なアルファアルファの写真。キャプションでは、「右側はこの製品が植えられた畑で、作物収量は40％増加しました」と説明する。

実は、もっとできることがある。種子サンプルを同封したらどうか？　パンフレットのコピーはこうだ。「○○社の種なら青々とした健康なアルファアルファがほぼ雑草なしで育ちます。宣伝をうのみにするのではなく、ぜひ実際にお試しください」

読者を知ろう。農家は大げさな宣伝文句や科学論を求めていない。農場の収益を上げる方法をそのものずばり教えてくれるパンフレットを求めている。科学者は図表やグラフ、表などのデータがあると落ち着くので、科学者向けのパンフレットではデータをたっぷり載せること。エンジニアは図式や設計図を得意とする。会計士は財務諸表を理解している。人事部の部長なら社員の写真に興味があるかもしれない。

また、コピーの長さは記載する情報の量だけで決まるのではなく、顧客が長文コピーを読むような人かどうかによっても決まる。

司書向けのパンフレットなら長くてもいい。司書は読むのが好きだから。多忙なエグゼクティブを対象とするパンフレットなら短くする。重役はたいてい時間に追われている。新しいケーブルテレビのサービスを宣伝するためのパンフレットなら、おそらく写真ばかりのパンフレットになる。テレビ好きは文章よりもビジュアルを好むはずだ。

4．表紙に強力な伝えたいメッセージを載せる

封筒や展示ラックからパンフレットを取り出すとき、読者がまず目にするのは表紙だ。本文にはお得な情報がありますよ、と表紙で謳っていれば、読者はパンフレットを開いて読んでくれる（少なくとも、写真やキャプション、見出しは見てくれる）。

表紙のメッセージが弱いか、もっと悪いことに何も打ち出されていない場合、読者はパンフレットを開こうという気にもならない。捨てられるだけだ。

表紙に見出しやビジュアルが何もなく、ただ製品名と会社のロゴしか載っていないパンフレットは驚くほど多い。これではヘッドラインなしの広告を出すようなもので、貴重な売り込みチャンスをふいにしている。

例えば、プルデンシャル生命保険のパンフレットはヘッドラインでこう謳っている。「ＡＡＲＰの団体病院保険に加入できるようになりました！　ほかの生命保険では保障の対象とならない費用もまかなえます」　表紙には、悠々自適な引退生活を送る老夫婦のイラストが載っている。

この表紙は、「ほかの生命保険では保障の対象とならない費用もまかなえます」という、強力で確固としたベネフィットをシンプルに提示していて効果的である。この売り文句ほどいい仕事ができる仕掛けや巧妙な表紙デザインなどあるだろうか。

たまに、製品に関係のない仕掛けで読者を誘惑しようとするパンフレットがある。例えば、表紙に教会とダイヤモンドの指輪のイラストが描かれていて、ヘッドラインは「結婚なんて忘れて……ただ『婚約』してみたら？」。しかし、開いてみると、自動車を買うよりもレンタルした方がいい理由がずらりと並んでいた。婚約とも結婚とも関係のないパンフレットだったのだ。私はがっかりしたどころか、だまされたと感じた。そう感じる人はほかにもいるだろう。このパンフレットで成約が何件もとれたとは思えない。

伝統的なパンフレットの表紙はヘッドラインとビジュアルのみで、文章は使わない。本文は内側に載せられている。しかし、この習慣を捨てて表紙に本文コピーを載せれば、表紙から読者に売り込みをかけることができる。

5. 完全な情報を提供する

購買プロセスで次の段階に進んでもらうために必要な情報はすべて出すこと。平均的なパンフレットは、あなたが目にする広告やテレビCMの大半よりも文字数が多い。

パンフレットは情報媒体だということを忘れてはならない。広告やCM、DMは頼みもしないのに読者の生活に入り込んでくる。しかし、パンフレットは読者がみずから求めて手に取るもので、そこに記載された情報にはもとより関心がある。だから、必要なだけ枚数を割いていい。価格、製品仕様、注文方法、保証、説明など、必要な情報はすべて盛り込むこと。

真剣に購入を検討している潜在顧客は、興味を引き心をつかむコピーならかならず読んでくれる。だが、つまらない、役に立ちそうもないコピーなら、読者の心はすぐに離れてしまう。

パンフレットのデザイナーには、紙面に空白のスペースを大きく取り、コピーはほとんど使わないという馬鹿げた傾向がある。各ページの上部に小さなフォントで1段落か2段落しかコピーが載っていないA4サイズのパンフレットを目にしたことがある。ほとんど空白か、縞や色のパターン、線や形などのグラフィックデザインで飾られていた。

これではスペースと印刷代の無駄である。顧客は素敵なデザインが見たくて資料を請求したわけではない。情報が欲しいから資料を請求したのだ。この空白信仰が間違っているという証拠が欲しいなら、日刊紙を見てみるといい。どの紙面も文章と写真だらけだ。空白も、デザインのエレメントもない。ただ読者が欲しい情報が載っているだけだ。

もちろん、パンフレットのどのページも端から端までびっしりと文章で埋め尽くせ、と言っているわけではない。段落間の余白やスペースはあった方が読みやすいし、伝わりやすくなる。しかし、パンフレットの大半が空白であるべきだというのは馬鹿げている。製品を売り込むために必要なだけ言葉を費やすことを恐れてはいけない。読者には情報をすべて与えること。

6. 訴求ポイントを整理する

人は小説を読むのとほぼ同じ方法でパンフレットを読む。まず表紙を見る。裏表紙もちらりと見るかもしれない。パラパラとめくり、面白そうなら1ページ目から読み始める。

パンフレットにも、小説のように論理的な構造を持たせるべきだ。優れたパンフレットは、序盤、中盤、終盤という流れのある物語を紡ぎ出す。パンフレットの構成はあなたが伝えたい製品の物語と、読者が知りたい情報の両方によって決定されるのである。

顧客が製品について何を知りたいかというのは大きな決め手となる。あなたがコンピューター販売店のオーナーだとしよう。ふらりと店に入ってくる客に何度も同じ質問をされたら、Q＆A形式でコンピューター選びのコツを分かりやすく教える「コンピューターを買う前に聞くべき6つの大事な質問」という小冊子を作成するのではないだろうか。

オフィスのデザインや内装を手がける会社なら、職場の見学ツアーになっているようなパンフレットがいい。コピー機から冷水器まで、そのセクションを設計し直せば働きやすい職場になり、生産性が上がることをコピーで説明する。

アルファベット順、時系列、製品サイズ順、顧客ベネフィットのリストや重要度順、Q＆A、製品ラインや価格順、用途、市場、注文のステップ順など、パンフレットの構成は何通りもある。あなたの製品、顧客層、売り文句に最適のアプローチをとればいい。

7. 短いセクションに分けて読みやすくする

パンフレットの構成を考えるとき、いくつかのセクションやサブセクションに分けたアウトラインを作成すると組み立てやすくて便利である。

この骨組みはコピーの最終版でも残しておくべきだ。それぞれ大見出しや小見出しがついた短いセクションとサブセクションで構成されるパンフレットにする。

このやり方にはいくつか利点がある。第1に、見出しや小見出しを使うことで、パンフレットを拾い読みする読者にもメッセージが伝わる。コピーを全部読んでくれない人は多いが、見出しや小見出しによって、一目で売り文句のおおよそは把握できる。

見出しや小見出しは物語を伝えるものにすること。うまい言葉遊びというだけの見出しは避ける。「日立はクールです」ではなく、「日立のエアコンは電気代を50％も節約」と書くように。

第2に、コピーを短いセクションに分けることで読みやすくなる。長い文章のかたまりを見るとなかなか読む気がしないものだ。短いセクションを読み、一息入れて、内容を吸収してから次のセクションに進むという読み方の方が好まれる（そのため小説は章に分かれている）。

第3に、短いセクションに分けるとパンフレットが書きやすくなる。ただアウトラインに従って、収集してあった情報を適切なセクションに入れ込めばいいだけだ。どのセクションにも入れられない新しい事実を発見したら、新しいセクションを追加すればいい。

作成時に、完成品の紙面で各セクションがどのように見えるかを考えること。例えば、全6ページ、全4セクション（各ページにセクション1つ）、表紙に大見出し、裏表紙に会社のロゴと住所という構成がすっきりしていて気に入るかもしれない。

各ページに1つか2つのセクション全体が入るように構成するライターもいれば、読者にページをめくらせるにはセクションが次のページへと続いている方がいいというライターもいる。どちらのテクニックにも利点があるが、これは実のところ好みの問題だ。とはいえ、構成とレイアウトがうまくかみ合うかどうかは確認するべきである。

折りパンフレットや規格外のパンフレットを作る場合、いらない紙で模型（「ダミー」と言う）を作ってみるといい。ダミーを使ってレイアウトやコピーの流れを確認する。原稿と同じ順番で各セクションが読者の目に留まるようにすること。

8. 実用的なビジュアルを使う

パンフレットの写真はお飾りではない。どのような製品か、どのように動くか、何をしてくれるかを示すことで、製品を売る一助となる。

その製品が実際に存在し、実際に使えるという証拠になるので、写真がビジュアルとしては一番の選択肢である（人が写っている写真は好まれるものなので、人物を入れるとさらにいいだろう）。とはいえ、イラストなども多くの目的で役に立つ。特に、写真に撮ることが難しい製品やプロセスの場合、イラストで説明するといい（自動車エンジンの内部の仕組みなど）。

場所を示したいなら地図。

図は仕組みや構造を説明するのに役立つ。例えば、組織図は矢印やボックスを使って会社の部門や支社の構成を表す。

グラフは量の変化を示すのに合っている。エアコンのパンフレットでグラフを使えば、エアコンの設定温度を下げると電気代が上がることを示せる。

円グラフは割合やパーセンテージを示す（例えば、年収のうち研究開発費の割合など）。棒グラフは比較に役立つ（今年の売上と昨年の売上の比較など）。表は本文に入りきらない大量のデータをリスト化する便利な方法だ。

言葉よりも上手に考えを表現・説明できるのなら、ビジュアルを使うといい。文章の説明よりも効果的というわけではないなら、ビジュアルは使わないこと。

パンフレットでよく使われるビジュアルには次の例がある。

- 製品の写真
- 製品サイズを示すために隣に何かほかのものを置いた写真（半導体のパンフレットなら、集積回路がどれほど小さいかを示すために、切手の上に置いたマイクロチップの写真を使う、など）

- 実際に設置された製品の写真
- 使用時の写真や製造時の写真
- 製品仕様や特長とベネフィットをまとめた表
- 製品を使用して作られた物品の写真
- 本社、製造工場、研究所の写真
- 出荷を待つばかりの完成品の写真
- 科学者が製品を試験している、または品質管理で検査している写真
- 利用者が嬉しそうに製品を使っている写真
- 製品の優秀さを証言する人々の写真
- 製品のさまざまなモデルやバージョンの一覧表
- 製品性能の科学的な証拠を示したグラフ（耐熱試験、耐圧試験、耐用寿命など）
- 販売しているパーツやアクセサリーの写真
- 製品の性能や使い方を表す何枚かの写真
- 製品の仕組みや組み立て方法を示した図
- 今後予定されているエンハンスメントや新製品、ほかの用途のスケッチ

主な訴求ポイントを説明してくれるビジュアルを使うこと。そして、どのビジュアルにもかならずキャプションをつけること。キャプションは本文の2倍読んでもらえるという研究結果がある。キャプションによって本文を後押ししたり、本文では取り上げられていない訴求ポイントを取り上げたりすることができる。

キャプションは興味をそそり、情報が得られるものにすること。「自動配線装置」ではなく、「マイクロプロセッサーに制御された、全自動の配線装置（左上）は毎時約1000のワイヤラップ接続を行い、製造コストを大幅に削減する」という具合である。

9. 購買プロセスで次の段階を把握しておき、その段階に読者を進ませる

あなたが読者にして欲しいことは？　高級食材店でパスタを買ってほしい？　ヘルス・スパの会員になってほしい？　工場の訪問？　はたまた、高級車の試運転だろうか？

パンフレットは購買プロセスのある段階から次の段階へと顧客を動かす。そのためには、次の段階が何かを特定し、読者にその段階へ進むことを促す必要がある。

そのためのCTA（行動への誘導）はたいていパンフレットの一番下に置かれている。詳しい情報を入手するために問い合わせるかホームページを見るか、何かほかの行動を起こすように促す。返信ハガキや返信用封筒、注文書、フリーダイヤル、URL、近隣の正規取引店や販

売代理店の一覧などで、読者が行動をとりやすくすること。

パンフレットの最後には、読者にすぐさま行動を起こさせるようなコピーを入れておく。「今すぐ、お電話ください」「詳しくは、無料のカタログをご請求ください」「同封の返信ハガキに記入し投函してください」「最寄りの店舗にご来店ください」「無料の選び方ガイドをダウンロード」など、行動を表す言葉やフレーズを使おう。

広告代理店のパンフレットで、次のような効果的なクロージングが使われていた。

次のステップ

これで、弊社のことはお分かりいただけたと思います。今度は御社のことを教えてください。

現在お使いの広告、販促資料、プレスリリースを送ってくだされば、御社のマーケティング・コミュニケーション・プログラムを無料で査定いたします。契約などの義務は一切発生しません。

説明をご要望の方は、ぜひお電話ください。過去のプロジェクト例をご覧いただき、御社にどのようなことが提供できるか説明いたします。

このクロージングは3つの理由から効果的である。第1にパーソナルで、第2に具体的な行動を起こさせようとしていて（「今お使いの広告を送ってください」「お電話ください」）、第3に無料で提供している（「御社のマーケティング・コミュニケーション・プログラムを無料で査定いたします。契約などの義務は一切発生しません」）。

10．当たり前のことを忘れない

コピーライティングの創造的な部分に夢中になって、電話番号や道順、住所、営業時間、郵便番号、保証などの基本情報を入れ忘れてしまうことがある。

パンフレットを書くときには当たり前の情報を入れ忘れないようにすること。一見たいしたことのない詳細が、売れるか売れないかの明暗を分ける決め手となることもある。

例えば、ある企業はDMに2番目の電話番号を記載し忘れてしまった。その結果、注文の電話がかかってきても話し中でつながらないという事態が多発し、多くの売れる機会を逃してしまった。

パンフレットを校正するときは、かならず次の項目を確認すること。タイポや変な句読点、文法ミスなどの間違いがないかもかならずチェックしよう。

- 会社のロゴ、名前、住所
- 電話番号、Eメールアドレス
- 住所に加えて私書箱番号も
- 道順（「州間高速道路95号を降りて五番街とメイン・ストリートの交差点にあります」など）
- 価格、営業時間、店舗情報
- 販売代理店や正規取引店、営業担当のリスト
- 電話、郵送、オンライン、テキストメッセージでの注文方法の説明
- クレジットカード決済に対応
- 製品保証や発送・サービスに関する情報
- 商標、登録商標、免責事項などの法的情報
- フォームの番号、日付、コード、コピーライト
- ウェブサイトのURL

11. 取っておきたくなるようなパンフレットにする

パンフレットが送られてくると、人がとる行動は次の3つだ。

1. パンフレットに反応して注文するか、資料を請求する
2. 今後のために保管する
3. 捨てる

もちろん、1番目のシナリオが望ましい。パンフレットに反応してほしいのだ。また、今後製品が必要になったときに備えてパンフレットを取っておいてほしくもある。

そうしてもらうには、取っておく価値のある情報を記載することだ。製品に直接関係がある情報でもいいし、製品に間接的な関係しかない、一般的なサービス情報でもいい。

私は、自分のコピーライターとしてのサービスを紹介する資料には、執筆した記事の複製（「効果的な産業広告を書くための10のヒント」）を入れておく。複製には著者近影、氏名、住所、電話番号を記載する。資料一式に入っていた広告は捨てられても、仕事で役に立つ情報が記載されている記事は取っておいてもらえる可能性が高い。

長い間使えるパンフレットを作りたいなら、取っておくだけの価値があるものを作ることだ。別の例を挙げると、あるカジノは裏表紙にブラックジャックの遊び方を記載してパンフレットの価値を高めた。

パンフレットの構成はどうする？

単純化しすぎているきらいはあるが、基本的にパンフレットには3種類しかない。

1. 製品についてのパンフレット
2. サービスについてのパンフレット
3. 会社についてのパンフレット（「会社案内」と呼ばれる）

どのパンフレットも独自の内容と構成を持っている。どの状況も、製品も、サービスも、会社も独自のものだからだ。しかし、多くのパンフレットに共通の特徴がある。例えば、コンサルティングサービスのパンフレットにはたいていクライアントのリストが載っている。

次に、典型的な製品資料、サービス資料、会社案内の3つのアウトラインを紹介する。これで、パンフレットに何を入れればいいか大体つかめるはずだ。

製品資料の場合

・イントロダクション――どういう製品か、どういう点で読者にとって興味が持てるものかを簡潔にまとめた説明。
・ベネフィット――顧客がこの製品を買うべき理由のリスト。
・特長――競合に差をつける製品特長のハイライト。
・仕組み――製品の仕組みとその効果の説明。製品の優位性を示す実験結果を記載してもいい。
・ユーザーの種類（市場）――対象とする市場についての説明。例えば、排水処理場の買い手としては、地方自治体、電力会社、メーカー工場が考えられる。この3つは別個の市場で、それぞれに独自の要件がある。製品を利用し推奨している有名人や団体のリストをここに入れてもいい。
・製品のバリエーション――モデル、サイズ、原材料、オプション、アクセサリーなど、注文の際に選択できるありとあらゆるバリエーションを記載する。チャート、グラフ、化学式、表、そのほか製品を選ぶのに役立つ情報をここに載せてもいい。
・価格――製品の価格についての情報。アクセサリー、さまざまなモデルやサイズ、数量割引、送料も記載する。価格が変わったときにパンフレットが使えなくなってしまわないように、価格情報を記載した別のシートをパンフレットに挿入する形がとられることが多い。

・技術的仕様――電源電圧、電力消費、耐湿性、温度域、動作条件、清掃方法、保管条件、化学的特性、そのほか製品の特徴や制限。
・Q&A――製品についてよく寄せられる質問への回答。ほかのセクションに記載されない情報もここでカバー。
・会社情報――メーカーの沿革を提示することで、ある日突然消えたりしない、ちゃんとした企業がこの製品を製造していることを示す。
・サポート――納品、導入設置、研修、保守、サービス、保証についての情報。
・「次のステップ」――製品の注文方法（または資料請求の方法）。

サービス資料の場合

・イントロダクション――提供するサービス、顧客の種類、どういう点で読者にとって興味が持てるサービスかを簡潔にまとめた説明。
・ベネフィット――このサービスにより読者は何が得られるか、競合ではなくこのサービスを選ぶべきなのはなぜかを説明する。

・方法論——サービス提供の方法を概説。
・クライアントリスト——サービスを利用したことがあり、サービスを推奨しているユーザーや企業のリスト。
・証言——厳選したクライアントによる推奨。たいていクライアントの発言をそのまま鍵括弧つきで引用し、発言者の名前を出す。
・料金と支払い条件——各サービスの価格と支払い条件の説明。また、クライアントに提供している保証もここに記載。
・経歴——主な従業員の適性がよく分かる略歴を記載。
・「次のステップ」——サービス契約か資料請求に関心がある人が次に何をすればいいかを説明。

●会社案内の場合

・会社が手がけている事業
・会社の構造（親会社、部門、部署、子会社、支店）
・企業理念やミッションステートメント
・沿革

・工場や支店、取引の地域
・主な市場や販売制度
・売上、競合と比較した成績
・株式基本情報、投資家情報
・従業員数や従業員の紹介
・主な実績（業界初など）や受賞歴
・発明や研究開発
・品質管理の実践方法
・地域社会との関係（環境プログラム、公共福祉への貢献、慈善活動、芸術支援など）
・方針、目的、目標、今後の計画

以上はあくまで提案であり、決して必須項目というわけではない。あなたのニーズに合わせて作り上げていくといい。製品、顧客層、売上目標を参考に、コピーの内容と構成を決定するのである。

以前のパンフレットはどれも分厚く、24ページ以上のものもあった。それは、製品情報を伝えるための主な発信源がパンフレットだったからである。

このデジタル時代では、あらゆる製品情報の宝庫という役割はウェブサイトが担っている。今日では製品についての詳細なデータはネット上で入手できるので、パンフレットの多くが4ページから6ページ程度で重要な点を述べるに留めている。

カタログ

カタログはパンフレットに似ているが、2つの重要な違いがある。

1. パンフレットは通常1つの製品を詳しく説明する。カタログではいくつもの製品について短い説明が記載されている。各製品に割けるスペースは限られているので、説明は簡潔にしないといけない。できるだけ少ない文字数で大量の情報を伝達する。

2. パンフレットの使命は、購買プロセスの次の段階に読者を進めるために十分な情報を提供することである。カタログは通信販売で使われることが多く、直接注文できるようになっていて、営業がかかわることは滅多にない（工業製品カタログは例外）。そのため、使いやすく読者が送りたくなる注文書を作ることにコピーライターは心血を注ぐ。

カタログの注文書だけでなく、電話やネット上でも注文はできる。そのせいで、多くの企業がカタログを大幅に縮小し、製品情報の入手や注文にはウェブサイトを使うように潜在顧客を誘導している。

数が減ってきたとはいえ、今でも分厚いカタログは出されている。特に、購買係向けの製品リファレンスガイドとして製品カタログを発行している企業のカタログは分厚い。

最近よく見られる戦略は、年間を通して分厚いカタログと薄いカタログを組み合わせて発送する方法だ。例えば、四半期ごとに全製品を載せた分厚いカタログを、残りの8カ月は薄いカタログを顧客に送る。薄いカタログでは、消費者が詳細のためにウェブサイトを訪問するように誘導することに主眼が置かれている。

カタログ作成はパンフレット作成とは別物だ。基本的なことは共通しているが、技術が異なる。売上を伸ばすカタログを書くためのコツをここでいくつか伝授しよう。

ヘッドラインは歯切れ良く

スペースの問題でカタログのヘッドラインは短くしなくてはならないのだが、それでも、買わせるヘッドラインは作れる。製品を説明するだけで満足してはいけない。斬新な表現や強力なベネフィット、製品の特徴を思わせる雄弁な形容詞を使おう。

「メーカーからの手紙」を使う

カタログの多くで、社長からの「個人的」な手紙がレターヘッドつきの便せんに印刷されてカタログに閉じこまれていたり、前の方のページ、よくあるのは表紙の内側に直接印刷されていたりする。

手紙では、社長はカタログに記載された製品の品質や、お客様の役に立つ製品を世に送り出すという使命、そしてお客様に満足していただける製品を作っているというメーカーの自負について語る。また、製品ラインの紹介や、特に注目の商品かお手頃価格の商品を紹介するのにも使われる。

主な製品詳細はすべて載せる

製品を注文する際に必要な情報はすべてカタログに記載すること。これには製品のサイズや色、材質、価格、スタイルなどが含まれる。また、簡潔でも完全な製品情報を載せれば、読者はその製品を買うかどうか決めることができる。

主力商品に最大のスペースを割く

1番人気の商品に1ページまるごとか半ページ割き、前の方に掲載して目立たせること。それほど人気がない商品は4分の1以下で、カタログの後ろの方に掲載する。売れない商品はまったく載せないか、ウェブサイトにのみ載せればいい。

売上を伸ばすテクニックを使う

具体的には、次のテクニックがある。フリーダイヤルやクレジットカード決済の記載、「注文したお客様にはギフト贈呈」「1個買うと1個無料」の文言、矢印や吹き出しなどのビジュアルを使った特別割引の強調、新製品は別紙に印刷してカタログに挿入するか注文書に記載する、大口注文の数量割引（「50ドル以上のご注文は10％オフ」）、オンライン注文用の割引コード、ギフトラッピング、特別セール品を注文書に記載する、など。

注文書はシンプルで記入しやすいものにする

顧客が注文を書き込める十分なスペースを設けること。注文方法をステップごとに説明する。保証は大きなフォントサイズで記載し、罫線で囲んで目立たせる。返信用封筒を同封する。

ファックスやオンライン、フリーダイヤルなど、ほかの注文方法も記載する。

コピーで割引商品を取り上げる

割引を紹介するには、「25％オフ！　11・95ドルの商品が8・95ドルに値下げです」というやり方がある。または、元の値段に取り消し線を引いて、新しい値段を書き込むという手もある（「~~11・95ドル~~　8・95ドル」）。

そのほかの販促資料

世界中で制作されている販促資料の大半がパンフレットとカタログである。とはいえ、あなたが依頼されるかもしれない販促資料はほかにもいくつかある。

年次報告書

年次報告書は年々数が減ってきているようだが、昨年度の企業の業績をまとめた報告書である。会社案内に記載される会社情報と、売上高、利益、総収入、配当といった財務情報を組み合わせたものだ。たいていは豪華なつくりで、光沢紙に高価なフルカラー写真や洗練されたビジュアルやしゃれたコピーが掲載される。

チラシ

Ａ４サイズの片面または両面に印刷された広告のこと。ビジュアルは使うとしたらシンプルな線描のみ。コンベンションや展示会で配るか、郵便受けにポスティングする。多くの小規模企業者が新しい顧客をつかまえるための低コストの広告として活用している。

リーフレット

リーフレットは折って郵送するチラシのこと。顧客の送付リストを持っている会社は、セールや新製品のお知らせ、そのほか顧客が関心を持ちそうなニュースを毎月リーフレットで発信していることが多い。

同封・同梱広告

定型封筒に収まるように作られた小型の販促資料。毎月の請求書や利用明細と一緒に送られる、セールのお知らせや通販の特別お買い得品などの宣伝である。同封・同梱広告の利点は、通常の郵送物に同封するので郵送費がかからないことだ。

お便り

お便りは郵送したり、資料一式や新聞に挿入したり、手渡しや店舗で配布したりする印刷物の広告のことである。通常4ページから8ページで、カラー刷りで、最寄りの店舗で使える値引きクーポンがついている。

小冊子

ブックレットともいうが、製品資料と似ている。違いとしては、小冊子にはたいてい一般的な役立ち情報が載っているのに比べ、製品資料には特定の商品の特長やベネフィットが載っている。

ホワイトペーパー

情報満載の記事や報告書の形を取った宣伝資料のこと。パンフレットと同じ目的、つまり商品を売るという目的のための文書なのだが、記事などの信頼できる客観的な文書のように見せるのである。

販促資料と違って、ホワイトペーパーには問題解決に役立つか、ビジネス上の重要な決定（新しい倉庫をリースするか、建設するか、など）を下すのに役立つ有用な「ハウツー情報」が載っていなければならない。

しかし勘違いしてはいけないのは、パンフレットもホワイトペーパーも最終的な目的は同じという点である。商品の売上に直結、または貢献することなのだ。

ホワイトペーパーとパンフレットの違いは、売るためのアプローチの違いにある。パンフレットでは製品特長やベネフィットを宣伝するが、ホワイトペーパーは「ソフトセル」の手法を用いる。ホワイトペーパーの構成、内容、形式は第17章で詳しく取り上げている。

第9章 プレスリリースを作成するには

Writing Public Relations Materials

本書の初版が１９８５年に出版された当時、プレスリリースの主な読者は新聞や雑誌の編集者や記者、それにラジオやテレビのプロデューサーだった。

しかしこのインターネット時代では、マーケティング担当者はウェブサイト上でプレスリリースを発表し、それを消費者が読む。今や消費者がプレスリリースの最大の読者なのだ。そのため、改訂した本章ではジャーナリストだけでなく消費者を読者として想定したプレスリリースの書き方や、キーワードを使ったＳＥＯのやり方を説明する。

PRと有料広告の違いは？

ＰＲは広告とは分野が違うが、重なる部分もある。コピーライターならほぼ誰もがプレスリリースなどのＰＲを依頼されたことがあるはずだ。

ガンガン売り込む書き方を鍛えられた

「ハードセル」派のコピーライターにとって、「ソフトセル」のＰＲは書き慣れるまで少し時間がかかる。

広告は読者に直接働きかけ、あからさまな売り込みで商品を買わせようとする。一方、プレスリリースは、雑誌や新聞に掲載されることを期待して編集者に配布するものだ。

リリースを出した後はコピーライターの手を離れる。いつ掲載されるのか、どんな形で掲載されるのか、そもそも掲載されるのかといったことは、書き手にはどうにもならない。そのまま掲載されるか、書き直されたり省略されたりするか、それとも別の記事の論拠として使われるのか。すべてを握っているのは編集者で、出版社の広告営業と違ってあなたのＰＲキャンペーンの後押しをする気はまったくない。

編集者にとって大事なのは、読者が興味を持てるようなニュースや情報がてんこもりの雑誌や新聞を作ることだけだ。あなたのプレスリリースにそのようなニュースや情報が記載されていれば、掲載してくれる可能性が高い。宣伝の焼き直しにすぎないプレスリリースなら見破られてごみ箱行きだ。

ＰＲキャンペーンは初めてという会社には、「プレスリリースは本当に使ってもらえるものなんですか?」と聞かれる。答えは、「使ってもらえます」、だ。『コロンビア・ジャーナリズム・レビュー』誌は、ある日の『ウォール・ストリート・ジャーナル』紙にプレスリリースで作られた記事が何本載っているかを調べた。調査結果によると、中面では１１１本の記事がプレスリリースの引用か焼き直しだった。

年に何本のプレスリリースが出されているのか統計データはないが、おそらく何十万本、いや、何百万本かもしれない。これほどプレスリリースが多用される理由として、低コストだという点が挙げられる。１ページのプレスリリースを印刷して１００社の編集者に郵送するコストは１００ドル程度だ。Ｅメールの本文に貼りつけて送付すればコストはさらに抑えられる。それが今日ではプレスリリースの一般的な配布方法になっている。

採用され、短い記事になって雑誌に掲載されれば、あなたのクライアントは無料でその紙面を手に入れたことになる。同じサイズの広告を出稿するとなると、コストは何百ドル台、あるいは何千ドル台になってしまう。

さらに、有料広告よりもＰＲの方が信用される。世間の人々は広告というと端《はな》から疑ってかかるが、新聞やテレビで目にしたり耳にしたりすると信じがちなものだ。ニュースの大半がプレスリリースでできているとは知らないのである。そのプレスリリースは広告やＣＭを出している企業が作ったものなのに。

とはいえ、無視されるプレスリリースもあれば、大きな成果を上げるものもある。レジャー・タイム・アイス社が「氷は自分で作るよりも買った方がクリアでピュアなものが手に入る」という内容のプレスリリースを出した際、同社のトップは少なくとも25社の編集者にインタビューされ、ラジオやテレビのトークショー15番組に出演した。各社がこぞってレジャー・タイム・アイス社について特集を組んだおかげで同社の会員数は10％上昇し、氷製品の売上も伸びた。そういうわけで、商品の宣伝にＰＲを使う企業は増え続けている。

ウェブなら消費者に直接ＰＲできる

21世紀にＰＲの分野で起こった最大の出来事は、何と言っても「Ｄ２Ｃ型のＰＲ」（消費者に直接届けるＰＲ）の登場である。

20世紀には、プレスリリースは新聞社や出版社、ラジオ局、テレビ局といったメディアの担当者に送付されるのみで、一般消費者は目にしないものだった。これは「D2M型のPR」（メディアに直接届けるPR）で、実質的にすべてのPRはD2M型だった。

今では、プレスリリースはD2C型のPRでも使われている。ウェブサイトには通常「プレスリリース」「プレスルーム」「ニュース」「メディア」といったページが設けられている。メディアに送付した全記事か、少なくとも主要記事がPRページに掲載され、閲覧者はメディアによる審査や編集なしにプレスリリースをそのまま読むことができる。

D2M型とD2C型のプレスリリースには、1点を除いてほとんど違いはない。D2C型のプレスリリースをウェブサイト上に掲載するときには、かならず本文中で適切なキーワードを使うようにすること。これで、潜在顧客がそのキーワードを検索にかけたときにプレスリリースが検索結果に表示されるようになる。さらに、プレスリリースを何本も掲載しておくことで検索エンジンのランキングが上がる。グーグルやほかの検索エンジンは製品ページなどの宣伝よりもコンテンツを評価するからだ。

プレスリリースとは？

プレスリリースとは、企業が商品、活動を宣伝するために作成し、メディアに配布するニュース記事のことである。

ちゃんとプレスリリースの形式にのっとって作られた効果的な例を次ページで紹介する。

プレスリリースの形式と内容について、9のヒントを伝授しよう。

1. しゃれたレターヘッドやレイアウトより、内容の方が大事。明確さと正確さは必須条件。

2. 外部のPR会社に制作を依頼する場合は、その会社の名前とあなたの会社の名前をプレスリリースの情報源として記載すること。自分でプレスリリースを作成する場合は、問い合わせ先はあなたのみになる。どちらにしても、詳細を知りたい人が連絡できるように、かならず連絡先（担当者氏名と電話番号）を記載すること。

プレスリリース
報道関係各位

20XX 年 X 月 X 日
キルシュ・コミュニケーションズ

ピンウィール・システムズが新製品
「ラフ・プルーフ」カラーカンプ用の「入門セット」を発売

ピンウィール・システムズ社（本社：ニューヨーク、社長：ジョン・N・シェードラー社長）は、本日、新製品「ラフ・プルーフ」と併せて使える、水性染料など必要なグッズが一通りそろった「入門キット」を発表しました。

「ラフ・プルーフ」は白黒作品から作られた潜像フィルムです。水性染料やマーカーで色をつけるだけで、レイアウト、デザインカンプ、パッケージデザイン、フリップチャートなどに使えます、とシェードラー氏（特許申請中）。

フィルムは 4 セット作られるため、違う色を試したり、さまざまな色の組み合わせを模索したりすることができます。販売は代理店のピンウィール・スタジオ。

「入門セット」の小売価格は 45 ドルで、「ラフ・プルーフ」の購入者には 20 ドルの特別価格で提供します、とシェードラー社長。色材のフルセットが含まれます。

・P.H. マーティン博士の「シンクロ型透明水性染料」36 本セット。全色のスワッチカードつき。
・調色パレットのカップ 30 個、水・洗浄液用のスクイズボトルディスペンサーに、色付けで使うウェットティッシュと綿棒。

「入門セット」や「ラフ・プルーフ」の使い方については、ピンウィール・システムズ社ジョン・シェードラー（ニューヨーク州ニューヨーク、パーク・アベニュー・サウス 404、電話番号 XXX-XXX-XXXX）まで資料をご請求ください。

【商品に関するお客様からのお問い合わせ先】
ピンウィール・システムズ
郵便番号 10016 ニューヨーク州ニューヨーク、パーク・アベニュー・サウス 404
問い合わせ先：ジョン・N・シェードラー社長　XXX-XXX-XXXX

【本プレスリリースに関する報道お問い合わせ先】
キルシュ・コミュニケーションズ
郵便番号 11530 ニューヨーク州ガーデンシティ、セブンス・ストリート 226
レン・キルシュ（電話番号：XXX-XXX-XXXX まで）

3. ヘッドラインは記事の内容の要約になっていること。最長で2～3行。多忙な編集者が使えるネタかどうか一目で判断できる。

4. 第1段落には「誰が、何を、いつ、どこで、なぜ、どうやって」を含めること。そうすれば、編集者にほかをすべて切り捨てられてしまっても、少なくとも大筋だけは伝えることができる。

5. 引用や主張には発言者や情報源を示すこと。編集者は自分の説だと思われることを嫌い、あなたの説だということにしたがる。情報源は削除されてしまうことが多いが、それでも必要なところには入れておく方が賢明だ。

6. 本文で詳しい事実を説明する。大げさな表現や美辞麗句は避けること。プレスリリースは広告ではなく記事なのだから。

7. 長さは1ページが理想。2ページを超えてはいけない。3ページ以上になると、読むのを負担に思われてしまう。

8. 写真や画像、図表などはEメールの本文に貼りつけてもいいが、解像度の高い画像ファイルを別途送ることもできる、と編集者に伝えること。

9. プレスリリースはシンプルで、ストレートで、報道記事っぽい書き方にすること。2段落しかいらないところを10段落も書かない。無駄な言葉が多いと嫌がられる。特に、Eメールやオンライン広報サービスによる配信が増えているのでなおさらだ。

でもニュース性はあるの？

編集者は記事にできるプレスリリースを求めている。広告と同じく、プレスリリースはヘッドラインを見れば内容が分かるようでなくてはならない。

報道機関にはプレスリリースが掃いて捨てるほど大量に送りつけられているので、編集者はじっくり読んでニュース性を見つけ出してくれたりはしない。プレスリリースは読み始めて最初の5秒で内容が分かるようでなくてはならないのだ。

それでは、記事になるプレスリリースとは一体どういうものだろうか？　それは業界や顧客層による。「ボールベアリング（訳注：自動車や家電などで使用される部品）の新しいカタログができました」と言っても、『フォーブス』誌や『フォーチュン』誌などのビジネス誌ではニュースにはならないだろう。しかし、『マシン・デザイン』誌や『デザイン・ニュース』誌など、ボールベアリングを使う読者を抱える業界誌なら、このニュースを記事で取り上げてカタログの表紙画像を載せてくれるかもしれない。

「エージャックス・クリーニングは高品質のクリーニングサービスをお手頃価格で提供します」というヘッドラインのプレスリリースでは使ってもらえない。しかし、「エージャックス・クリーニングが落ちにくいシミのプロの落とし方を教えます」というタイトルの記事なら、ハウツーものの記事で使ってもらえるかもしれない。テクニックを伝授するプロとして名前が載るので、エージャックス社の宣伝になるわけである。

ニュースリリースのネタとして使えるトピックを挙げてみた。どれも、ニュース性があるか役立つ情報なので関心を持ってもらえる。

- 新製品
- 既存製品がリニューアルやパワーアップして新発売
- 既存製品が新しいバージョンやモデル、材質や色、サイズで新発売

- 既存製品の新しい用途
- 既存製品のアクセサリーを新発売
- パンフレット、カタログ、調査結果、レポート、ホワイトペーパーなどの新しい販促資料、またはその改訂版を発行
- 重役によるスピーチやプレゼン
- 専門家としての意見
- 物議をかもしている問題
- 新しい社員の採用や役員人事
- 会社や従業員が受賞
- 独自の発見や変革（特許など）
- 新店舗、支社、本社ビル、施設の設立
- 新しい営業や販売代理店の新規加入
- 合同企業の創立や経営陣の刷新
- 製品の売上総数、売上アップ、決算短信、無事故記録など主な実績
- ユニークな社員、製品、ビジネス
- 成功例のケーススタディ

・アドバイスやヒント（いわゆる「ハウツーもの」）
・社名やスローガン、ロゴの変更
・新事業の立ち上げ
・セール、パーティー、一般公開日、工場見学、コンテスト、懸賞などの特別なイベント
・慈善事業や地域社会での貢献

ニュース性がなくてもいいのは、会社の概要を紹介する会社案内の記事だけだ。会社案内は厳密に言うとニュース記事ではないとはいえ、何か新しいことか、少なくともあまり知られていない事実、びっくり情報などを取り入れるようにするといい。組織構造をただ説明しただけの会社案内よりも興味を持ってもらえる。

もう1つ、特殊なプレスリリースを紹介すると、「ファクトシート」というものがある。ファクトシートは、プレスリリースには盛り込めない大量の詳細情報を通常リスト形式で記載したものである。

プレスリリースを書いてほしいが何も発表することがない、というクライアントも多い。そういうときも、知恵のある広報担当やコピーライターならメディアの関心を引けるフックや切り口を創り出すことができる。

例えば、ニューヨーク・シティにあるPR会社のジェリコ・コミュニケーションズは、クライアントであるドミノ・ピザの宣伝で新しい切り口はないかと模索していた。すると、「夜遅くまで残業するときはピザを取るんですが、ホワイトハウスもそうなのでは？　国の緊急時にはホワイトハウスへのピザの宅配注文が増えるかどうか調べてみてはどうでしょうか？」という提案があった。

調べてみると、予想を裏切らない結果だった。そこでジェリコは「ピザ・メーター」というものを創り出し、国家が緊急事態にあるかどうかはピザの注文枚数で分かる、と宣伝した。この戦略は功を奏し、ドミノ・ピザはメディアで大きく取り上げられた。

特集記事を書くには

コピーライターは商業誌の特集記事のゴーストライターを頼まれることもある。

商業誌を見てみてほしい。科学者やエンジニア、経営者、そのほか会社お抱えの専門家が数多く寄稿している。これらの寄稿記事はお金目当てというわけではなく（謝礼金は雀の涙かタダというのが大半）、自分自身のキャリアや勤め先の宣伝のためなのだ。企業の多くが定期的に特集記事を雑誌に掲載してもらっている。そして、そういう記事はプロのライターに書いてもらうのである。

または、記事をブログに載せるという手もある。ブログ記事には、取り上げたことについて詳しい情報が載っているウェブページへのリンクを貼っておくこと。ブログ記事の最適の長さは諸説あるが、大体500語から1000語（訳注）とされている。

記事ごとに違いはあるが、雑誌に掲載される記事には次の基本的な4タイプがある。

1．ケーススタディ

ケーススタディとは、製品の「サクセスストーリー」のことである。この商品はこんなに役に立ちました、という具体例だ。

読者は「この人の役に立ったのなら私にも役立つかもしれない」と思うため、ケーススタディは効果的である。また、主張や一般論ではなく具体的な話になるので読者に信じてもらえる。ケーススタディは本質的にお話を聞かせるスタイルの売り方だと言える。

ケーススタディが作られる典型的なパターンをお見せしよう。電話メーカーが新しいオフィ

訳注：英語と同様に日本語でも諸説あるが、大体1500字～3000字が1つの目安とされることが多い。

スの電話システムを顧客の営業部に設置する。新しいシステムのおかげで営業部の生産性が25%上昇し、電話代が半減したことにオフィスマネジャーが気づく。

電話メーカーがこのことを聞きつけて、オフィスマネジャーか重役に「このことをケーススタディで取り上げて適切な商業誌に掲載していいか」と聞く。同意が取れれば、電話メーカーはライターにこの案件を依頼する。

ライターは営業部でオフィスマネジャーにインタビューを行い、原稿を執筆する。原稿が承認されると、編集者に送られて雑誌に載る。筆者としてメーカーの社名か、マネジャーか、雑誌の編集者か、ライターの氏名が記載される。誰になるかは記事による。

2. ハウツーものの記事

ハウツーものの記事には、読者が何かを改善できるような役に立つ情報が載っている（「小規模事業にぴったりの照明を選ぶには」「電気代を削減する7つの方法」「ボールベアリングの選び方ガイド」）。読者に新しいスキルや知識を教えるので「チュートリアル」とも呼ばれる。

ハウツーもの記事はコンテンツマーケティングである（第17章参照）。製品を真っ向から取り上げることはしない（最後の文責のところ以外では、会社名を出してはいけない）。その代わりに、その分野におけるリーディングカンパニーとして打ち出すことで、会社の間接的な宣伝になるわけである。ハウツーものの記事は切り取って保管しておく人が多い。すぐには売上につながらなくても、記事をとっておいた人は必要が生じたときに会社を頼ってくれるだろう。

3．問題を取り上げた記事

このタイプの記事では、今話題になっている、または物議をかもしている問題や、技術面の課題などを取り上げて業界の専門家が意見を述べる。こういった記事はその分野におけるリーディングカンパニーとしてのイメージを強めてくれる。

4．ニュース記事

ニュース記事は通常外部のライターではなく編集部員や記者が書くものである。しかし、たまに、一大ニュースのある大企業（吸収合併や革命的な新発明など）が記者と共同で特集記事を作成することがある。記者はスクープを手にし、企業の方は大々的に報道されるという旨味がある。

宣伝のニュースレターを書くには

多くの企業が、顧客やクライアント、潜在顧客、従業員、雑誌編集者、業界の重要人物に、無料でニュースレターを配布している。

今日では企業の大半がニュースレターをEメールで配信している（特にメールマガジンと呼ばれる）。メールマガジンは効果的だ。しかし、従来通りニュースレターを郵送する企業もある（図9-1）。珍しいのでメルマガよりも目立つという効果がある。

紙媒体でもメールでも、掲載される記事の文体や内容は先述のプレスリリースや特集記事と似ている。ただ、たいてい記事が短い。企業やその活動、サービス、製品を直接的か間接的に宣伝するためのものである。

企業が自分で発行しているものなので、雑誌記事や報道機関のウェブサイトに掲載された記事よりも信憑性が低い。その一方で、編集者に検閲されたり、書き直されたり、間違って引用されたりする心配なしに、書きたいことを書くことができる。

ニュースレターは選ばれた潜在顧客（受取人や受信者のみ）を対象に、時間をかけて企業のイ

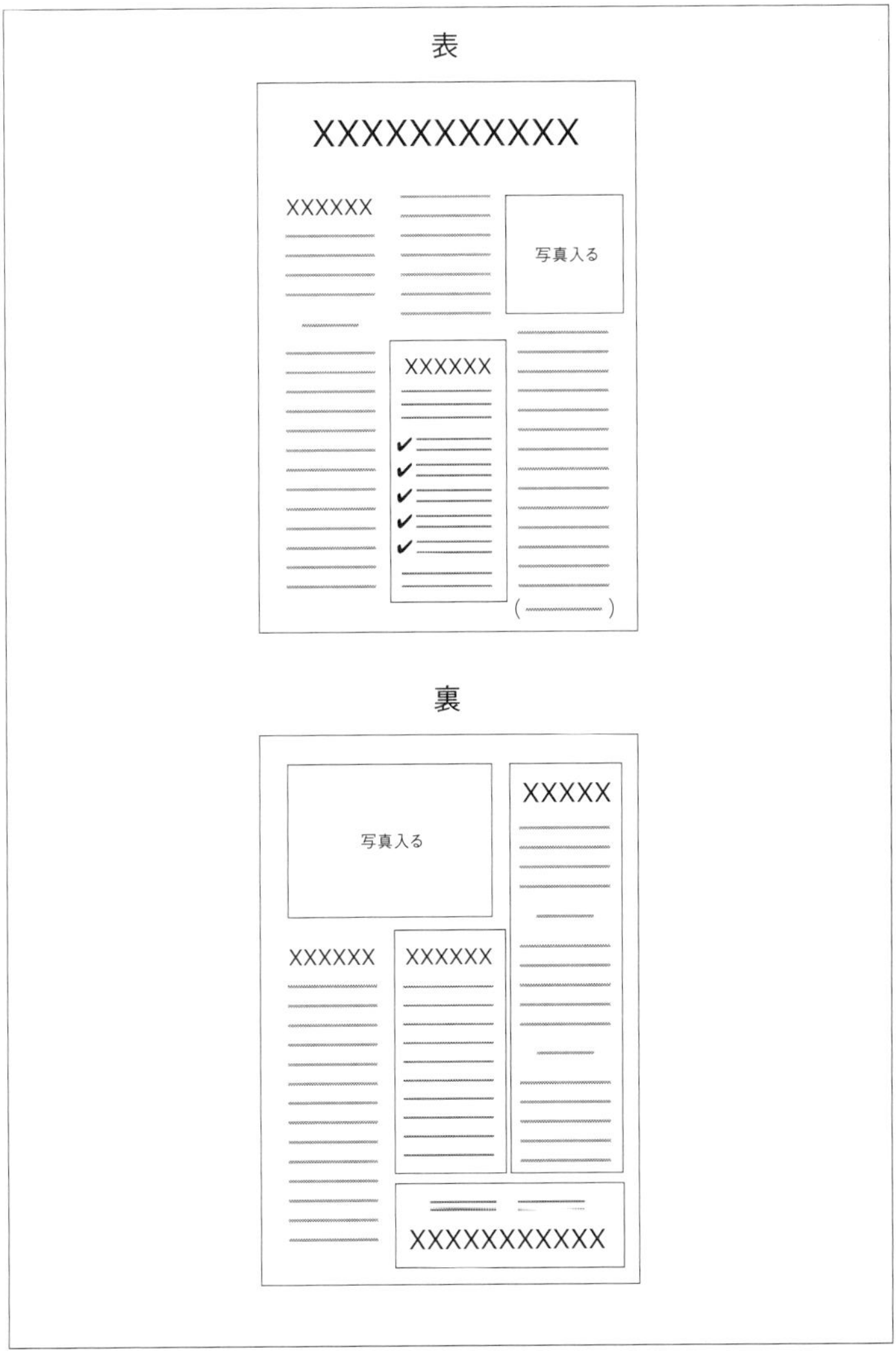

図 9-1　A4 サイズのニュースレターのラフレイアウト

メージと評判を向上させることができる。

四半期ごと、隔月、毎月などの野心的な計画のもとにニュースレターを発刊しようとするクライアントは多い。企業は「あまり予算は出せないけれど、ボリュームはある仕事です。定期的に発注することになるので」という理屈で、フリーランサーや広告代理店に安い料金でニュースレターを書かせようとする。ライターや広告代理店は注意した方がいい。6号発注されるはずが2号で打ち止めになったというのは往々にしてあることなので。

典型的な紙媒体のニュースレターは全4ページ。2段組みか3段組みで、余白はほとんどない。特集記事が3つか4つ（それぞれ200語〜500語／訳注：日本語の場合は大体200字〜600字程度）で、短い記事がいくつか（2、3段落）、それにキャプションつきの写真が何枚か、という構成だ。

記事の大半はニュースレターのために特別に書かれたものではなく、プレスリリースや特集記事の短縮版、スピーチ、ケーススタディ、パンフレット、広告キャンペーン、ソーシャルメディアの投稿、ウェビナーなどから拾ってきたものである。こうすれば、ほかの媒体で発信したメッセージをニュースレターでさらに拡散することができる。

例えば、ある銀行が「お金のホント――あなただけにお金の事実を教える消費者ニュースレター」というニュースレターを発行した。地元の支店内に置かれていて、お金のやりくりについて役立つ情報が満載だ。「ローン問題」「10％問題——利子に対する源泉課税の裏」「不況から回復するには」「投資への道」などの記事が掲載されている。

銀行と顧客の関係性は信頼の上に成り立っている。ニュースレターで無料の投資カウンセリングを提供することで、その関係性を確固としたものにできるわけである。

ニュースレターの記事のネタに使えるチェックリスト

ニュースレターにどういう種類の記事が掲載されるか、先述の例で見えてきたことと思う。次のチェックリストは、ニュースレターを作る際にネタ帳として役立ててほしい。

□ニュース
□製品のストーリー
□背景知識
□製品利用に関する専門的なアドバイス
□やっていいこと、いけないこと
□説明記事（「どういう仕組みか」）
□ケーススタディ
□問題の解決方法
□一般的なハウツー情報とアドバイス
□業界の最新情報

□従業員ニュース
□地域社会とのかかわり
□直近の営業活動のまとめ
□お客様からの手紙
□キャプションつきの写真
□チェックリスト
□従業員の紹介
□財務情報
□インタビューやプロフィール
□カンファレンス、セミナーなどのイベント情報
□製品の選び方

先述の通り、今日では多くの企業が紙媒体のニュースレターの代わりに、またはそれと併せて、メールマガジンを配信している。メールマガジンの作成方法、配信方法については、第13章を参照されたい。

第10章 テレビとラジオのCMを作るには

Writing TV and Radio Commercials

テレビや動画配信サービスのチャンネルが何百もある今日、かつてない数のCMが視聴者に注目されようと競い合っている。ほかとは一線を画す、消費者の注目を浴びるCMを作るというのは難題だ。どうすればいいのか、その答えは見つけられていない。

ある一派は、目立たせるためには「クリエイティブ」なCMにしなくてはいけない、と主張する。ドラマチックな物語やテンポの速いアクション、ファンタジー、アニメーション、ユーモア、CG、芸術作品的なとがった映像などの凝ったCMだ。だが、私に言わせると製品の売り込みはおろそかにされていることが多い。こういったCMは目立つが、製品自体やその魅力を取り上げないので、製品が売れないのだ。

別の一派は、従来の価値観を受け継いでいる。シンプルなCMで、製品とそのベネフィットを真っ正直にストレートに提示すれば、消費者に財布のひもをゆるめさせることになると信じている。その好例がオキシクリーンの「ステイン・リムーバー」である。製品の使い方を実演して見せるので、視聴者の関心を引き、説得力が高い。

ストレートなテレビＣＭの擁護派は増えてきている。未来学者でブレインリザーブ社創立者のフェイス・ポップコーンは、「消費者が本物の情報、『本物の売り込み』を求める、製品情報の時代が到来した」と述べている。このことを何十年も前に予言していたのだが、彼女が正しかったことはコンテンツマーケティングの台頭で証明されたようだ。

コンテンツマーケティングの時代では、多くの人々が物事を理解するために情報を求めている。地元の本屋で本棚を見てみるといい。ハウツーものや情報を提供するタイプの書籍が出版業界を席巻していることに気づくだろう。さらに、こういった本の著者はごまかしや受け狙い、仕掛けに頼らない。ただ事実を提示することで、言いたいことを伝えている。こういった本を買う人が求めているのは情報であることを分かっているのだ。

そして、製品にも同じことが言える。真剣な潜在顧客は情報を求めている。汗水たらして稼いだお金を差し出す前に、ちゃんとした情報が欲しいのだ。それなのに、潜在顧客になりそうもない人に対してものを売りつけようとするという愚を犯しているＣＭが多すぎる。

こういったＣＭの制作者は、ハリウッドの長編映画のショーマンシップや製作姿勢をまねして、潜在顧客ではない視聴者に見てもらおうとＣＭを作っているのだ。目標はＣＭを見てもらうことではなく、製品を買ってもらうこと、ほかのブランドよりも気に入られることなのを忘れているのである。CMの人気と製品の売上は何の関係もないことは、とっくの昔にデイヴィッド・オグルヴィなどのパイオニアたちが証明しているというのに。

12通りのCMの型

脚本を書くのは創造的な行為であって、公式には当てはまらないとずっと思っていた。しかし、ある日、脚本の授業で先生が意表を突くことを言った。「皆さんは自分の作品が非常に特別なものだと思っていることでしょう。しかし、映画脚本には36通りのシチュエーションしかありません。すべての脚本がこのいずれかに当てはまるのです」。先生が挙げたのは、革命、狂気、愛ゆえの犯罪、野心、悔恨、悲劇、不倫などだった。

テレビCMには無限のパターンがあるように思えるが、実は脚本よりもCMの方が型は少ない。以下に12の型を紹介しよう。

1. 実演型

製品を実際に使って見せる。フードプロセッサーのＣＭなら、薄切りもさいの目切りも混ぜ合わせるのもこんなに簡単です、とやって見せる。

実演型は２つの製品を比べるのに効果的だ。画面の左側では普通のカーワックスがどんなにベタついて艶が出ないかを示す。右側では、ＣＭの製品ならどんなに簡単にワックスがけができて車がピカピカになるか、雨もはじいてくれるかを示すのである。

2. 証言型

メーカーの主張に信憑性を与えるために、誰かに証言してもらう。「素晴らしい製品です」という言葉は、メーカー自身よりも利用者や第三者が言った方が信じてもらえるのだ。

中でも一番効果的なのは、実際に製品を使ってみて良いと思った実在の人々が出演するＣＭ。出演料をもらっている俳優や「やらせ」のインタビューよりも、一般人の方が信じられる。実際の製品ユーザーから本物の証言を入手するためには、製品を使うところと、その後質問に答えるところを隠しカメラで撮影すればいい。

有名人なら注目を集め、人々が耳を貸すだろうという考えで、有名人に出演料を払って製品を推奨してもらう企業は多い。ＣＭ制作者は、この製品にはこの有名人がぴったりだ、と請け合う。ブリトニー・スピアーズはペプシのＣＭで話題になったが、投資銀行のＣＭなら少し不適切な人選だ。

3．プレゼンター型

このタイプのＣＭでは、カメラの前に俳優が立ち、製品を真っ向から売り込む。

プレゼンターは、売り口上がとても効果的なのでお飾りは必要ないという場合に特に効果的である。例えば、お笑いコンビくりぃむしちゅーの上田晋也がエスエス製薬の風邪薬のＣＭに出ている。直接反応が得られるＣＭなので、成果を測ることができる。成果は上がっているに違いない。そうでなければ、こういうお金のかかったＣＭをこれほどしょっちゅう見かけないはずだ。

4．人生の1シーン型

2、3人の登場人物が出てくる、製品にまつわるお話を取り上げたミニドラマ。ある歯磨き粉のＣＭでは、パジャマ姿の少年が涙目になっている。歯を磨かなかったのでお母さんに怒られたのだ。「お母さんは怒っているわけじゃない。きみのことを思っているんだよ。歯を磨けば、真っ白な歯になって、虫歯にならないからね」とお父さんが諭す。お母さんに嫌われたわけじゃないと分かり、少年は笑顔になる。

5. ライフスタイル型

ライフスタイル型のＣＭは、利用者に重点を置き、製品が利用者のライフスタイルにどのようにぴったりかを描き出す。コロナ・ビールのＣＭでは、健康的な若者が浜辺で友人たちと楽しそうにしている。あくせくしていない、のんびりしたライフスタイルである。高齢者向けの介護付き施設や、50代から入居できるアクティブシニア・コミュニティのＣＭでは、人と交流したり活動したりできる居心地のいい住環境を描き出す。

6. アニメーション型

アニメーションや漫画は子供向けの宣伝で効果的だ。特に、有名なキャラクターを使うと効果絶大である。大人向けの場合はキャラクターはまず使われず、普通なら実写で俳優が演じる内容をアニメーションで表現する。

7. コマーシャルソング型

コマーシャルソングは、スローガンを曲に乗せて歌う。有名なところでは、マクドナルドの「アイム・ラーヴィン・イット！」やコカ・コーラの「アイ・フィール・コーク」などがある。優れたコマーシャルソングはスローガンをキャッチーで覚えやすい曲に乗せるので、視聴者は思わず口ずさんでしまう。金鳥の「タンスにゴン」は、「タンスにゴン　タンスにゴン　臭わないのが新しい」というコマーシャルソングを使っていた。

8．映像作品型

ＣＭ制作を売るためのツールづくりではなく、映像制作だと考えている人もいる。そういう制作者はそこらのテレビ番組や映画には負けない高品質のカラーと画像の短編映画を創り出す。その例がターボ・ＺのＣＭ。ＳＦ映画『ブレードランナー』を思わせる、薄暗い、蒸気が立ち込める「未来都市」を舞台にしている。普通と違う凝った画像は視聴者の目を引く。しかし、こういう大作で果たして人は製品を買ってくれるのだろうか？　こういうＣＭにものを売る効果があるという記事やケーススタディを私は目にしたことがない。

9．面白ＣＭ型

面白いＣＭが流行っている（宇宙人ジョーンズをトミー・リー・ジョーンズが演じるサントリーＢＯＳＳなど）。こういったＣＭが好きな人は多い。しかし、それで製品が売れるかは別問題だ。

実際、笑えるＣＭや娯楽性の高いＣＭには、ＣＭを見た直後に製品名を言えない視聴者が多いという問題がある。製品ではなくＣＭに関心を持つからだ。

視聴者を笑わせるようなＣＭ脚本を書けるコピーライターは数少ない。そして、面白ＣＭがこけるときは売上でも惨敗する。自分にはお笑いの才能があると９９.９％確信しているのでなければ、面白ＣＭはやめておくべきだ。ある視聴者にとっては面白くても、別の人には馬鹿げていると思われるかもしれない。

10. キャラクター型

ＣＭや広告に長期にわたって登場しているキャラクター（架空の人物）を使うのは、ブランド名を覚えてもらうのに非常に効果的だ。黄桜のかっぱやゼスプリのキウイブラザーズ、明治製菓のカールおじさん、リクルートのＳＵＭＯ、ソフトバンクのお父さん犬など。世間の人々に気に入られるキャラクターを創り出すことができたら、調査結果や売上の落ち込みで世間に飽きられたと分かるまでずっと、頻繁にＣＭで使うべきだ。近年ではこのタイプのＣＭは少なくなってきているようである。

ジャパネットたかたの高田元社長や高須クリニックのドクター高須など、企業のオーナーがキャラクターを務めることもある。または、アフラックの櫻井翔など、役者が演じることもある。

11. 理由提示型

理由提示型のＣＭでは、その製品をなぜ視聴者は買うべきかを説明する。コプト顆粒のＣＭでは、製品が風邪に効く理由をナレーションでひたすら説明する。理由提示型のＣＭはテレビよりも印刷物の広告の方が合っているようだが、テレビＣＭでも効果的である。

12. 感動的ＣＭ型

懐かしさ、かわいらしさ、切なさなどを感じさせて視聴者の心（と財布）に働きかけるＣＭは、人の記憶に残り、説得力も高い。バドワイザーのスーパーボウルＣＭでは、馬と調教師の絆が描かれる。仔馬の頃からお世話してきた馬を、調教師はバドワイザーに売却する。街中のパレードで、バドワイザーの一行としてパレードに参加している馬が観衆の中にいる調教師に気づく。馬はパレードを外れて、反対側にいる調教師の元へと駆けていく。感動的な再会。

面白いＣＭと同じように、本当に感動的なＣＭは書くのが難しい。あなたにそういうＣＭを作る力があるのなら、それは素晴らしいことだ。しかしたいてい、実演型やプレゼンター型、証言型などの真っ向から売り込む形式を用いた方が成果は出やすい。

テレビCMの脚本を書くコツ

人の関心を引いて、記憶に残って、説得力が高いテレビCMの脚本を書くコツを教えよう。

- テレビは何より言葉ではなく映像の媒体である。売り込みたいメッセージをかならず映像で伝えられるようにすること。ミュートにしたら何の宣伝か分からないようでは、それほど強力なCMだとは言えない。
- とはいえ、映像とサウンドは組み合わさってこそ効果を発揮する。画面に映し出されたものを言葉で説明すること。
- 30秒か60秒で視聴者が受け取れる映像やサウンドには限りがある。DRTV（テレビでのダイレクトレスポンス広告）は尺が120秒のものが多い。インフォマーシャルなら30分。売り口上の言葉数がかなり多くなるのならば、映像はシンプルなものにすること。一方、凝った映像を使うなら、言葉による説明は最低限に抑えること。目を奪うような映像が流れているのにアナウンサーが早口でしゃべっているようなCMでは視聴者が困惑してしまう。

・テレビの前の潜在顧客を念頭に置くこと。彼らが台所やトイレに行くのを我慢するくらい興味深いか、大事なCMになっているだろうか？

・CMは予算に合わせて計画すること。特別効果やコマーシャルソング、役者、アニメーション、CG、ロケ撮影などを使うと製作費が莫大なものになる。プレゼンターがスタジオで実演する飾り気のないCMなら、製作費が低く抑えられる。

・CMの冒頭でかならず人の注意を引くこと。最初の4秒は印刷物の広告で言うとヘッドラインにあたる。視聴者はCMを最後まで見るか、台所に食べ物を取りに行くかをこの4秒で決める。勢いのある音楽や目を引く映像、ドラマチックな状況、現実の問題など、何か抗いがたいものをはじめに持ってこよう。

・スーパーで買える製品の宣伝なら、ラベルを見せること。アップで製品を映してパッケージを映し出すように。CMでパッケージを覚えてもらえれば、後でスーパーに行ったときに買ってもらえる。

・動きを出すこと。動画はスライドショーとは違って動きのある媒体なのだ。自動車が走っているところ、メープルシロップが注がれるところ、航空機が飛んでいるところ、ポップコーンがはじけるところ、炭酸飲料水がシュワシュワしているところを見せる。動きのないCMは作らないように。動き続けること。

・また、テレビは画像だけでなくサウンドも使えることを忘れないように。エンジン音、パンケーキが焼ける音、航空機が飛び立つ音、ポップコーンがはじける音、炭酸の泡がはじける音、グラスの中で氷が冷たい水に溶けてカタカタ鳴る音を聞かせる。ベーコンがジュっと焼ける音を耳にする方が、焼けているところを見るよりも食欲がそそられるという人は多い（香りはさらに強力かもしれないが、テレビではまだ匂いの機能が実装されていないし、そういう端末を開発しているメーカーの話も聞いたことがない）。

・映像にかぶせて字幕スーパーを使うこと。CMで取り上げた訴求点を強調したり、ナレーションでは触れなかった訴求点を取り上げたりすることができる。例えば、通信販売のビタミン剤のCMなら、「店舗では取り扱いがありません」と字幕スーパーを入れること。お店で手に入ると思ったら買ってもらえない。

・製品名と最大の訴求ポイントを少なくとも2回は言うこと。そうするべき理由は2つある。第1に、繰り返すことで視聴者に製品を覚えてもらえる。第2に、CMの冒頭ではちゃんと聞いていない視聴者も多いので、どこの何という製品かをかならず知ってもらうためには繰り返すべきなのだ。

・製品をおろそかにしないこと。その製品を食べる姿、着た姿、運転している姿、使っている姿、楽しんでいる姿を視聴者に見せるのだ。実演して見せること。どんなに素晴らしい製品か、感想を語らせること。紙媒体の広告で効果が実証されているテクニックをテレビCMにも応用すれば、大きな成果が得られることだろう。

・製品の注文か資料請求をしてもらいたいなら、CMの冒頭でそう伝えること（「メモをご用意ください。このCMだけの特典があります。今すぐお電話を」など）。テレビを見ながらメモの用意がある人はあまりいないので、覚えやすいURLや電話番号を使うこと。

・有名人を起用するなら（本人が登場するのでも、ナレーションの場合でも）、ナレーションか字幕スーパーで名前を出すこと。名前を言われないと有名人だと気づかない人は多い。また、そういう人には、知名度の高い有名人でなければ効果はあまり期待できない。

・地方局のCMなら、店舗の住所と分かりやすい案内を載せること。

・テレビCMの基本的な尺は15秒、30秒、60秒、90秒、120秒である。15秒のCMはスポットCMだ。30秒CMや60秒CMのサポート役として、製品名の認知度を高めるためのCMである。

・尺が限られているので、「直火で焼いた方がおいしい」「アップルのスマートフォンは洗練されていて最先端」など、言いたいことや訴求ポイントはたった1つに絞るべきだ。

脚本のフォーマット

テレビCMの脚本のフォーマットはとても単純だ。映像（動画）は左側、音声（ナレーションや音響効果）は右側に書く。

大事なのは、効果的なCMを作ることである。専門用語は気にしなくていい。用語は必要があれば自然と学んでいくもので、絶対不可欠なものではない。大事なのは、視聴者の気を引いて、記憶に残り、説得力が高いCMにすることだけだ。

基本的な用語をいくつかここで紹介しよう。

- ANNCR——アナウンサー。CMのナレーター。
- CU——クローズアップ。1つの対象を接近して撮り、パッケージラベルなどが画面全体に映し出される。
- LS——ロングショット。遠くのものを映したショット。
- MS——ミディアムショット。前景の対象を映し、後景も大部分が映っている。

・SFX――音響効果。人の声や音楽ではなく、バックグラウンドの音。
・TS――タイトショット。対象の周りにスペースがほとんど、あるいはまったくないショット。
・VO――ボイスオーバー。画面に映らないナレーターの声。

次ページの脚本サンプルは、ちゃんとしたCM脚本フォーマットで書かれている。また、製品ベネフィットを詰め込んだストレートな宣伝の好例でもある。

このCMでほめたい点はいくつかある。

1. シンプルなこと。分かりやすくて、製作費もかからない。
2. 30秒間で製品を映し、実演もしていて（骨がないチキンをさっと薄切りにする）、製品をおいしそうに食べている人を映し、パッケージも映し出している。
3. ナレーションで製品独自の売り（骨なし）、そのベネフィット（切るのが簡単、無駄がない、調理がお手軽）を伝え、製品で視聴者は何ができるかを示している（いろいろな料理が楽しめる）。

●脚本家：エイミー・ブライ

●製品：チキン・ガランティーヌ（30秒）

●映像	●音声
1. MSからCU：お皿の上にはこんがり茶色に焼けたチキン・ガランティーヌ。	1. ANNCR（VO）：これはジューシーでおいしそうなチキン・ガランティーヌですね。実は、普通のチキンとは違うんです。骨を取り除いてありますから。
2. MS：男性がチキンを薄切りにしている。4分の1から3分の1はすでに切り終えてお皿に盛られている。	2. 包丁がすっと通ります。
3. CU：ごちそうが満載のテーブルに置かれたいろんなチキン料理。	3. チキン・スキャンピでも、チキンサラダでも、どんなチキン料理でも、骨を取り除く手間なくパッと簡単に作れます。
4. MS：一家が笑顔でチキンを食べている。	4. 実は、ガランティーヌのチキンは普通のチキンよりも少し値が張ります。
5. CU：全部切り終わってお皿に盛られたチキン。	5. それもそのはず。100%肉のみなので、無駄が一切ありません。
6. CU：製品のパッケージ。ガランティーヌの名前とロゴを映すこと。	6. ガランティーヌを1度でも試したら皆さんも骨抜きに。お肉屋さんでも食料品店でもお買い求めいただけます。

4. エンディング（「ガランティーヌを1度でも試したら皆さんも骨抜きに」）がうまい言葉遊びになっていてニヤリとさせられる。また、製品がどこで手に入るかを教えている。

ラジオCMの脚本を書くには

ラジオCMはテレビCMや紙媒体の広告とは3つの点で異なる。第1に、ラジオCMはナレーションを得意とするプロの役者を使って音楽と音響効果つきで事前に録音するか、ラジオ番組のDJが放送中に脚本を読み上げる。

第2に、ラジオのCM枠の方がテレビよりも価格帯がずっと低く設定されている。第3に、ラジオだと車を運転しながら聴いている人が多いので、電話番号やURLを書き留めるのは難しい。

ラジオCMの脚本家は言葉とサウンドを使ってCMを作る。言葉とサウンドでリスナーに製品を思い描かせるのである。

「ルーシーおばさんの特製ブルーベリーパイ」のラジオCMでは、一家がおいしく楽しくパイを食べている姿は見せられない。だから、「パイを切り分けるところ」「フォークがパイ生地にサクッと入るところ」「パイをほうばるところ」「おいしさに思わず声が出てしまって作り手をほめたたえるところ」をサウンドで表現する。

ブルーベリーパイは、近所のスーパーで目立つ青色のパッケージで売られていたとする。ラジオＣＭではパッケージを見せることはできないので、「青のパッケージで有名なルーシーおばさんの特製ブルーベリーパイは、お近くのスーパーやパン屋さんでお求めください」とナレーターに言ってもらうしかない。

『ライターズ・ダイジェスト』誌に記載された記事で、コピーライターのデイヴィッド・カムピィティはラジオＣＭの初心者に次のヒントを与えている。

・営業の「カギ」をつかむこと。カギとは、顧客と話す中で営業が見つける「内部情報」のことである。

・顧客からの感想には大きな訴求ポイントが隠されている。例えば、自分が手がけたラジオCMで通販の殺鼠剤《さっそざい》がなぜ売れないのか、あるコピーライターは農家の人に話を聞いてみた。ネズミに悩まされている農家の人たちはこの悩みを恥ずかしく思っていて、郵便配達員や近所の人たちに殺鼠剤を通販で注文したことを知られたくない、ということが分かった。そこで、「製品は無地の茶色の封筒で届きます」と1行付け足すと売上は大きく伸びた。

・ベネフィットを取り上げること。その製品を使うことでどんな利点があるのか伝える。

・簡潔に。文は短く。

・大事な情報は繰り返すこと。最低限の情報として、店名は2度言い、URLは終わり近くで1度か2度言う。電話番号は少なくとも2度言う。60秒CMなら2度以上。近年では注文や問い合わせの手段としてはウェブサイトやテキストメッセージが勧められるようになっている。

・製品を知ろう。きちんと調べること。

・ラジオCMの製作者が使えるリソースを知ろう。制作施設を活用すること。音楽や音響効果のストック、録音機器の品質と能力、番組でコピーを読み上げる役者の実力を知っておくこと。

テレビやラジオで放送されないCM

毎日耳にするラジオやテレビのCMは、コピーライターの仕事で最も目立つ部分だ。しかし、人が目にも耳にもすることのないＣＭが毎年何千本も作られている。

これを非放送系コンテンツと言う。企業が一部の視聴者のために制作する映像・音響の宣伝物のことである。ラジオやテレビで放送されるのではなく、会合や展示会、セミナー、プレゼン、営業が一対一で顧客に売り込みをかけるときに使われる。また、今日ではユーチューブやウェブサイトにもアップされる。

非放送系コンテンツに使われる媒体にはさまざまなものがある。

- パワーポイント
- オンラインの動画コンテンツ
- ＤＶＤ
- 文字多重放送
- ソフトウェア

そして、次などさまざまなシーンで使われる。

- 社員とのやりとり

- 展示会での展示
- セミナーやカンファレンス
- 社員の募集
- 地域社会向け
- 広報
- 営業支援
- 広告へのお問い合わせ対応（問い合わせてくれた潜在顧客のみに送る無料ＤＶＤ）
- 経営陣へのプレゼン
- 研修
- 製品の紹介
- 製品のデモンストレーション
- ケーススタディ
- 会合
- 営業や販売員のための営業支援
- 店頭ディスプレイ
- 年次報告書、営業のプレゼン資料など、紙媒体の資料の概要

・歴史的な出来事の記録

スライドショーや動画の脚本フォーマットはテレビCMのものと同じで、左側に映像、右側に音声となっている。

非放送系コンテンツは、尺が30秒や60秒に限られていない。必要なだけ長くも短くもできる。スライドショーや動画なら8分から10分が最適だ。最長でも20分。それ以上になると、視聴者の関心は薄れてしまう。

非放送系コンテンツはテレビCMよりも製作費がずっと低くて済む。1分のCMは4万ドル以上かかることがある。だが、10分の非放送系の動画なら500ドルから1000ドルで制作できる。

非放送系コンテンツの脚本を書く人にアドバイスを伝授しよう。

・目ではなく耳を意識して言葉を選ぶこと。脚本は紙面上のただの文字ではなく、声に出して読む言葉なのである。
・正確で、一貫性があって、はっきりとしたイメージがつかめる言葉を口にすること。
・意味をはっきり明確に。視聴者は文章を読み返すことはできない。1回目できちんと理解してもらえるようでなければならない。

・研究すること。そのトピック、製品、目的、顧客層について調べ尽くす。
・主な訴求ポイントを何度か繰り返すこと。
・冒頭は非常に大事。視聴者の興味を引き、がっちりつかんで離さないこと。
・生き生きとしていて魅力的で正確な文章を作る。動作を表す動詞や、表現力豊かな単語やフレーズを使うこと。
・視聴者には過保護なくらいでちょうどいい。事実を矢継ぎ早に出さないこと。よく吟味して選んだ事実だけを取り上げる。プレゼンでは全部を説明し尽くさないで、視聴者にもっと詳しく知りたいと思わせるように。
・言葉で描き出して画面上のビジュアルを補う。
・できるだけ簡潔で直接的に話す。複雑な文は使わないように。

第11章

Writing Web Sites

ウェブサイト用のコピーを書くには

20年前は、私の仕事は100%紙媒体の広告で、ネット広告は0%だった。今日では案件の30%が紙媒体で、70%がネット広告である。

何が言いたいかというと、つまり、今日ではコピーライターの仕事はネット広告が非常に多いということだ。あなたもウェブサイトのトラフィックを伸ばすという案件を手がけることになるかもしれない。また、既存のサイトにページを追加するか、まったく新しいサイトを立ち上げるかなど、ウェブコピーを作成する案件もあるだろう。

今、ネット広告で効果があること

オンラインショップにはビジネスのやり方が数多くある。

ここで、異なる業種でも効果が実証されているオンラインマーケティングの方法論を紹介しよう。それは、すでにあなたのことを知っている人にEメールを送るのが一番効果的だということである。

だから、有能なオンラインマーケターは「ハウスリスト」や「e-リスト」（潜在顧客とそのEメールアドレスのリスト）を以下の方法で作り、このリストに載っている人々にEメールマーケティングで売り込むのである。これは、「オーガニック・モデル」や「アゴラ・モデル」と呼ばれる（図11-1）。

まず、ある分野や産業における権威として会社を位置づけるようなウェブサイトを作成する。これがオンラインマーケティングキャンペーンのいわゆる「本拠地」となる。

ウェブサイトには、一番上にバナーがついたホームページや、会社情報のページ、商品についての短い説明が載った一連のページ（紹介文にはもっと詳しく説明した資料へのリンクを貼ることもできる）へのリンクが貼られたメニューを設置する。

ホームページにはＣＴＡ（コールトゥアクション、行動喚起）を１つ以上設置する。無料のメルマガに登録するためのＣＴＡボタンや、潜在顧客が商品について問い合わせができるように、問い合わせボタンを設置するのもお勧めである。

また、専門分野のトピックを取り上げて執筆した記事を投稿するページも作るべきだ。無料で記事を閲覧・ダウンロードできるようにする。

専門分野で短いスペシャルレポートやホワイトペーパーを執筆し、ウェブサイトで入手できるようにする。ダウンロードは無料だが、そのためにはＥメールアドレスを登録しないといけない（ほかに取得したい情報があればそれも必須事項に設定する）。

また、月刊か週刊のメールマガジンを発行するのも良い手である。配信を希望してＥメールアドレスを登録した訪問者には無料で配信される。「商品、ニュース、オファーについて、メールマガジンの配信を希望する」というチェックボックスを設置するといい。

コンテンツ（有用な情報）は多ければ多いほどいい。サイトの訪問者数が伸び、滞在時間も長くなる。また、口コミも広がる。

図11‐１で示したモデルはサイトのトラフィックを伸ばすための方法である。無料のレポートやメルマガに登録してもらう。登録してもらえればＥメールアドレスが手に入るので、コス

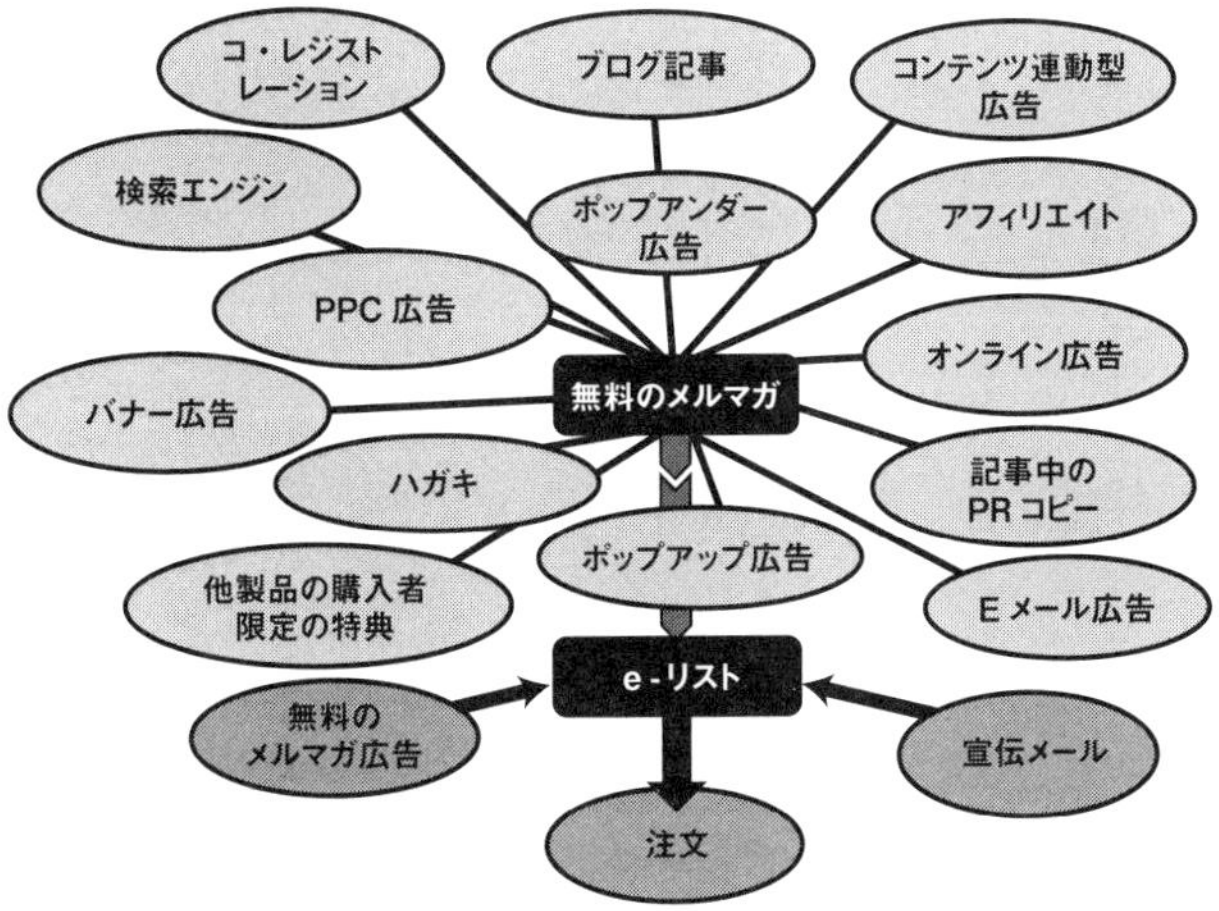

図 11-1　アゴラ・モデルのオンラインマーケティング

トをかけずにいくらでも宣伝メールを送ることができる。

ウェブ上のリード獲得や売上、収益の大半は、こうして潜在顧客のEリストに繰り返しメール配信を行うことで得られる。だから、最速で、最低コストで、絞り込んだ潜在顧客が大量に載っているEリストを構築することが目標となる。

サイトのトラフィックを伸ばすオンラインマーケティングのやり方はいろいろとある。メディアを使った情報発信、メールマーケティング、バナー広告、コ・レジストレーション（共同登録）、アフィリエイト、SEO施策、宣伝メール、メルマガ広告などである。

成功の秘訣は、小規模でコストがあまりかからない方法でいろいろな施策を試してみて、うまくいかないものはやめ、効果があったものを採用することだ。

よくあるオンライン広告の案件とは

オンラインマーケティングだと具体的にどういう「成果物」があるのか、そもそもオンラインマーケティングとはどういう意味か、コピーはどれくらい必要になるのか、という点においてしばしば混乱が見られる。

例えば、「マイクロサイト（テーマサイト）」とは具体的に言うとどういう意味なのか？　どれくらいの分量なのか？　どういうときに使うべきなのだろうか？

次に、私が手がけた最も一般的なオンラインマーケティングの案件と、その定義と範囲を提示する。

・マイクロサイト（または長文コピーのランディングページ）

メールマガジンや電子書籍、ビタミン剤、腹筋マシン、カンファレンスなどの商品を直接売りつけるためのウェブサイトのこと。コピーは4ページから8ページのセールスレターと同じくらいの分量になる。

・スクイーズページ

製品やオファーのシンプルなランディングページで、ホワイトペーパーやソフトウェアのデモなどの資料請求によく使われる。コピーの分量は雑誌広告と同じくらいか、もっと少ないことも多い。大見出しと、製品を説明するコピーが数段落で、返信フォームがついている。

・トランザクションページ

短文コピーのランディングページと似ているが、製品の説明がさらに短い。ざっくり言うと、製品の注文や資料請求のための返信フォーム。

・長文コピーの宣伝メール

メールの受信者を短文コピーのランディングページやトランザクションページに誘導して直接売上につなげようとする。分量は大体、2～3ページのセールスレターと同じくらい（Eメールは第13章で詳しく取り上げる）。

・ティーザーメール

製品が注文できるマイクロサイトや長文コピーのランディングページに受信者を誘導する。半ページのセールスレターと同じ役割を持つ。

・潜在顧客獲得（リードジェネレーション）のためのEメール

ティーザーメールと似ているが、ホワイトペーパーなどの資料を請求するためのランディングページやトランザクションページに受信者を誘導することが目的。

・ステップメール

問い合わせを売上につなげるための、メール自動応答システムを使った問い合わせ対応メール。

・メールマガジンのテキスト広告

メルマガに出稿する50語から１００語の短い広告（訳注）で、読者をマイクロサイトやランディングページに誘導する。

・バナー広告

ウェブサイト上の画像や動画を使った広告のこと。ランディングページやほかのページへのリンクが貼られている。

・ポップアンダー広告

ウェブサイトで訪問者がある特定の行動をとると（たいてい、注文せずにサイトから離脱するなど）表示されるウィンドウのこと。無料◯◯などのスペシャルオファーを提示してEメールアドレスを登録させようとする。

クリックファネルズでウェブサイトを作るには

ウェブサイトをつくるにあたって、2種類の「ファネル」の概念を知っておく必要がある。セールスファネルとは、商品のことを知らない消費者が資料請求をする、または購入に至るまでの

訳注：日本だとテキスト広告は１８０字前後が上限のものが多い。

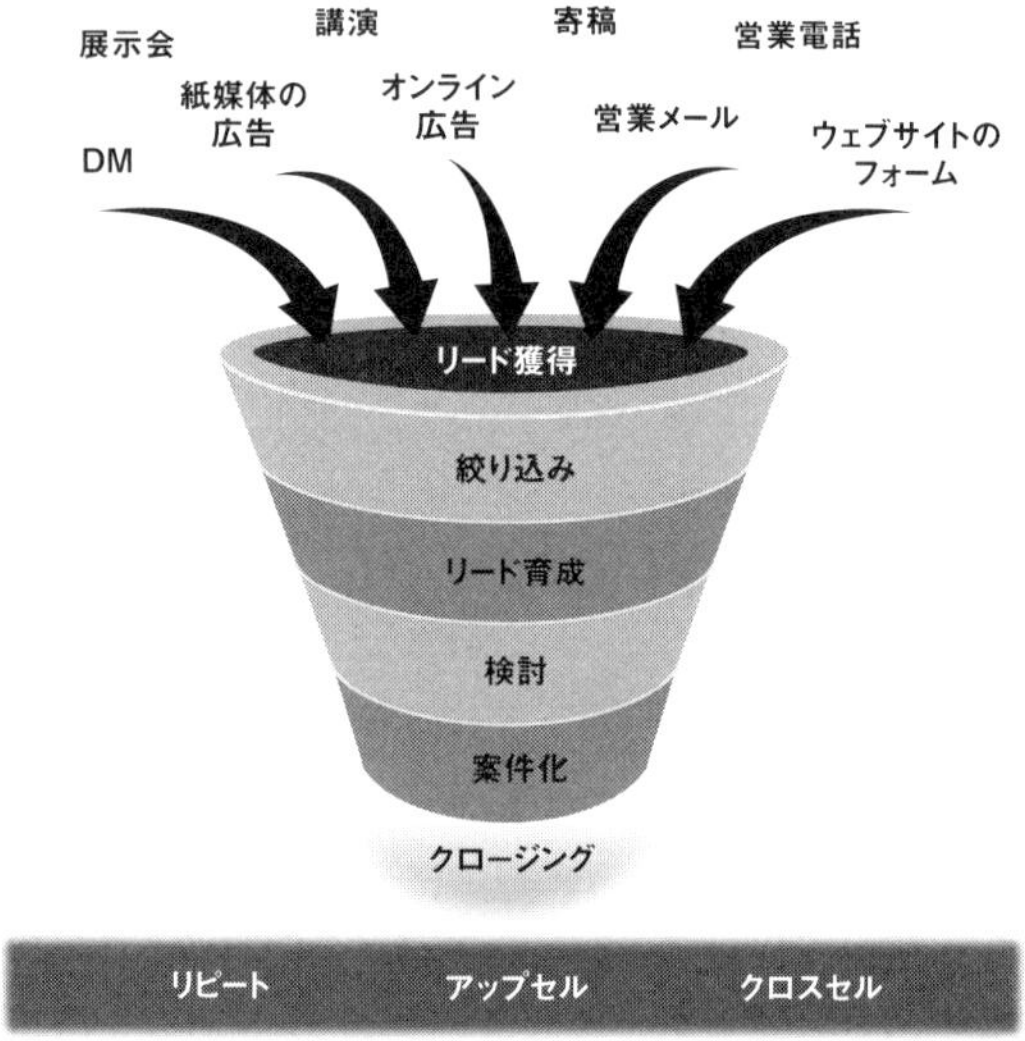

図 11-2　クリックを売上に変える典型的なネット上のセールスファネル

一連のステップのことをいう（図11 - 2）。

クリックファネルズは、セールスファネル全工程が単独のウェブページかサイトで行えるようにデザインされたプラットフォームである。サイトがどのように作られ、デザインされているかは、www.clickfunnels.comを参照してほしい。

クリックファネルズのサイトは垂直型になっている。第1セクションがセールスファネルの最上層。それから、上から順にセールスファネルの層に従って進んでいく。最後のセクションがCTA（行動喚起）。消費者向けのサイトの場合、CTAは製品購入のボタンになる。

クリックファネルズで制作するウェブサイトは、一番上から一番下まで、第4

章で説明した「買わせるステップ」の順に構成される。復習すると、「買わせるステップ」は、（a）関心を引く、（b）潜在顧客の悩みや関心事、製品へのニーズを提示する、（c）製品が悩みやニーズへの解決策であることを示す、（d）競合製品よりも優れていることを示す、（e）ＣＴＡで購入へと誘導する、という流れになる。

各ステップがファネルの各層に対応している。スペースに限りがあるので、クリックファネルズのサイトではコピーが比較的短く、箇条書きが使われることが多い。

セールスファネルの実証段階では、実証の仕方が「お客様の声」など複数あることもあるので、いくつかのレベルにまたがることもある。お客様の声の次には、例えば、製品の仕組みや製造方法、材質などの製品説明。その次は、製品の受賞歴や、メディアでの紹介などが考えられる。それから、製品の優位性を示す臨床試験やテストの結果など、科学的な証拠を提示することもある。

シングルページ・ウェブサイトと似ているところはあるものの、クリックファネルズは潜在顧客獲得か購入のみを目的としたセールスページだ。一方、シングルページ・ウェブサイトはセールスページではなく、会社のウェブサイト全体に使われるフォーマットである。

ウェブサイト用のコピーについてもう一言

1998年4月にウェブサイト（www.bly.com）を開設してから、宣伝メールやファックス、電話をネットサーファーからもウェブサイト制作業者からも山ほどいただいた。どうすればウェブサイトを改善できるか、いろいろとアドバイスしてくれる。残念ながら、そういった提案の90％以上がまったく見当違いで、そんなアドバイスに従っていたらお金と時間の無駄になってしまう。

ウェブコンサルタントがグラフィックスやコンテンツについてロクな意見を持っていないとか、ウェブサイト制作業者が大した考えを持っていない、というわけではない。それどころか、良いアイデアを持っていることは多い。

何が問題かというと、そういったアドバイスはどれもウェブサイトの商売上の目的を考慮に入れていないのだ。例えば、あるウェブコンサルタントには、「トラフィックが伸び悩んでいますね。トラフィックを伸ばすお手伝いをしましょうか？」と電話営業で言われた。うちのウェブサイトのヒット数がニューヨーク・ヤンキースよりも上になるようにしてあげましょう、と言うのだ。ヒット数を増やしたいという希望はまるでない、御社のサービスには興味がない、と丁寧にお断りした。

はっきり言って彼は困惑していた。あなたも困惑しているかもしれない。ヒット数を増やしたくない、とは一体？　増やしたい人はいっぱいいるというのに。しかし、ウェブサイトを改善して成果を出すためには、まずサイト所有者の事業と、彼らがそのサイトに課している事業上の目的を理解しなくてはならない。

うちのサイトでいうと、私はダイレクトマーケティング専門のフリーランスのライターである。大手のダイレクトマーケティング会社や一流企業やテック会社といったハイエンドの顧客が相手であり、料金も当然高い。

そのため、ウェブサイトを開設している多くの起業家とは2つの大きな違いがある。

第1に、ネット利用者の99・99％が私の潜在顧客ではない。私は客を厳選するので、マーケティングについて無料情報やアドバイスを求めてネットサーフィンをしているような零細企業やスタートアップ、家族経営の会社、ＳＯＨＯ、自称起業家などの仕事を請け負うことは滅多にない。

第2に、さばききれないくらいの案件を抱えているので、うちのオフィス（助手は2人いる）では商売に結びつく可能性が低い潜在顧客に対応している暇はない。ネットサーファーからの問い合わせへの対応は時間も労力もかかるが、すでに抱えている顧客はたくさんいる。そういう時間や労力は顧客にかけるべきだ。

それでは、なぜウェブサイトを開設したのか？　それこそが重要な質問で、助言をくれる人たちにこの質問をされることはほぼない。

うちのウェブサイトは、何より、絞り込みされた潜在顧客が気軽に問い合わせできるように開設された。

どういうことか説明しよう。インターネットが誕生する前は、うちのサービスを検討してくれている潜在顧客から電話があると、サービスの資料一式を送付していた。これだと速達や宅配便の経費が膨大になる。それに、速達や宅配便を使っても、潜在顧客は資料が手元に届くまで最大で24時間も待つことになる。

ウェブサイトがあれば経費も待ち時間もなくなる。潜在顧客に資料を求められれば当然送付するが、うちのサービスを利用するかどうか決定するために必要な情報はすべてウェブサイトに掲載されていることもお伝えする。

それでは、一体どういう情報が必要なのだろうか。友人のロジャー・C・パーカーは、『Roger C. Parker's Guide to Web Content and Design』（仮邦題：ウェブコンテンツとデザインのガイド）という著作でウェブサイトのコンテンツには次の２つが必要だと述べている。

1. 商品を購入するために潜在顧客が必要とする情報
2. 商品を購入するべきだと潜在顧客に確信させる情報

うちのウェブサイトはこの2分野をカバーしている。1番の項目には、以下などがある。

- サービスの概要（ホームページ）
- 手がけた作品のサンプルをサイトで公開
- 各サービスについての説明ページ（コピーライティング、コンサルティング、コピーの批評）
- 経歴（「ボブ・ブライについて」のページ）

コピーライティングはこの人に任せるべきだと納得してもらうための情報には、こういった項目がある。

- お客様の声
- 成功例を取り上げたケーススタディ

・著作（マーケティング本）の紹介
・ハウツー本の著作（マーケティング本）のリスト
・どんなニーズにも対応できるコネクションがあることを示す、推薦業者のリスト

見てお分かりの通り、うちのウェブサイトは完全に潜在顧客のニーズを想定して作られたものであって、ネット上でたまたまうちのサイトを見つけた人向けではない。ということは、私はあなたにうちのサイトを訪れてほしくないのだろうか？　まったくそんなことはない。その逆で、ぜひうちのサイトを訪問してみてもらいたい。私が投稿した無料の記事を閲覧したりダウンロードしたりしてみてほしい。それに、サイト上で私の著作を購入してくれたらなおのことうれしい（とはいえ私から直接購入するわけではなく、Amazonへのリンクが貼ってある。うちのサイトを通じて書籍が購入されると、その売上の15％がうちに入る）。

SEO対策

グーグルの台頭とともに、SEO（検索エンジン最適化）という新しい分野が生まれた。

ウェブサイトのコピーを書く際には、読者の反応だけでなく、使用した単語が検索に引っかかって検索エンジンやディレクトリのランキングが上がるかどうかも検討しなくてはならない。グーグルはランディングページやシングルページ・ウェブサイトよりも、コンテンツが複数のページに分かれている従来型のウェブサイトの方を高く評価する。従来型のウェブサイトだと、通常、各製品、各サービスについてそれぞれページが作成される。各ページには、そこで取り上げるテーマに関連したキーワードが盛り込まれている。例えば、エクササイズ機器のメーカーのウェブサイトに腹筋マシンのページがあったとしたら、腹筋マシンが欲しい潜在顧客は製品を探すためにどのようなキーワードを検索するだろうか？　腹筋、腹筋マシン、腹筋エクササイズ、シックスパックなどが考えられる。

あなたのウェブページに関連性の高いキーワードを探すのに役立つオンラインツールはいろいろとある。例えば、エイチレフキーワードエクスプローラー、グーグルサーチコンソールなどである。

各ページに2つか3つのキーワードを盛り込むべきだ。1番重要なキーワードはページの大見出しに使う。できれば、大見出しの最初の1語で使いたい。それから、本文コピーでも使おう。可能であれば、そのキーワードに関連した他ページへのリンクを貼るといい。

メタタグでキーワードを使うのも、ＳＥＯ対策として有効だ。メタタグはサイトの訪問者には見ることができない。各ページのＨＴＭＬに組み込まれている。

誰かがあなたのページに盛り込まれたキーワードを検索すると、メタタグのおかげで検索エンジンがあなたのページを見つけてくれる。「メタディスクリプション」と「タイトルタグ」が最も大切な2大メタタグだ。グーグルがあなたのページを見つけるのに使うのがメタディスクリプションである。

誰かがキーワードを検索してあなたのページがヒットすると、通常、「メタディスクリプション」がグーグルの検索結果に表示される。ページのコンテンツを分かりやすく伝える、パソコン版なら１２０字程度、モバイル版は50文字程度の紹介文である。紹介文の冒頭でキーワードを使うこと。

「タイトルタグ」はページタイトルのことで、パソコン版なら35字以内、モバイル版なら41字以内にする。ここでも、キーワードはメタタグの最初に持ってくること。ＨＴＭＬではＨ１がメインタイトルである。

ページ上やメタタグ内でできるだけたくさんキーワードを詰め込めばＳＥＯ対策として効果的だと思うかもしれない。だが、キーワードを詰め込みすぎると裏目に出ることがある。キーワードが詰め込まれたページは検索エンジンのアルゴリズムによってはじかれたり、ときにはページやサイトがペナルティを受けたりすることもある。さらには、キーワードが詰め込まれたページは不自然で読みづらくなる。

ユーザーが求める情報を反映したキーワードであれば、ＳＥＯの効果は高い。例えば「歯科医」ではなく、「ボストンの美容歯科医」のように、１つではなく数個の単語で的確に言い表した表現を使うこと。

本文にもキーワードを自然に盛り込むことで自然な文章になる。例えば、「現代のテクノロジー」ではなく「現代の美容歯科学のテクノロジー」にすれば、キーワードが自然に盛り込める。

第12章 Writing Landing Pages

ランディングページを作るには

「ランディングページ」とは、サイト訪問者からあなたへの何らかの働きかけを引き出すための専用ページのことである。訪問者のEメールアドレスや氏名などの情報を取得するために作られている。

「コンバージョン」とは、訪問者がボタンなどをクリックすることでセールスファネル（潜在顧客の絞り込み）の次の段階に進むことを言う。ランディングページにはいろいろな目的があるが、次に代表的な例を挙げてみよう。

・オプトインする
・メールマガジンの会員登録を行う
・ホワイトペーパーなどのコンテンツをダウンロードする

・フォームに入力する
・ペイパルなどの電子マネーやクレジットカードを使ってネット上で製品を購入する

ＣＴＡは訪問者に特定の行動（ウェビナーの登録など）をとるように呼びかけ、そのやり方を説明する（ウェビナー参加登録のフォームに記入して送信する、など）。

ブログやバイラル・マーケティング、ソーシャルネットワーキングなど、訪問者数とトラフィックを伸ばすための新しい方法はいろいろとある。しかし、いくらトラフィックを伸ばしても、ユニークユーザー（訳注）を見込み客や顧客に変えられなければ意味がない。

そこで、ランディングページの出番だ。ランディングページではコンバージョン率で成果を測る。具体的には、ユーザーがページを訪問した回数（セッション数）のうち、とってほしい行動がとってもらえたのは何回か、である。ページの訪問回数が１００回で、そのうち5回で商品が購入されたら、コンバージョン率は5％になる。

ニュースサイト「ＰＲデイリー」の記事によると、10から15のランディングページを持つ会社は見込み客が55％増加し、ランディングページの数が40以上の会社は、5以下の会社に比べ

訳注：ＵＵ、ユニーク訪問者とも言う。ＩＰアドレスやCookieなどから同一ユーザーと判定された訪問者のこと。

て12倍もの見込み客を取得しているという（注1）。

ランディングページのコンバージョン率を上げるための10のヒント

ランディングページが製品の販売用か、ホワイトペーパーの無料ダウンロード用か、またはウェビナーやデモの登録用かにより、コンバージョン率は1％以下から50％以上まで大きく幅がある。ここで、最大限のコンバージョン率が得られるランディングページを作るための10のヒントを授けよう。

1．早い段階で信頼を勝ち取る

昔から広告は疑いの目で見られてきたものだが、スパムメールや怪しい業者が増えたせいで、ネット広告の信用はガタ落ちである。そのため、ランディングページのコピーは訪問者の不信感を払拭できるものでなければならない。1つの方法としては、訪問者が最初に目にする画面で「信頼性を醸し出すもの」をかならず1つは明示する。知名度が高い会社なら、ページ最上部のバナーにロゴと社名を入れる。大学や協会などなら、公式印を画面左上に表示する。バナーの中かすぐ下、大見出しの上に、効果的な「お客様の声」を1件から3件くらい入れる。企業の使命や業績をまとめた小見出しを入れてもいい。

2. 購入しない訪問者のEメールアドレスも取得する

ランディングページを閲覧しても製品を購入はしない訪問者のEメールアドレスを獲得する仕組みはいくつかある。

1つには、Eメールアドレスを登録すればレポートやEコースを無料で贈呈というウィンドウを表示させる。ポップアップ広告（ランディングページの表示と同時にこのウィンドウも表示される）でも、ポップアンダー広告（問い合わせも購入もしないでランディングページを閉じようとすると、このウィンドウが表示される）でもいい。マイナス面としては、ポップアップ広告もポップアンダー広告もブロックされることが多い点が挙げられる。

フローティング広告は、横側や上側から出てくるウィンドウのことを言う。ポップアップ広告やポップアンダー広告と違って、フローティング広告はそのウェブサイトのHTMLコードに組み込まれているので、ポップアップブロックでは対処できない。

注1：Daniela McVicker, PR Daily, "10 Mistakes That Will Doom a Startup's First Marketing Campaign," May 7, 2019.

3.「お客様の声」を何件も掲載する

実際の製品ユーザーの感想には、訪問者の疑念を拭い去り、信頼を勝ち取る力がある。ケーススタディやホワイトペーパーをウェブサイトに掲載するのも同じことだ。イベントに顧客を招待するときには、動画で感想を手短に述べてもらえないか頼むこと。

プロの映像作家に撮影してもらい、利用許諾書に出演してくれた顧客のサインをもらい、ウェブサイトにストリーミング動画をアップする。動画はページが表示されると自動再生されるのではなく、再生ボタンをクリックすると再生されるようにしておくこと。

顧客に感想文の執筆をお願いすると、「言ってもらいたいことを書いてくれれば、中身を確認してOKするから」と言われることもあるかもしれない。その場合には、あなたの代筆ではなく、お客様自身の言葉でつづられた感想が欲しいと丁寧に頼むこと。あなたが書いた感想は大げさで宣伝っぽく聞こえるかもしれないが、顧客の手による文章は具体的で詳しく、信憑性が高いものになる可能性が高い。

4.箇条書きを活用する

主な特長やベネフィットは読みやすい箇条書きに短くまとめること。最初に特長を挙げて、ダッシュの後にベネフィットを続けるというのが私の好きなスタイルだ（例えば、「着脱可能な接着剤——自動車のステッカーが車体からもほかのステッカーからもきれいにはがせます」という具合）。

オンラインショッピングをする人は、お得な買い物をしたと思いたいものである。だから、ランディングページで製品を販売する場合には、主な特長と重要なベネフィットを箇条書きでかならず明記すること。

ホワイトペーパーを配布してリード獲得を狙うのなら、特長やベネフィットの網羅的なリストは必要ない。とはいえ、ホワイトペーパーの内容とそのベネフィットをまとめた箇条書きがあれば、ホワイトペーパーのダウンロードのコンバージョン率は上がる。

5．大見出しで好奇心を刺激する

「何だろうと思わせる」「大きく出る」など、大見出しでは何らかの方法で訪問者の関心を引き、読まずにはいられないようにする。物件探しのプロを育てる研修プログラムのランディングページなら、「今すぐ物件探しのプロになろう——ごく一部のインサイダーしか知らない、不動産業で年収1000万以上稼ぐ方法」などと大きく出るといい。

6．語り口調を使う

企業のウェブサイトの大半が、無機質で素っ気ないただの情報だ。しかし、ランディングページは1人の人間から別の人間に宛てた手紙である。そのことを心がけて書くこと。たとえ工業製品を技術者に売るのであっても、相手は人間であること、そしてつまらない思いをさせられたのに商品を買ってくれる人はいないことを忘れてはならない。

7. 大見出しと第1段落に心をつかむフックを入れる

論理的な売り込みでもいいが、感情に訴えかける方がよっぽど効果的だ。特に、潜在顧客があなたの製品やその製品が解決してくれる問題についてどう感じているかを正確に把握できている場合には、心に働きかける非常に強力な売り込みができる。

リード獲得用ランディングページでもうひとつ効果的な戦術は、大見出しやリード文で無料のオファーを提示することだ。例えば、ケイドンのランディングページにはカタログの画像が表示され、その上に「セラミックベアリングの選び方ガイドを無料でプレゼント」と大きく書かれている。

8. 訪問者の問題を解決する

訪問者が抱える悩みをドラマチックに描き出したコピーや魅力的な無料オファーで心をつかんだら、製品（または無料情報）がその悩みをどのように解決してくれるかを示すこと。

コンバージョン率を最大化するために、問題を解決する最速の方法はランディングページに記載された行動をとることであって、（そうしてほしい気持ちはやまやまかもしれないが）ウェブサイトを回遊することではない、と納得させなくてはならない。

だからランディングページにはナビゲーションをつけてはいけないのだ。訪問者は反応するか、しないかの2択を迫られる。ほかの興味深いページを見たくなってしまうので、メニューもリンクもつけてはいけない。

9．タイミングよく、最新の情報を提供する

コピーが最新の状況や出来事を反映していればいるほど、反応率は良くなる。これは、金融や投資情報の場合や、ちょくちょく変わる法令や規制の対象となる製品の場合には特に大事な点だ。業界や経済、社会問題、トレンドの最新情報に合わせてページを定期的に更新すること。そうすることで、時勢に遅れず、業界で今起きていることをきちんと把握しているのだと訪問者に示すことができる。

10．CTAをクリックしても返金保証があることや、義務は一切発生しないことを強調する

ランディングページで製品を買えるようにする場合、ページ上にかならず返金保証を明示す

ること。

リード獲得用のページなら、ホワイトペーパーやデモ動画、ウェビナーが無料であることを強調する。購入する義務は発生しないことをきちんと伝えること。

効果的なランディングページのほかのポイント（注2）

・大見出しで強力なベネフィットを提示して潜在顧客の心をつかむ。
・コピーの語り手となるマーケティング担当者の名前と、その分野での専門家であることを示す経歴を明示する。
・訪問者に製品を買わせる力がある物語を展開しなくてはならない。
・謳い文句はかならず具体的な情報で裏づける（事実、数値、図表、証言など）。
・すっきりとして読みやすいレイアウトにする。
・訪問者から反応を引き出す主な仕組みは、ショッピングカートやほかのトランザクションページ（無料の電子書籍をダウンロードするためのフォームなど）へのリンクが張られたCTAボタン。

・大きくてくっきりしていてカラフルなデザインのCTAボタンを使う。また、トランザクションページの本文中に出てくるキーワードやフレーズに、注文ページやダウンロードページへのリンクを張ってもいい。リンクが張られたキーワードやフレーズは、通常、青色で下線つきになっている。
・CTAボタンやリンクつきのキーワードとフレーズに加えて、フリーダイヤルの番号を記載すれば電話での反応も得られる。
・コピーも内容も資料も正確で最新でなくてはならない。古い情報を記載すると、訪問者の多くが信じてくれなくなる。
・グラフィックスを使うことでコピーが読みやすくなる。
・逆に、ウェブデザイナーが気に入っていても、コピーが読みづらくなるようなグラフィックスは避ける（例えば、フォントと背景の色のコントラストがない、など）。

注2：Mequoda Landing Page Scorecard, Mequoda Library, Robert Bly, consulting editor.

ランディングページのトラフィックを伸ばす7つのやり方

1．PPC広告（クリック課金型広告）

世界最大規模の検索エンジンであるグーグルで、検索が1日につき55億件行われている。そこで、検索キーワード連動型のPPC広告（クリック課金型広告）というものがある。クリック1回の料金は、購入するキーワードの人気度により10セントから1ドル超と幅がある。キーワードの価格が1クリック30セントで、そのキーワードの検索結果に表示されたあなたのサイトを1日に100人がクリックしたら、グーグルから30ドルが請求される。1日の限度額を設定できるので、予算に合わせて利用できる。

2．アフィリエイトマーケティング（成功報酬型広告）

あなたのサイトと市場が重なるウェブサイトを見つけよう。そして、アフィリエイターになってもらい、そのサイトやメールマガジンにあなたの製品を取り上げてもらうのだ。オンライン広告やメールの宣伝文、製品が紹介されたウェブページには、あなたのサイトへのリンクが貼られていて、リンクをクリックすれば製品が購入できるわけである。アフィリエイターは売上の15%から50%を手にする。

3．コ・レジストレーション（共同登録）

コ・レジストレーションでは、ウェブサイトを訪問するとスペシャルオファーがいくつか記載されたポップアップ・ウィンドウが表示される。一番よくあるのは無料のメルマガ登録。メルマガやそのほかのオファーをポップアップ・ウィンドウに表示してもらうように手配しておけば、従来型のEメールマーケティングよりも低コストで大量の新しいリードが獲得できる。

4．バナー広告

バナー広告は確かに効果があるのだが、テストを慎重に行うべきで、あまり大きな期待を寄せるべきではない。通常、ほかのトラフィック獲得手段と併用するものであり、メインとなることは滅多にない。当然、例外はあることにはあるが。

5．Eメールマーケティング

広告宣伝の受信を承諾したユーザーのリストを購入して宣伝メールを配信するのは、リード獲得の方法としてはお金がかかる。1000個のEメールアドレスを200ドルで購入したとして、クリック率は2%でそのうち10%がメルマガに登録したとする。2名の新しい登録者を獲得するためにかかった費用は、何と1名100ドルなのである。B2BよりもB2Cの方が消費者リストの価格が低いため、B2Cの方が、きちんとテストを行えばEメールマーケティングに成功する可能性が高い。

6．オンライン広告

Eメールリストに宣伝メールを配信すると1000件ごとに100ドルから400ドルの費用がかかるが、それよりもメルマガに小さなオンライン広告を出稿する方が、1000件ごとに20ドルから40ドルと低コストで済む。メルマガの配信会社に広告の形式と長さを指定されるが、通常100語（訳注：日本語の場合は180字前後）のテキストでURLは1つと指定される。広告が掲載される位置がメルマガの冒頭に近ければ近いほど反応率が良くなる。

7．バイラル・マーケティング

一番シンプルなバイラル（訳注：クチコミ）・マーケティングは、配信する宣伝メールに「このメールをご友人に転送して、ぜひご友人にもこのスペシャルオファーをお知らせください」と一言付け加えることだ。効果を上げるためには、無料のオファー（よくある例は無料のコンテンツ）や製品割引など、スペシャルオファーをこのメールで宣伝すること。

第13章 Writing E-mail Marketing

Eメールマーケティングを実施するには

コピーライターが書くメールには基本的に2つの型がある。1つ目はメーリングリストに配信する、製品やオファーの宣伝メール。2つ目はメールマガジンだ。マーケティング目的で作成し、Eメールで配信するニュースレターのことである。無料メルマガの登録者を募ることで潜在顧客のメーリングリストを作成する、というのが典型的な戦略である。こうして潜在顧客のEメールアドレスを獲得すれば、メルマガ（こちらにも製品の広告を載せることもできる）も、製品の宣伝メールも配信することができる。

Eメールマーケティングで結果を出すための15のヒント

宣伝メールを開封して読んでもらえるか、一目でごみ箱行きになるかは、コピーが決めるところが大きい。次に紹介する15のテクニックを使えば、メールを開封してウェブサイトへのリンクをクリックするなど、何らかの形で反応してくれるメール受信者の数を最大化できることが実証されている。

1. 件名はDMのティーザーコピーのように短くて注意を引いて好奇心を刺激するものにする。見るからに宣伝だとメールは読んでもらえない。メール受信者が思わずメールを読みたくなるようなものがいい。

2. 自社メーリングリストにメールを配信するなら、差出人に社名を明示すること。購入したメーリングリストに配信するなら、差出人はそのリストの所有者にしてもいい。それがオプトイン・リスト（広告宣伝の受信を承諾したユーザーのリスト）で、リストの所有者（例えばあるウェブサイト）がユーザーと良好な関係を築いている場合には特に効果的だ。

---

3. 差出人を誰にするかは些細なことで大事じゃないという説もあれば、非常に大事だという説もある。ネット広告専門のコピーライターのイヴァン・レヴィソンはこう述べている。「差出人にはよく『〇〇チーム』を使っています。エネルギーや熱意にあふれた聡明な人たちがその製品を支えているように映るので」

4. 無料というのは、従来型のダイレクト・マーケティングでは反応率をアップさせる魔法の言葉だ。インターネットの世界でも有償よりも無償のオファーが好まれるものだが、件名には無料という言葉を使わないEマーケターもいる。

なぜなら、ユーザーがインストールしている迷惑メールフィルターではじかれてしまう可能性があるからだ。件名に「無料」が入っているメールは宣伝メールだと判定する迷惑メールフィルターは多い。

メールチンプによると、スパムではないメール5件のうち1件が迷惑メールフォルダに振り分けられてしまうという。とはいえ私の経験では、迷惑メールフィルターではじかれたとしても、「無料」という言葉を使うと反応率はたいてい良くなるものである。

5. メール本文のヘッドラインか1文目は絶対に心をつかむものにすること。最初から大きなベネフィットを打ち出すべきだ。DMのティーザーコピーか、セールスレターのヘッドラインを書いているつもりで挑んでほしい。

6. 第1段落でメッセージ全体を簡潔にまとめて提示する。オファーを提示して、受信者がその場で反応できるようにする（ウェブページへのリンクをクリックするなど）。そうすることで、すぐに気がそれてしまうネットユーザーへの訴求力が高まる。

7. 第1段落以降は、特長、ベネフィット、実証など、受信者に購入を決意させるのに必要な情報を取り上げる。短い段落1つでは詳しいことは分からないという潜在顧客に対しても訴求力が高まる。

8. 従来のDMと同じく、Eメールの終わりでオファーとその利用方法をふたたび提示する。かならずメールの冒頭でも提示すること。そうすれば、メールを読む時間がない多忙なネットユーザーでも数秒見ただけで話が分かる。

9. 経験上、メールにリンクをいくつも貼っておくと最初の2つに反応が集中すると言える。そのため、メールに貼るリンクは3つまでにしておいた方がいいだろう。ただ、5つか6つの短いセクションに分かれたメルマガは例外。各セクションで違うテーマを取り上げて、それぞれにリンクが張られるからだ。

10. マージンは広めにとること。改行や折り返しのせいでおかしな具合に表示されると困る。1行55〜60文字（訳注：日本語の場合は20〜30字程度）にすること。1文が長くなりそうなら改行を入れる。

11. 太文字は多用しすぎないこと。太文字で目立たせることもできるが、太文字はここぞというところで使おう。全部太文字だと読みづらくなる。

12. 一般的に、短い方がいい。古典的な通販のテクニックで「書けば書くほど売れる」という法則があるが、ここでは当てはまらない。Eメールには独自の文化がある。受信者は大量のメールを次々とさばいていくので、1件に時間をかけてくれない。

13. メールをどれくらいの長さにするにしても、重要なポイントはすぐに伝えること。詳しく知りたいと思った人はランディングページへのリンクをクリックしてくれる。主なベネフィットやスペシャルオファーは冒頭で提示するべきだ。

14. ストレートに売り込むのではなく、相手に寄り添って、相手が必要とする情報を懇切丁寧に教えること。「情報はサイバースペースにおける通貨である」とジョー・ヴィターリは述べている。従来型の大げさなセールスレターでは効果がない。ただ宣伝しているだけのセールスレター、Eメールだとうまくいかないのだ。
「最高」のサービスだとか、「高品質」だとか書かずに、具体的に書くこと。どのように最高なのか？　高品質とは具体的に何を指しているのか？　あなた以外にそう評価している人は？　情報は通貨とはいえ、受信者を退屈させてはいけない。受信者は重要な情報を求めている。だから、重要な情報を伝えればいい。

15. 受信者がオプトアウト（訳注：配信停止、受信拒否）できるようにすることで、「スパムメールだ！」と思った受信者の怒りを買い、炎上しないようにする。受信を希望しない人は簡単なステップで宣伝メールの配信を停止できる旨を記載すること。

長い宣伝メールVS短い宣伝メール

「Eメールマーケティングで一番効果的なのは、長いメールですか、短いメールですか？」とよく聞かれる。

特にダイレクト・マーケティングで、コピーの長さは問題になる。その理由を説明しよう。通説では、ネットだと短いコピーの方が効果的だとされている。オンラインマーケティングの専門家たちによると、従来の郵送物とは違ってEメールは瞬時に読まれる。ネットユーザーは集中力が持続する時間も短いので、クリックしてメールを閉じれば長いメッセージもきれいに忘れてしまう。

たいてい広告主もコピーは短い方がいいとたいてい信じている。印刷広告では大判の写真に言葉がちょこっと添えられているものも多い。そのため、「読まれないから」とオンラインマーケティングの専門家たちが説くベスト戦略も抵抗なく受け入れられる。

しかし、長文のＤＭで商品を売る従来型のダイレクト・マーケティングを行う会社（ニュースレターの配信会社、セミナーのプロモーター、雑誌、ブッククラブ、生命保険、オーディオカセット、栄養サプリメント）は困ってしまう。

「印刷物では、売るために長文コピーを使わないわけにはいきません。長くないと注文が取れないので。何度も短文コピーを試してみました。だって、インク代も紙代も安く済むのだから、短くていいなら誰だってその方がいいでしょう？　でも、うちの商品だと短文コピーはうまくいかないんです。オンラインマーケティングのコンサルには、Ｅメールは数段落だけに抑えろと言われています。紙媒体では数段落だと売れないのに、ネットだと異なるということはあるんでしょうか？」

そう思うのも無理はない。購入方法がオンラインだからといって、買う気にさせるプロセスが変わるわけではない。購入を決断するのに情報が必要なら、注文するのが紙媒体でもウェブサイトでも情報は必要なのだ。

だが、オンラインマーケティングの専門家たちは少なくとも事情が分かっているはずだ。4ページのセールスレターをまるごと長文メールで送っても、最初の方をちょっと読んだだけでメールは捨てられてしまうだろう。

この問題を解決するための頼れるガイドラインを教えよう。第1に、「短い」と「長い」を定義する必要がある。

オンラインマーケティングの専門家が「短い」メールと言うとき、おそらく3段落か4段落しかないメールのことを言っているのだろう。つまり、長いコピーは効果がないというときは、数段落以上のメールのことを言っているわけである。

「長いコピーは効果がある」と私が言うときは、典型的な印刷物のDMではなく、典型的なEメールと比べて「長い」という意味である。「長い」メールといっても画面を数回スクロールダウンするくらい。セールスレターで言うと1ページくらいで、DMとしては短く、8ページのレターには程遠い。

第2に、ネット上のコピーが印刷物のコピーと比べてどれほど短いのか定義する必要がある。印刷物のコピーを全文まるごとEメールにしていいのだろうか？　半分の長さにまとめるべきか、いや、それでも長いくらいだろうか？

ネット上のコミュニケーションを知り尽くしたキャシー・ヘニングは、「一般的に、ネット上の文章は印刷物の半分か、それ以下の長さにするべきです」と述べている。正確な数値というわけではないが、出発点としておおよその目算にはなる。

第3に、これが最も重要なのだが、Eメールマーケティングは Eメールだけに限った話ではないということを忘れてはいけない。2つの部分から成り立っているのだ。

Eメールに記載されるのはメッセージの前半でしかない。メールには、ウェブサイトやサーバーへのリンクが張られている。受信者がリンクにクリックすると、そのページが表示され、残りの部分と注文ボタンなどが表示される。

従来型のDMでは極端な配分になっていて、セールスレターや資料が98％で、残り2％が注文書となる。Eメールマーケティングでは、バランスがここまで極端ではなくて、配分がいろいろとある。

次ページのEメールマーケティングの図表では、コピー全体をEメールと反応ページに分けるさまざまな配分を示している。図13-1にあるように、4つのやり方がある。

---

1. 短いEメールとランディングページ（左上）――リード獲得が目的の場合、ランディングページへのリンクが張られた短いEメール（3～4段落）が多く用いられる。リード獲得のためのランディングページはウェブフォーム、大見出し、数段落のオファーの説明、個人情報を記入して送信するフォームで構成される。この形式はリード獲得のためのDM（従来型の1ページのセールスレターと返信ハガキ）と長さもスタイルも似ている。

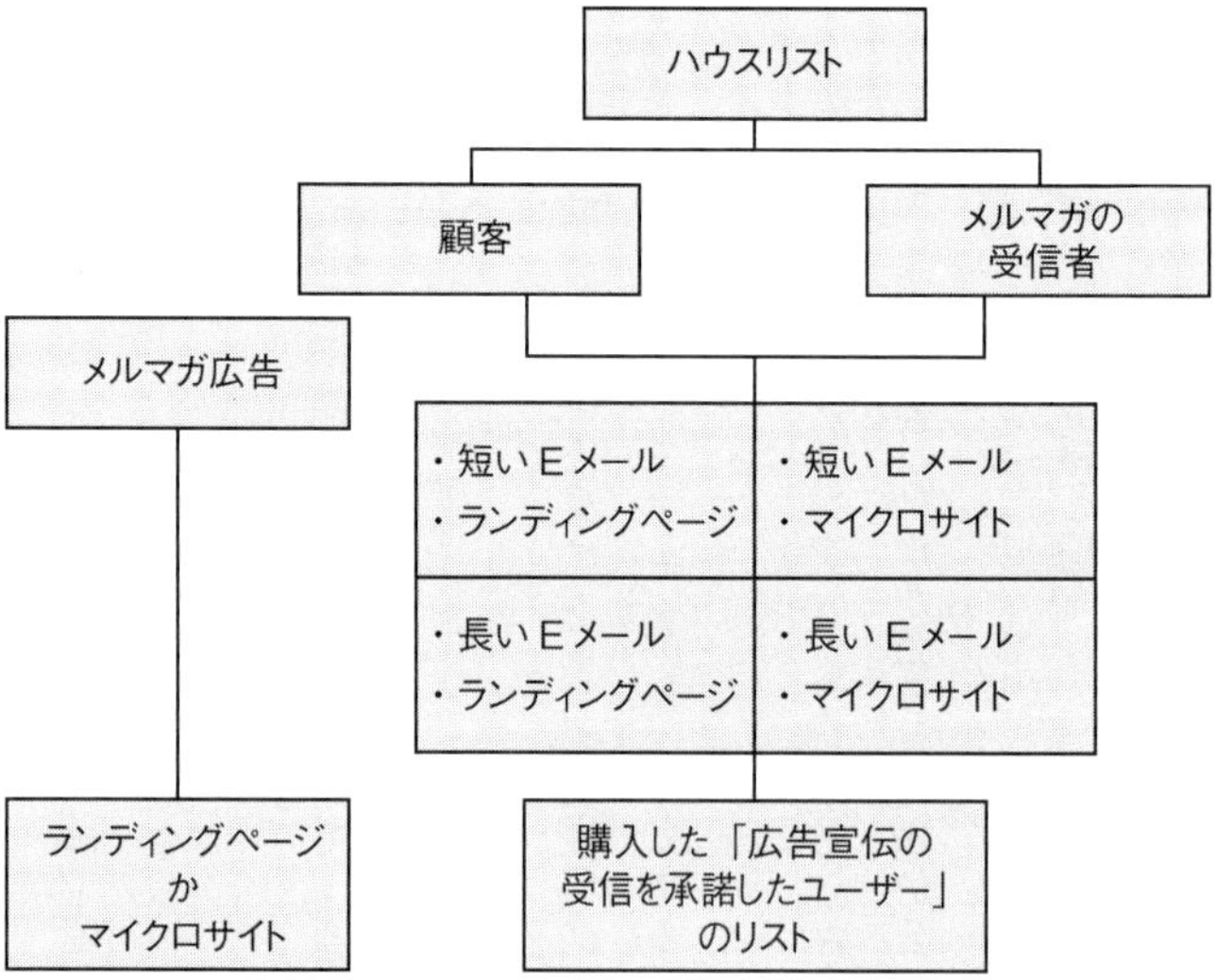

図 13-1　Eメールの長さのガイドライン

2. 長いEメールとランディングページ（左下）――メールがオンラインマーケティングの基準では長いこと以外、1と同様である。便宜上、短いEメールは印刷すると半ページ程度のものと定義する。印刷すると1ページ以上になるEメールは長いEメールとする。このパターンは長さとスタイルが1～2ページのセールスレターと似ている。

3. 長いEメールとマイクロサイト（右下）――長いEメールとマイクロサイトを使うパターンである。マイクロサイトはオファーのために用意された特設ページのこと。通常1画面のみのランディングページと異なり、マイクロサイトだとコピーが長いので複数の画面にわたる。別々のページに分けるか、1つのページにまとめて閲覧者がスクロールダウンするようにもできる。このパターンだと最大限長いコピーが使えるので、マガログ（雑誌のような長文コピーのメーラーDM）などの分厚い郵送物をオンライン化するのにぴったりである。

4．短いEメールとマイクロサイト（右上）――短いEメールで相手の興味を引き、反応してくれた人には長文コピーのマイクロサイトで対応するという方法。大量のコピーが必要なのだが、長いEメールはおそらく読んでくれない潜在顧客を対象とする場合に最適である。

結論：Eメールマーケティングは大長編の超大作メールを書く必要はない。反応を引き出すEメールと、それに対応するウェブページで戦略的にコピーの量を分け合えば、多忙な潜在顧客もメールを見た瞬間に警戒心マックスにはならず、売り文句を聞いてもらうことができる。

ステップメールを作成するには

「ステップメール」とは、潜在顧客のEリストを作成してオンラインマーケティングの収益を上げる、効果が実証済みのモデルである。ここで、その仕組みをごく単純に説明しよう。

1. 無料コンテンツを作成する。
2. 無料コンテンツをネット経由で提供する。
3. 受け取ってもらえたら、今度は有償の商品をネット経由で提供する。

それでは、各ステップを詳しく説明する。まずは無料コンテンツの作成から。この段階が一番楽だ。すでにあるコンテンツを、価値のある情報として作り直せばいい。長いものである必要はない。以前書いた記事を転用するのでかまわない。オンラインでのキャンペーンのために作成したスペシャルレポートを使ってもいい。もしくは、特典としてDMに同封していたスペシャルレポートの使い回しもできる。

特典は「スペシャルレポートの無償提供」と謳われることが多い。たいてい、ＰＤＦでダウンロードできるようになっている。複数ページのＨＴＭＬ文書にしてネット上で公開する場合もある。

第2のステップでは、無料コンテンツをネット経由で提供して潜在顧客のＥメールアドレスを取得する。無料コンテンツがダウンロードできるウェブページに潜在顧客を誘導する方法はいろいろとある。1つには、潜在顧客のリストにＥメールを送ればいい。「スペシャルレポートがウェブから無料で入手できます」と宣伝するのである。無料レポートを入手するために、メール受信者は本文中に埋め込まれたＵＲＬをクリックする。

コンテンツがダウンロードできるＰＤＦファイルの場合、短いトランザクションページが表示される。Ｅメールアドレスを入力すれば、ＰＤＦをダウンロードしたり印刷したりできるようになっている。

複数ページのＨＴＭＬの場合も、短いトランザクションページが表示される。Ｅメールアドレスを入力して「送信」ボタンを押すと、ＨＴＭＬ文書がアップされたマイクロサイトが表示される。

ＨＴＭＬ文書内には、有償製品のランディングページやトランザクションページへのリンクをいくつか貼っておくこと。特典の無料レポートをネット上で閲覧中にリンクをクリックして有償製品を注文する人も多い。

いずれにしても、メール受信者はEメールアドレスを登録しないと無料レポートを読むことができない。それがネット上でコンバージョンを発生させるカギである。

ほかにも、オンラインマーケティングキャンペーンでリード獲得のために使える方法は数多くある。ハガキで大きな成果を上げる人もいれば、メルマガのバナーやオンライン広告を使う人もいる。

最後に、潜在顧客は製品を購入してくれる顧客に変身させなければならない。ここまでで2つのことが起こっている。第1に、潜在顧客のEメールアドレスを取得しているので、実質コストなしで何度でも宣伝メールが送信できる。第2に、無料の記事やレポートをダウンロードしたということは、少なくともそのテーマに関心を持っているということが判明している。コンテンツは無料なので、この時点ではそのテーマに関連した製品を購入するかどうかまでは分からない。とはいえ、（a）テーマに関心があり、（b）オンラインマーケティングに反応するということは、この潜在顧客は絞り込み済みのリードだと言える。

次のステップでは、無料コンテンツの利用者を有償製品の購入者に変換するために、「ステップメール」と呼ばれる一連のメールを送る。

経験上、ステップメールは3回から7回送信すると最大の効果が得られることが分かっている。

ステップメールで毎回売り込みをかけるマーケターもいる。つまり、どのメールにも製品注文用のページのURLが貼られているのである。

一方で、最初の2通では売り込みをかけずに、無料コンテンツを読みたくなるようにコンテンツの記載情報を宣伝するマーケターもいる。ときには、別の無料コンテンツを投入する場合もある。購入を迫るのではなく、まず信頼関係を築こうとするのである。

それ以降のメールで売り込みをかける。全7回のステップメールの場合、1回目や2回目は信頼醸成のために使われ、残りが売り込みのために使われる。

受信者がEメールのURLにクリックすると、ランディングページかトランザクションページが表示される。ランディングページには製品とオファーについてしっかりと説明が載っている。こんなに素晴らしい製品なんですよ、と売り込むのである。一方、トランザクションページには製品情報は最低限しか載っていない。言ってみればネット上の注文フォームなのだ。

コピーは多ければ多いほど売上が上がるという考えから、Eメールにはかならずランディングページへのリンクを貼るマーケターもいる。一方で、売り込みのためのメールが長文なら同じ内容をランディングページで繰り返す必要はないため、短いトランザクションページしか使わないマーケターもいる。

ステップメールでは送信のタイミング、送信回数、信頼醸成と売り込みメールの回数をいろいろ工夫することができる。典型的なパターンは次の通りである。

1日目

1回目送信（信頼醸成メール）。無料コンテンツを請求してくれたことへの礼を述べ、無料コンテンツにどんな価値があるかをふたたび説明する。

2日目

2回目送信（信頼醸成メール）。無料コンテンツを読んでもらえるように、その価値を強調する。無料コンテンツで紹介されている中でも優れたアイデアやヒント、戦略を取り上げる。

4日目

3回目送信（売り込みメール）。製品の無料30日間トライアルの案内。どんなに優れた製品か売り込む。

7日目

4回目送信。無料トライアルを利用して製品を入手すれば悩みが解決できると説く。

14日目

5回目送信。30日間無料トライアルの終了期限が近づいていることを知らせて、製品を再度売り込み、このチャンスを逃すと手遅れになってしまうから今すぐ申し込むようにと説く。

ステップメールはほかのオンライン広告や宣伝と同じように書けばいい。同じコピー、コンテンツ、構成を使う。第1段落で興味を引き、関心を呼び起こし、製品への欲求を生み出し、注文を呼びかける。

ただし、1つ大きな違いがある。レポートや記事などの無料コンテンツをメール受信者自身が請求したから、そのフォローアップとしてこのメールが送られたのだということをかならず第1段落で伝えること。これには2つの利点がある。

第1に、こう書けばメールを読む義理をいくばくかでも感じてもらえるかもしれない。何といっても、相手は貰い物をしたのだから。第2に、無料コンテンツが気に入ってもらえていれば、自然と同じようなものがまた欲しいという気になる。

おそらく、ネット上で商品を販売するマーケターなら誰でもステップメールを試してみる価値はあるだろう。

オプトインした受信者のリストを購入してメール配信登録を呼びかけるだけではうまくいかない。ネットユーザーは見知らぬ他人からは買わない傾向があるからだ。しかし、無料の記事やレポートと交換ならメールアドレスを登録してもらえる。試してみて損はない。

配信先が正しい顧客層で、無料コンテンツがよくできていて価値のあるものなら、受信者は同じようなものを求めて関連した製品の30日間無料トライアルを使ってみようという気になる。

そして、製品が品質も価値も高ければ、キャンセルして返金を求められることはほとんどない。これで、無料コンテンツの利用者が製品の利用者になった。ステップメールの目標が果たせたわけだ。

メルマガを作成するには

多くのマーケティング担当者にとって、オプトインの自社メーリングリスト（オンラインマーケティングでは大事な財産）を作成する最速の方法が、オンラインのニュースレター、つまりメールマガジンの無料配信登録である。

無料のメルマガはニュースレターのオンライン版で、郵送ではなく電子メールで配信される。費用と労力の面で多大なコスト削減となる。ほとんどコストをかけずに、クリックするだけで何千人もの潜在顧客や顧客にほぼ瞬時に配信できるのだ。

メルマガの大規模な登録者リストが完成すれば、いつでも必要なときにネット経由で潜在顧客に宣伝メールを送ることができ、ほかの手段では得られなかった何千ドルもの売上アップが実現できる。それに、印刷代と郵送代で何千ドルも節約できる。

潜在顧客をメルマガ登録ページに誘導するためのオンラインマーケティングツールはいろいろとある。メルマガ配信にはEメールアドレスの登録が必須だが、それ以外に氏名の入力も必須にすればEメールを送る際にパーソナライズメールが送信できる。

こういったトラフィック強化の手段には、バナー広告や、似たような顧客層に配信されるメルマガに出稿するオンライン広告、PPC広告、それにメルマガの登録サイトのSEOなどがある。

一般的に、メルマガ登録者のリストが大規模で絞り込まれているほど、オンラインマーケティングの収益が大きくなる。メルマガ登録者が1000人いたら、クリック率（CTR）1

パーセントだと10名しかランディングページを訪問しないが、登録者数が100万人なら同じクリック率で1万人が訪問する計算になる。

しかし、登録してもらうだけではオンラインマーケティングのツールとして効果はない。メルマガを開封してもらえなければ、どんなに広告やオファーを盛り込んでも反応は引き出せない。それに、継続的に読んでもらえなければやがて登録を解除されてしまい、ネット上の潜在顧客が1名失われることになる。

経験上、開封率、閲覧率、クリック率が最も高い最強のメルマガは、サクッと読める短い段落に分けられた文章で、役に立つハウツーものの情報を伝授するタイプのものである。ハウツー情報は実用的、実践的である方がいい。

メルマガはビジネス哲学を論じたり、複雑なテクノロジーを説明したりする場ではない。読者をウェブページに誘導して、メルマガで取り上げたホワイトペーパーやスペシャルレポートをダウンロードしてもらうためのツールなのである。

ニュースも効果的なコンテンツだが、それだけではハウツー情報ほど強力ではない。ニュースを最大限に活用するには、それにアドバイスやヒントをからめることだ。例えば、金融関係のメルマガで原油を取り上げるなら、石油価格の変動率で儲けるためにどの銘柄を買えばいいか教えるという具合である。

無料のメルマガで効果的なコンテンツを作るための戦略として、アドバイスにニュース性を持たせる必要はない。しかし、時事問題やニュースに関連づけることができるのであればそうするといい。読者数と反応が倍増したこともある。

とはいえ、どの記事が読者の注目を集めることになるかは分からない。しかも、思ってもみない記事が人気記事となることは多い。

ここで、理想的なメルマガ記事の極意を教えよう（多くは同業者のwww.artofselfpromotion.comのイリス・ベナンから拝借した）。

1. 自分は受け渡し役なのだと思うこと。役に立つ情報を、その情報を役立てられる人々に届けるのがあなたの仕事である。
2. 仕事をしているときや顧客と話しているときに遭遇する質問や悩み、アイデアに注目すること。
3. 学んだ教訓を、Eメールや手紙、会話の中で共有できるようなアドバイスの形にまとめること。
4. 冒頭で悩みや状況を提示する。本質をとらえた説明になっているようにすること。
5. 解決策を提示する。アドバイスはどういう行動をとればいいか教えるものが多い。その場合、とるべき行動のステップをいくつか提示すること。今すぐ使えるアドバイスが特に好まれる。

6. アドバイスを実践した結果や利点を説明して、試してみようかという気にさせる。成果を測るためのツールがあるなら、そういうツールを提供しているウェブサイトのＵＲＬリンクを張っておくこと。

7. 努力なしに実践できるアドバイスや、一言一句そのまま使えるフレーズ、定番表現、チェックリスト、フォームなども入れること。

8. 詳しい情報が載っているウェブサイトなどの参考資料を載せること。

9. 一番いいアドバイスを最初にもってくること。読者が全文読んでくれるとは限らない。ごく短いアドバイスだと思っていても、読者にとっては長すぎることもある。

メルマガ読者には（1）無料メルマガの読者だが顧客ではない層と、（2）製品を購入したことがあり、顧客リストに載っているので無料メルマガが配信されている層の二重構造があることを意識してほしい。

コスト面と運用のしやすさを考えて、メルマガ発行者の大半がどちらの層にも同じメルマガを配信している。しかし効果的なメルマガを作るためには、２つの読者層の異なるニーズと視点を理解しておく必要がある。

第1の読者層は、無料メルマガに登録してくれたメルマガ読者である。まだ製品を購入したことはなく、製品のことも、あなたの会社のことも知らない可能性すらある。

こういう読者層に対する目標は、（a）無料メルマガを楽しんでもらうことと、（b）商品の購入という次の段階へと進んでもらうこと、の2つだ。

そのためには次を実践するといい。

・ちゃんとした中身のあるメルマガを作る。役に立つ実践的なハウツー情報ほど効果的なコンテンツはない。

・毎回、50語～100語（訳注：日本語では約180字以内程度）の広告を入れて、製品の30日間無料トライアルを宣伝する。無料トライアルの登録ができるランディングページへのリンクを貼ること。

・次号を配信する前に少なくとも1度は宣伝メールを送り、30日間無料トライアルを利用した方がいいと思わせるような理由を与えること。無料プレゼントや無料コンテンツ（スペシャルレポートなど）といった特典など。無料コンテンツを使うなら、ランディングページで製品を注文した後にPDFでダウンロードできるようにする。

第2層は既存顧客である。製品をすでに購入したことがある人々だ。顧客に対しては、メルマガでこういったことができる。

・最新情報、オススメ、一味違った製品の活用法を教える。
・製品のグレードアップ、新しいアクセサリー、そのほか製品に関連したアイテムを紹介する。
・ほかの商品の特別割引をオファーする。

私がここで伝授したハウツー情報やアドバイスの活用法を自己流にアレンジしても大丈夫だろうか？　もちろんである。私のメルマガ「The Direct Response Letter」には、本のレビュー、引用、ニュース、新製品の発表など、いろいろな種類の記事がある。

しかし、これだけは言わせてもらいたい。次にメルマガの記事を書くときには、現実的なハウツーものほど読者の興味をとらえる記事はない、ということをお忘れなく。

第14章 オンライン広告を作成するには

Writing Online Ads

中小企業の多くがダイレクトレスポンスの販売ツールとしてオンライン広告を使っている。ネットサーフィン中の閲覧者が広告を目にしてクリックすると、ウェブサイトやランディングページが表示され、そこで製品を購入する、という具合である。

この販売モデルの問題は、バナー広告だと閲覧者の邪魔になる点である。つまり、閲覧者は読みたいウェブサイトを読んでいたのにバナー広告をクリックするとその邪魔をされてしまう。

そのため、バナー広告はダイレクトレスポンスの販売ツールとして今でも有効ではあるものの、イメージ広告やブランディングの方が適しているとも言える。リーチが強力でフリークエンシーが高いため、バナー広告はブランド認知を高める上で効果的なツールとなり得る（訳注1）。残念ながら、その効果は測るのが難しい。ブランディングは長い期間にわたってじっくりと熟成していく、長期的な戦術なのである。

テレビCMと同じように、バナー広告を見たからといって即行動には移さないかもしれないが、いざ製品を買う気になったときにはブランド名を思い出してもらえる。そして、テレビの視聴者と違ってネットユーザーはその場で行動をとることもあるのだ。

バナー広告は料金が下がってきている。それに、製品の認知度を高める効果や即効性もある。だから、基本的に認知度を高めるためのものであることを忘れなければ、コストパフォーマンスが高い広告となり得る。

バナー広告のサイズ

バナー広告のサイズにはデータ容量と縦横のサイズの2種類がある。ブロードバンド・インターネットが一般的になってからは、データ容量はかつてほど重要ではなくなった。とはいえ、バナー広告のデータ容量は25KB以下にしておいた方がいい。

縦横のサイズは出稿先が認めるサイズなら何でもあり得る。ネット広告業界団体（IAB）

訳注1：「リーチ」は広告が配信される人数を指し、「フリークエンシー」は広告が1人のユーザーに配信される回数を指す。

は20種類の標準的なサイズを定めている（ＩＡＢは、広告サイズの種類を減らし、広告制作を単純化するためのガイドラインを策定した非営利団体）。

長年の間４６８×２００ピクセルのバナーが最もよく見かけるサイズだったが、サイト運営者はおいしい広告主を求めて広告スペースを増やすようになっている。

一般的に、広告サイズが大きければ大きいほど人の記憶に残り、クリック率も高くなる。とはいえ、小さい広告に効果がないというわけではない。配置、内容と関連性、そしてもちろんデザインが重要である。アドバタイジング・ドットコムがバナー広告のクリック率とコンバージョン率を説明しているが、ミディアム・レクタングル（３００×２５０ピクセル）のクリック率が最も高く、次点はワイド・スカイスクレーパー（１６０×６００ピクセル）だったという。

配置

広告の配置は、サイズと同じくらい広告効果にとって重要な意味を持つ。イメージ広告の場合、記事タイトルの直下が一番よく目に留まりやすく覚えてもらえるのでベストだが、かならずしもクリックしてもらえるわけではない。それに対し、ページ内やサイドバーの広告はよりターゲットを絞り込んでいることが多く、クリック率が高くなる可能性が高い。スクロールバー近くの広告は、クリック率が高くなる。ポインターがよく置かれているあたりに広告が表示されるのでクリックするのだと考えられている。

バナーのデザインと内容

バナー広告は近年大きく発展してきた。帯域幅とテクノロジーの進歩により、アニメーションやグラフィックスの品質が向上した。ただ別ページへのリンクが貼られているだけだったのが、マウスオーバーの機能まで実装されるようになった。効果はまちまちなので、一般的に効果が高いバナー広告を次にまとめる。

●テキスト

少ない分量のテキストで大きなインパクトを与えられるように、バナー広告で使うテキストの量は最小限に抑えること。「トラフィックを伸ばすには」など、広告をクリックすることで得られるものを匂わせるといい。質問文で誘い、その答えはサイトで教える。「期間限定」などの表現を使って緊急性を醸し出す。「無料」と謳う。「ここをクリック」や「詳しくは」などの行動を誘う表現を使うとクリック回数が伸びる。

広告には関連性がないといけない。広告が掲載されているページの内容に近ければ近いほど、広告の効果は上がる。テキストは短く。長いテキストは読んでもらえない。シンプルなバナー広告の方がクリック率は高い。

色とグラフィック

理想的には、広告が掲載されるページと合ったデザインや色がいいのだが、たいていは複数のウェブサイト上で表示される。よって、示されるサイトやページごとに広告をデザインするのは無理なことが多い。青や黄色、緑などの明るい色はクリック率が高いことが判明している。グラフィックは目を引くものにするべきだが、最小限に抑えること。ブランディングや認知度のための広告には会社のロゴを使うといい。

アニメーションとインタラクティブ性（双方向性）

アニメーションとインタラクティブ性はバナー広告などのディスプレイ広告で3つの重要な役割を負っている。第1に、動きがある広告は目を引くので、無視される可能性が低くなる。第2に、マウスオーバーやドロップダウンなどの双方向性があると閲覧者に働きかけることができて、クリック率が上がる。第3に、こういう広告は記憶に残るので、クリックしてもらえなくてもイメージづくりに役立つ。

PPC広告

PPC広告（訳注：クリック課金型広告）のキャンペーンを立ち上げる際にまずやるべきことは、予算枠と目的の決定である。今後営業をかけるためにリードを獲得したいのだろうか、それとも売上に直結するトラフィックが欲しいのだろうか。

クリック1回分の価値を割り出して、出せる予算の上限を決めよう。これがクリック単価（CPC）の上限になる。低価格の製品なら、クリック単価は相当低くするべきである。一方、儲けの大きい製品なら高めのクリック単価でもいい。また、獲得したリードが繰り返し購入してくれる場合、初回の売上で広告コストが回収できなくてもクリック単価は高めに設定できるのだ。

単純な例で説明しよう。クリック20回で製品が1個売れて、クリック1回のコストが1ドルである場合、製品1個の売上に20ドルかかる計算になる。製品の利益は20ドルを超えているだろうか？　利益が20ドル以下の場合、クリック料金がこれよりも低くなるようにするか、コンバージョン率を高くするか、小売価格を高く設定する必要がある。

製品を売るためではなくリストづくりのためにPPC広告を使うこともある。その場合、クリック単価はリストに載るリードの平均的価値によって決められる。オンラインでの年商が20万ドルで、リスト上のリード数が2万件なら、リードの平均値は年10ドルになる。

製品に最適のキーワードを見つけるためには、まずブレインストーミングを行う。製品をあなたほど知り尽くしている人はほかにいないのだ。その製品を欲しがる人が検索エンジンでどんなキーワードを使うか考えてみよう。

その際、具体的に考える。一般的な用語で済ませてはいけない。できるだけ具体的な言葉を考えること。宝石商なら、「ジュエリー」という一般的なキーワードではなく、「ゴールドのループイヤリング」の広告を出した方が効果的だ。

コンバージョン率が高いキーワードの組み合わせとして、商品を何か別のものの代用品として打ち出す、という手がある。例えば、キュービックジルコニアを売るなら「ダイヤモンド」をキーワードにする。広告では、ダイヤモンドよりもあなたの製品の方が優れている理由を説明するのである。

祝日や特別な日はトラフィックを伸すチャンスだ。特に贈答品を扱っているなら、祝日や特別な日をキーワードに使うこと。「祝日」「誕生日」「結婚式」「卒業」などはどれも効果的なキーワードだ。「母の日ギフト」や「婚約指輪」、「記念日のプレゼント」といったキーワードもあり得る。

すぐ思いつくキーワードが全部出尽くしたら、ほかに検索され得る関連キーワードを考えてみよう。「結婚式の誓い」というキーワードもあり得る。誓いに関心がある人なら結婚指輪や結婚式のギフトも必要としているかもしれないからだ。自由な発想でキーワードを探そう。キーワードを広告に使うときには、「母の日にぴったりのプレゼント」のように、タイトルと本文にキーワードを入れること。

最近の出来事や人気の有名人、最近の話題に製品を関連づけられるなら、とても効果的なキーワードになる。ただ、そのキーワードをかならずランディングページとオファーに関連づけること。そうしないとトラフィックは伸びてもコンバージョン率は上がらない。

キーワードを選択したら、グーグルのキーワードプランナーで検索ボリュームや競合性を確認しよう。検索ボリュームが高くて競合性が低いキーワードが望ましい。

しかし、競合があるということはかならずしも悪いことではない。競合があるということは、人々が検索して購入しているということである。つまり、実際に売れているのだ。そうでなければ誰も広告など出さない。このツールでは似たような言葉も提案してくれるので、一番効果的だと思うキーワードを使えばいい。

費用効果がよく、生産性が高いキーワードを探すのに役立つキーワードツールはほかにもいろいろとある。無料のものもあれば、少しお金がかかるものもある。

中心的なキーワードが決まったら、関連したキーワードのグループごとにいくつか広告を書いてみよう。広告の構成は次の通りである。

●ヘッドライン

最初の行がヘッドラインとなる。かならずここでキーワードを使うこと。

ヘッドラインは最長で30文字、2行にわたることもある。キーワードを1個か2個入れることを考えると、これはそれほど長くはない。人目を引くヘッドラインにしよう。

・質問する：「婚約指輪は見つかりましたか？」
・優位性を示す：「世界最高峰のダイヤの婚約指輪」
・基本感情（愛情、欲、恐怖心）に訴えかける：「もっと愛されたいのなら、このダイヤ」

●**本文**

最長80文字の説明文。

●**リンクつきのURL**

広告の最後の行にはドメインが記載されるが、正確を期すためにグーグルがURLから自動的に抽出する。クリック単価が高いのに、大量のトラフィックは得られても売上にもリードにもつながらない、というのが最悪の事態である。そういうときは、絞り込むための単語や表現を加えてみよう。例えば、フライフィッシングの入門書を19・99ドルで売るとする。価格を広告に入れれば、無料の情報は欲しいがお金は出さない冷やかし客が寄りつかなくなる。

可能であれば、キーワード入りのURLを新しく作ってでも広告に載せた方がいい。ベストのやり方は、ランディングページごとに専用のドメインを取得することだ。

メルマガ広告

メールマガジンの広告はどの種類でも効果的である。ここでは、メルマガ広告の種類とその仕組みを説明しよう。

●号外広告

メルマガのコンテンツがあなたの広告のみという号外版。

●広告枠

メルマガには広告枠がいくつもあり、その配置により価格が決められていることが多い。ヘッダー広告はEメールの冒頭に表示される広告で、通常最も価格が高い。

1本目の記事以降は、どこに記事が配置されても「記事中広告」となる。記事中広告の数は決まっていない。最も効果的な記事中広告は、広告掲載の製品と関連性が高い記事の次に表示されるものである。つまり、植物の種の広告なら、芝生の手入れ方法を取り上げた記事の後がいい。

●フッター広告

メルマガで最後に載っている広告のこと。通常の記事の後で、案内広告の前に掲載される。一般的に、広告枠の中で価格が一番低い。

●テキスト広告

テキスト広告はたいてい3行から5行の長さで、1行につき60〜65文字（訳注：日本語の場合は1行につき36〜37字ほど）。大きな読者層を抱えるメルマガでは、テキスト広告は比較的安い。

メルマガによっては、配信リストに加えていいなら無料で広告を掲載する、というところもある。こうやって配信リストを育てているのである。何しろ無料なので（受信箱にメルマガがあふれ、読む時間はかかるが）、反応があれば勿怪《もっけ》の幸いだ。

メルマガはアーカイブされることが多いので、あなたのウェブサイトへの恒久的なリンクが残ることをお忘れなく。顧客があなたのサイトを閲覧しなくても、クローラーはあなたのサイトにアクセスするのである。

広告のデザインは、出稿先のメルマガと、出稿する広告の種類によって決まるところが大きい。メルマガが定める広告の仕様を確認しよう。帯域幅を抑え、スパムフィルターにかからないようにするために、テキストのみでグラフィックスはお断りのところが多い。最大の効果が得られる広告についてメルマガ発行者に聞いてみてもいい。何といっても、メルマガの読者について一番詳しいのは発行者なので。

号外広告を打つときには、発行者による通常のメルマガに似せた内容にするべきだ。普段そのメルマガで取り上げられる類いの情報を載せよう。つまり、情報価値があると思ってもらえるような内容にして、過剰宣伝は避けること。号外広告は、あなたの製品を使うベネフィットについて消費者を啓蒙するチャンスなのである。

注意を引くためにはヘッドラインをよく練らないといけない。関心を持たせて、本文を読ませるのがヘッドラインの役目だ。潜在顧客の念頭にある言葉がヘッドラインに入っていればその効果がある。だから、可能であればキーワードをかならず1つは入れること。

広告枠と案内広告ではスペースが限られている。それに、読者は広告に全神経を集中しているわけでもない。長さは6行程度で、1行あたり70文字以下となる。そのため、これらの広告はインパクト勝負になる。

効果的なメルマガ広告を作るために大事なのは結局何かと言えば、どんな広告づくりでも同じ――強力なヘッドラインを作り、ニーズを提示し、製品がそのニーズに応えることを示し、行動を呼びかけることなのである。

フェイスブック広告

現在、フェイスブックの利用者数は20億人を超える。フェイスブック広告ガイド（https://www.facebook.com/business/ads-guide）では、画像広告、動画広告、カルーセル広告、コレクション広告の4つの形式の仕様が定められている。画像広告はフェイスブック広告の入門編にぴったりなので、ここでは画像広告を取り上げる。

基本的にPPC広告であり、クリック1回の平均料金は1・25ドルほど。画像広告を試してみると、デザインやコンテンツの選択肢がとても多いことに気づくはずだ。

フェイスブックの画像広告を作るには

効果的なフェイスブック画像広告とはどのようなものだろうか？　ポイントは、色鮮やかで目を引く画像と、説得力のあるコンテンツの2つだ。しかし、フェイスブック広告の専門家によると、主役は画像だという。画像は非常に重要で、広告のパフォーマンスの75％から90％を担うことが研究で明らかになっている。10個から15個の画像を試した方がいいという（どのバージョンでもコピーは同じで）。

フェイスブックは実はコピーを重視しないことを推奨しているが、コピーライターはそんな言葉に惑わされない。いつだって言葉には十分に注意を払わなければならない。フェイスブックマーケターを狙ったオファーを紹介しよう。空白のスクリーンの前で困り果てているライターを想像してほしい。広告コンテンツの冒頭は以下の通りだ。

フェイスブック広告を作成するのはこんなに簡単です。必要なテクニックやヒントや注意点を伝授しましょう。新人マーケターにオススメ。

フェイスブック広告作成のチェックリストを手に入れよう

このチェックリストをダウンロードすれば、効果的なフェイスブック広告を作るための「奥義」があなたのものに。

フェイスブック広告では、注意を引いてCTA（行動喚起）に応えてもらうことだけでなく、「いいね」をもらってシェアしてもらうことが成功の秘訣となる。目を引くのは画像なので、画像上にカギとなるメッセージを置けばいい、という意見がある。しかし、フェイスブックでは画像の20％以上をテキストが占める広告は使えない。ここで言う「テキスト」には、画像に重ねたコピーだけでなく、テキストベースのロゴ、透かし、さらには動画のサムネイルのテキストすら含まれる。

写真を使ったフェイスブック広告は、何と言っても通常小さい。それに、画像を使う場合テキストは最小限に抑えないといけない。

ワードストリームが提唱するフェイスブック広告作成のシンプルな公式は大正解だと思う。広告は次の3つの基本要素を読者に伝えないといけないというものである。

・オファーの内容
・そのベネフィット
・次にとる行動

アドエスプレッソは、フェイスブック広告の見出しに焦点を絞った8つのガイドラインを提案している。

1. 数字を使う。数多くの研究で、「数字で始まる見出しは効果的なことが多い」という結論が出されている。
2. 緊急性を醸し出す。
3. はっきりと、正確に表現する。
4. 見出しは短く。
5. ベネフィットを強調する。
6. CTA(行動喚起)を入れる。
7. 質問する。

……

8．強力な表現を使う。

どれもこれまで具体的に説明してきたことなので、第1章から第4章を読み返してもらいたい。

フェイスブック広告のほかの形式

フェイスブック広告にはほかにカルーセル広告やスライドショー広告、キャンバス広告などがある。カルーセル広告ではほかの種類の広告を組み合わせて使える。1つの広告で最大10件の画像、スライドショー、動画を表示することができる。それぞれに別のランディングページへのリンクをつけることもできる。

スライドショー広告はその名の通りで、最大10件の画像がループで表示される動画の広告のことだ。全画面でのインタラクティブな体験を創り出すことができる。要素ごとに仕様があるため、フェイスブックビジネスヘルプセンター（https://www.facebook.com/business/help）を各自参照されたい。

「投稿を宣伝」がいいか、「フェイスブック広告」がいいか

「投稿を宣伝」は、フェイスブック上でできる最も基本的な広告だ。広告予算を、企業ページの投稿に割り振ればいい。投稿の右下にあるボタンを使って、投稿が表示される対象を「ページにいいね！　した人とその友達」「ターゲットとして選択した人」などのどれにするか選べる。また、予算も設定できる。

「フェイスブック広告」は、宣伝したい投稿がかならずより多くのフェイスブックユーザーのニュースフィードで表示されるようにするための広告だ。「投稿を宣伝」の広告価値は意見が分かれるところである。「フェイスブック広告」を使った方がいいという人もいる。「フェイスブック広告」ではリーチを増やすほかに、ターゲティング、価格設定、入札価格の設定が行える。

フェイスブック広告の料金はいくらくらい？

広告費は、時期、時間、オーディエンスの性別、広告の配置など、多くの要素によって決まる。フェイスブック広告の料金は1ドル未満から5ドル超まで、広告の品質や競合などの要素によって幅がある。幸いなことに、10ドルから20ドルと低額で始めることができる（訳注2）。

訳注2：フェイスブック広告は日本においても１００円から出稿可能。課金方式や広告の種類によって費用の目安は異なる。

第15章 ソーシャルメディア用のコピーを書くには

Writing for Social Media

ソーシャルメディアのプラットフォームについて知っておくべきこと

ソーシャルメディアのプラットフォームは数多くあるが、1つ知っておくべきことは、それぞれ書き方も投稿の仕方も違うことである。フェイスブックの投稿とツイッターやリンクトインの投稿では、テーマが同じだとしても書き方が異なる。とはいえ、どのプラットフォーム向けであっても優れたコンテンツを作るための原則は変わらない。

1．簡潔に書くこと。いらない言葉は削る。ソーシャルメディアの投稿は短く直接的に書く

べきで、興味を引くタイトルやリード文で始める。

2. プラットフォームにより違うが、2〜3文か2〜3段落のうちに読者を引き込み、大量の情報を与える。

3. 「そう思いませんか？」「どう思われますか？」などと問いかけて、コメントを残すように誘う。

ビジネスアカウントを作る

商品の宣伝なら、個人用アカウントではなく企業のアカウントを作成しよう。その方が企業のブランディングにふさわしく、コンテンツを目にした読者はブランドのことを思い浮かべてくれる。ブランドが個人名である場合を除いて、個人用アカウントで企業ブランドの宣伝を行うと素人っぽく映ってしまう。

長いコンテンツはブログだけにしておこう。ソーシャルメディアの利用者は短い段落をいくつか読んで「いいね」したら次の投稿に進みたいものなのだ。

企業ページには次の情報を記載しよう。

1. 会社名とロゴ
2. Eメールアドレスや、電話がよければ電話番号などの連絡先
3. 事業についての情報

ファネルを使いこなす

投稿するコンテンツには、使うプラットフォームによってそれぞれ違うタイトルをつけよう。どのプラットフォームでもテーマに合ったタイトルを選ぶこと。会社のウェブサイトのブログ記事を書くなら、いろんな種類のソーシャルメディアで投稿を行う際にブログ記事へのリンクを最後に張っておけばソーシャルメディアから読者を引き込むことができる。同じブログ記事に引っぱるための投稿でも、ソーシャルメディアごとに内容とタイトルは異なる。例をお見せしよう。

フェイスブック投稿のタイトル：「もっと売れるグーグル広告をもっと早く作るには」

グーグル広告の作成方法に興味がある方は、ステップごとに広告の作り方を説明した最新ブログ記事をご覧ください。広告に使うキーワードの選び方も紹介します。

https://bestSEOpractices.com/blog/google-ads-creation

ツイッター投稿のタイトル：「グーグル広告を一気にデザイン」
ヒットするグーグル広告がパパっと作れる最新テクニックとは。ほかにも役立ちテクニックを紹介。
https://bestSEOpractices.com/blog/google-ads-creation

リンクトイン投稿のタイトル：「グーグル広告を5分で作って売上アップ」

グーグル広告を最速で作るプロセスをご紹介。また、検索結果でクリックされるキーワードの選択方法も。

https://bestSEOpractices.com/blog/google-ads-creation

ソーシャルメディアごとに戦略を立てることで、商品をネット上のどこでも目立つ存在にする総合的なマルチチャネル・マーケティング戦略が可能になる。そのためには、この例のように読者の関心を引いてブログ記事やランディングページに誘導できるような、興味深くてためになる短い投稿を作る必要がある。また、ブログ記事を読んでもらえたら、Ｅメールアドレスを登録してメルマガ配信やメール受信を承認してくれるかもしれない。

ソーシャルメディアで投稿する際のヒント

ソーシャルメディアに投稿することで、意見を表明したり、コンテンツを共有したり、交流したりできる。何を言うか、何を見せるかはほぼ自分次第だ。いくつか例外はあるものの、それほど数は多くない。コメント機能があるソーシャルメディアはユーチューブ、リンクトイン、ツイッター、フェイスブック、それにもちろんブログである。フェイスブックの投稿は「友達」に見られる可能性が非常に高い。ツイートは「フォロワー」に読まれ、リンクトインでの投稿は「つながり」に読まれる。

ソーシャルメディアでの投稿方法について、次にガイドラインを示す。

- 目的を設定すること。意見や気持ちを伝えたいのか？　アドバイスや情報、ヒント、説明を与えたいのか？　電子書籍の無料ダウンロードをプレゼントしたいのか？　会社やブランドを宣伝したいのか？　単純に楽しみたいのか？　フェイスブック投稿をする理由を考えよう。理由が見つからないのなら、投稿しなくてもいいかもしれない。
- コンテンツを書くときは、感じよく、読者一人ひとりに語りかけるように書くこと。
- ふざけた表現や、特に乱暴な言葉はあまり使わないように。使いこなせる人もいるが、使い慣れない人にはなかなか難しい。あなたのことをもっとよく知りたいと思ってもらえたとしても、しょっちゅう乱暴な言葉を使っていたら炎上してしまう可能性もある。フェイスブック利用者の大半が乱暴な言葉は嫌う。
- あなたの投稿に対してつけられたスレッドやコメントが適切な内容なら反応しよう。ソーシャルメディアは双方向性の媒体である。関係づくりだけでなく、交流したり働きかけたりできるのだ。
- フェイスブック上で企業のために投稿するなら、政治や宗教、人種、ジェンダーなど、物議をかもす話題は避けること。時事問題や人々についてネガティブなニュースを共有して蔑視的で乱暴な偏ったコメントをつけるとアカウントが停止される可能性がある。
- 投稿は感想やコメントを求める言葉でしめること。効果的な表現には、「どう思います……か?」「あなたのご意見は?」「あなたは賛成ですか、反対ですか?」などがある。

定期的に投稿して読者を逃がさないようにする

毎週火曜日や毎週金曜日など、定期的に投稿するといい。決まった曜日に決まったテーマで投稿するのもいいだろう。読者が読みたいと思うような、興味深いテーマにすること。例えば、月曜日と木曜日にはSEO戦術について投稿し、水曜日と金曜日にはマルチチャネル・マーケティング戦術について投稿する。かならず最後に読者の意見を聞くこと。投稿の内容に関連したブログ記事へのリンクを張っておくといい。

フェイスブック

スタティスタによると、2019年の第1四半期におけるフェイスブックの世界的なアクティブユーザー数は23億8000万人だという。この数には、ここ30日間で少なくとも1度はログインしたすべてのユーザーが含まれる。

スプラウト・ソーシャルによると、世界的に見るとインドのフェイスブックユーザーが最多の3億人で、2億1000万人のアメリカを上回って全世界第1位だという。どちらのサイトでも、プラットフォームの利用や年齢、性別などの情報が手に入り、ターゲット市場のグループが集う場所を決定するのに役立つ。

・ビジネスアカウントVS個人用アカウント

家族や友人とフェイスブック上でつながるために、個人用アカウントはもうすでに持っていることだろう。だが、ビジネスの宣伝なら、プライベートと仕事を切り分けた方がよりビジネスパーソンらしく見える。

あなたの個人用アカウントに紐づけされたビジネスアカウントを作成しよう。ホームページでは企業名を記入し、ロゴを掲げ、投稿する。また、ページの宣伝やイベントリストの作成なども行える。

・企業の画像や情報をアップロードする

ブランドのロゴや会社沿革の画像、管理人のプロフィール写真など、高品質の画像をビジネスページにアップロードし、メールアドレスを設定して連絡先を記載しよう。どれもフェイスブックがやり方を説明してくれる。情報の入力が終わったら投稿を始めることができる。

・投稿のスケジュールを決めよう

読者やフォロワーを増やすためには、少なくとも週2回は投稿する。人々の関心が薄れないように投稿しよう、とフェイスブックが声がけしてくれる。フェイスブック広告を使えば、あなたの製品に関心のある、関連性の高い読者を獲得することもできる。ターゲット読者の属性を選べば、後はすべてフェイスブックがやってくれる。広告を一切使わないよりも、手っ取り早くフォロワー数が伸ばせる。

・フェイスブック投稿の構成

1. 関心を引く5語くらい（訳注：日本語の場合は20文字程度）の大見出しで始める。
2. 投稿は最長で2〜3段落で、どの段落も80文字（訳注：日本語の場合は40文字）程度の短い文1〜2文に抑える。
3. 内容は短く、興味深く、大見出しに関係のあるものにする。

4. テーマに関連した画像や写真、動画を載せる。
5. テーマに関連したブログ記事やEメール、メルマガ登録ページへのリンクを貼る（オプショナル）。

私がフェイスブックに投稿するときは、考えさせて、しかも肯定的な意見も否定的な意見も両方コメントを引き出せるようなものにしている。小規模事業者なら、読者の心をつかむような興味深い投稿をすることができる。ビジネスアカウントでは意見を表明するのではなく、読者が自分の見解を述べたくなるような投稿をするといい。

ツイッター

ツイッターは個人用アカウントでも、ビジネスアカウントでも、またはその両方でもいい。よりくだけたＳＮＳプラットフォームで、最長１４０字という短い宣伝文をツイートすることができる。ツイートの内容によるが、できる限り文字数は抑えた方がいい。

・ハッシュタグの使い方

キーワードやフレーズの前にハッシュタグ（#）をつけると、あなたのツイートはその言葉を検索にかけた人の目に留まる。話題のトピックなら、そのハッシュタグつきのツイートがずらりと表示されるのである。ツイートにコードをつけるようなものだ。

例えば、「#ケト」というハッシュタグを使えば、ケトジェニックダイエット（糖質制限ダイエット）に関心のある人の目に留まる。

狙いを絞ってハッシュタグを使えば、ターゲット層の潜在顧客を引き寄せることができる。ケトジェニックダイエットの情報が商材なら、「#減量」や「#ダイエット」などよりも「#ケト」の方が絞り込まれた潜在顧客が集まるわけである。

ハッシュタグはツイートではない。ツイートの内容をほかのユーザーに知らせるためにツイートにつけるラベルのようなものだ。

ハッシュタグは使う前に検索をかけて、どのバージョンが一番人気か調べること。最もよく使われているハッシュタグを使えば、あなたのツイートは表示されやすくなる。

まとめ：SNSプラットフォームの使い方

ＳＮＳでビジネスアカウントの運用を始めるときは、そのプラットフォームでどのような投稿がされているか（特に人気の投稿）を調べるのに時間をかけること。そのＳＮＳの雰囲気をつかみ、なじんでいるけれどもいい意味で目立つ投稿ができるようになろう。

ＳＮＳをマルチチャネル・マーケティング戦略の一環として事業の宣伝に使うのが目標なら、事業関連の内容と個人的な内容を組み合わせた投稿をするといい。

前述の通り、ビジネス関連の投稿ではデータや、ターゲット層が関心のあるコンテンツへのリンク、アドバイス、ヒント、ニュース、ターゲット層が関心のあるトレンドなどを提供する。こういった投稿により、役に立つ専門家という地位を確立できる。

個人的な投稿は、ネットで言うところの「透明性」を出すために行う。読者はあなたの人柄や家族、趣味、関心事、活動など、あなたがどういう人なのか知りたいのだ。

事業の宣伝でＳＮＳを使うなら、宗教やセックス、政治などの物議をかもすトピックは避けるようお勧めする。

なぜか？　信用を損ない、フォロワーや潜在顧客を失う危険性があるからである。「私は宗教が悪いものだと思っていて、神もイエス・キリストも信じない」と投稿したら、敬虔《けいけん》なキリスト教徒の潜在顧客はどう思うだろうか？　そのような意見を表明すると、友人、フォロワー、知人の多くを不快にし、不興を買うかもしれない。

『悪魔の詩』を発表したサルマン・ラシュディの身に何が起こったか覚えているだろうか？　死刑宣告を受けたのだ（訳注）。あなたのツイートでそういうことが起こる可能性はあまりないだろうが、たった一言で人の気分を害し、自分の信用を失うことはある。それに、ネット上で公開されたものは多くの人に読まれ、削除するのは非常に難しいこともあるのだ。

ピンタレストやインスタグラムにタンブラーなど、ＳＮＳのプラットフォームはほかにもいろいろとある。最後に、こういったプラットフォームの多くがスマートフォン版アプリを出しており、ユーザーはスマートフォンを使って一日中知人と交流できることを付け加えておこう。

どのＳＮＳを使う際にも、かならずスマートフォン版アプリで投稿がどのように表示されるか確認すること。どこかおかしい点があれば、すぐに訂正するように。それからまた投稿を見直して、納得のいく出来栄えになったら公開するといい。

訳注：死刑宣告を出したのは、当時のイランの最高指導者。サルマン・ラシュディはしばらくの間、潜伏生活を余儀なくされた。『悪魔の詩』の翻訳者である五十嵐一筑波大学助教授は未解決殺人事件で亡くなっている

第16章 Writing for Video

動画を作成するには

世界中で動画がマーケティングの主流となりつつある。シスコによる調査では、2019年にはネット上の全トラフィックの80%が動画になるという。製品の動画を見た消費者は購入率が85%高くなる。私は1979年から動画脚本を執筆してきたが、この章ではベストプラクティスを紹介する。

動画脚本の種類

動画は、スーパーボウルのハーフタイムで流される60秒CMから、1時間のセールスプレゼン動画（VSL）までさまざまなものがある。ここでは数種類を取り上げる。

・60秒のテレビCM

ＣＭでいくつかのバージョンを流す場合、30秒か15秒の短縮版も作られる。ビールなどの飲み物や、食べ物、レストランや自動車、火災保険、ＤＩＹ用品などのＣＭがある。

・説明動画

説明動画は普通1分から2分ほどで、1人の人物が画面上かバックグラウンドで事業や製品、サービスについて説明する。例えば、あるシステム開発会社があらゆる業務を1つのプラットフォームで統合する歯科クリニック向けの新しいソフトウェア・プラットフォームを開発した。動画では最初の画面で社長が歯科クリニックの抱える問題について語る。次に解決策を提示し、そのソフトウェアで各種レポートを出力したりなど、実際に使って見せる。

・インタビュー動画

インタビュー動画には何通りか作り方がある。まず、インタビュアーが各部分の構成を考える。こうすると、ちょうどいいタイミングでカメラＡからカメラＢに切り替えるなど、カメラ操作が計画しやすくなる。ニュース番組で大統領候補がインタビューを受けているところを想像してもらいたい。

次に、インタビューで使う主な質問のリストを作成し、ゲストが返答内容を考えておけるように事前に渡しておく。返答も文書でもらっておけば全長15分なら15分、全編分の脚本を作成しておける。

テレプロンプターをカメラのすぐ後ろに配置するのもいい。そうすれば、ゲストは観客（カメラ）とインタビュアーの方を向いたままで、言いたかったことを忘れずに済む。

・会社動画

社長の命令で、前年度の業績を発表する動画を作ることになるとする。まず、財務諸表のあらゆる側面を取り上げた脚本を作成する。冒頭で社長がカメラに向かって話すこともあるが、その後業績をチャートやグラフで紹介するカットも入れておけば視聴者の興味が薄れない。社長のカメラ映りが良いなら、全編を通じてメインショットは社長にして、関連したグラフや表、チャートをちょこちょこ挟む、という手もある。

・研修動画

各種レポートの出力方法など、ソフトウェアの使い方を教える研修動画を新入社員向けに作っている企業は数多い。研修動画ではほかにベストプラクティスや企業文化、行動規範、解雇の対象となる行動などが取り上げられる。

これらはあくまでごく一部の例であって、印象的なウェブサイトにするためにさまざまな種類の動画が制作されている。マーケティング会社の商品に多額のお金を出せる大企業しか手を出せなかった動画も、今では安価で楽に制作できるようになった。能力があれば誰でも動画を作れるのだ。

・オンライン動画

ウェブサイトのホームページにアップされている平均的なオンライン動画は、2分から3分と短い。B2Bの動画は平均4分で、全編視聴してくれるのは視聴者の約半数。製品やアプリケーションについての動画など、第2階層に置かれた動画は5分から7分、もしくはそれ以上の長さになる（訳注）。

脚本の長さで言うと、ナレーションは1分120語で考えるといい。10分の脚本なら1200語になる。

訳注：日本語の場合は1分300文字、10分なら3000文字が目安。

動画脚本作成における大原則は、「プレゼン1つにテーマは1つ」である。動画ではたった1つの製品、アイデア、オファーを取り上げるべきだ。何といっても視聴者はすぐに関心を失って動画を閉じてしまうのだから。

脚本作成プロジェクトを立ち上げるには

ここで、脚本作成の計画を立てて実際に着手するやり方について説明する。広告代理店の依頼で、歯科クリニック向けの新しいソフトウェア・プラットフォームを開発したシステム開発会社のCMを制作する場合を考えてみよう。

すでに作成されたストーリーボードなど、脚本づくりに必要な全情報をクライアントは提供するということを契約ではっきりさせておこう。

・クリエイティブ・ブリーフ

クライアントからもらうクリエイティブ・ブリーフは脚本づくりの指針となるもので、動画の撮影方法や動画に登場する人員（役者を雇うか社員にするか）など、動画について論じられたあらゆる項目を概説する。脚本づくりの前に知っておきたい項目の典型例をここに挙げる。

・会社が視聴者に伝えたいメッセージは？　（商品を購入してほしい、または登録をしてほしいなど）
・その商品は顧客のどのような悩みを解決するのか？
・動画の撮影は屋内か屋外か？
・どこでその商品を購入できるのか？

脚本作成

その新しいソフトウェア・プラットフォームはPantherWorks、開発した会社はBiedermortという名前だとしよう。そして、動画では1人の役者がカメラの前で話すことにする。動画は実際に歯科クリニックで撮影するが、歯科クリニックの名前は明かさない。クリニックはあくまでメッセージを伝えるための背景だからだ。脚本には映像・音声の形式を用いる。また、動画の尺も確認しておくこと。

クライアントがストーリーボードやアウトラインを作成していなかったら、脚本づくりのために自分用に作るといい。これは脚本作成前に作るもので、アウトラインと呼ぶ。視聴者が目にするもの、耳にするものを常に意識すること。スピーカーが「お悩みを解決しましょう」と語るのを見て視聴者はどう感じるかを想像する。

脚本を書くには

枠組みができたら、各シーンで取り上げる内容の説明を書こう。脚本の具体的な中身を決めるのに役立つ。

1. どのような種類の動画でも、脚本を書く際に忘れてはならないのは「ターゲット層は誰か」（この例だと歯科医）。
2. かならずイントロダクションから始める。無駄な言葉を使わない。1文か2文で言いたいことを伝える。脚本は全体で2ページ以内、毎分100語から120語まで（訳注：日本語の場合は300文字程度が目安）。

3. 簡潔に、効果的に。意味のない修飾語や聞きなれない難解な言葉は使わないこと。シンプルに。
4. 視聴者に直接語りかける。
5. 問題を提示して、それがどのように解決されるかを示す。
6. 商品を利用して生活がどのように向上したか、楽になったかを示す。
7. 行動を呼びかけて（CTA）、商品をすぐに入手する方法、Eメールや相談などの登録方法を説明する。

脚本が出来上がったら

声に出して読み、録音してどのように聞こえるか再生してみるといい。スマートフォンで録音すれば楽だ。各セクションの時間を測り、動画のシーンの長さに合うかどうか確認する。脚本は速すぎず、聴いている人が眠くなるほど遅すぎず、自然なリズムとスピードで読めるものがいい。

セールスプレゼン動画（ＶＳＬ）

ＶＳＬはもともとホワイトボードを使って作られていた。画面上には1文か2文書かれたスライドが表示され、ボイスオーバーで文を読み上げる。

割と長めで、医療や金融業界のテーマを取り上げているものが多い。どんなテーマでもＶＳＬを作ることはできるのだが、長すぎると視聴者の興味は途中で薄れてしまう危険性は常にある。

短い動画もあるが、ダイレクトレスポンスマーケティングでは通常15分から45分、またはそれ以上で、脚本は２０００語から７０００語（訳注：日本語の目安は４５００文字〜１万３５００文字ほど）になる。

ＶＳＬと動画以外のセールスレター（ランディングページや印刷物）の主な違いは、従来の文章型のセールスレターなら何回か読んだり、気になるところは読み返したりすることができるという点である。実際にそうする人は多い。しかし、ＶＳＬは通して見るしかない。見たい箇所が選べないのだ。

そのことを念頭に置いて、効果的なＶＳＬの作成方法についてガイドラインをまとめた。

1. 冒頭で視聴者の関心を引くには、常識とはかけ離れたことを言えばいい。びっくりさせること。揺さぶりをかけるのである。
2. 心をつかむ物語を語ることで、視聴者を物語に引き込む。
3. シンプルに。「情報密度」（ページごとの事実の数）は文章型の宣伝物よりもおよそ20％低くする。
4. 文を短く、特に言葉を短く。10文字以上の言葉は使わない。
5. 段落も短く。1段落につき2文が標準的な長さ。画面上のテキストが読みやすくなる。
6. 宣伝文句や事実を強調・証明したければ、チャートやグラフを挿入する。数秒しか見せなくても、チャートやグラフがあれば論拠があることを印象づけられる。
7. この製品で解決できる問題を簡潔に提示するなら冒頭だが、解決策を最初の1分かそこらでかならず説明すること。解決策をなかなか提示しないでいると、潜在顧客は退屈してサイトから離脱してしまう危険性がある。
8. 1文の中で数字は3つ以上使わない。使う場合には、少なくともその1つは端数を切り捨てること。

9. 朗らかで熱意に満ちたトーンにする。テキストは読み上げもするので。同時に、頼れる感じも醸し出さないといけない。

ＶＳＬについて話すとかならず反論がある。「長すぎるでしょ！　いつも途中で画面を閉じてますよ。30分間もじっと見てくれる人はいないんじゃないですか？」

ところが、そうしてくれる人は多いのだ。どうしてそう言えるのかって？　ＶＳＬの方が動画を使わないランディングページよりも一般的にコンバージョン率が高いことが何度もテストで証明されているからである。

とにかくＶＳＬは好かないという人には、一流コピーライターでのピーター・ボイテルの言葉を聞かせよう。「個人的な好みに左右されてはいけない」

第17章 コンテンツマーケティングを施策するには

Writing for Content Marketing

コンテンツマーケティングとは、ブランド認知度の強化、マーケティングキャンペーンの反応率やコンバージョン率の向上、またはテクノロジーや方法論、商品の認知度アップのために無料で情報を提供することだ。そして、今日マーケティング業界を席巻しているマーケティング手法である。

ほかに最近流行りのマーケティング手法を挙げると、オンライン動画、ＳＮＳ、ＱＲコード、ＳＥＯ、ライブオンラインチャット、インフォグラフィックスなどがある。

「コンテンツマーケティング」という用語が造語されたのは、１９９６年にアメリカ新聞編集者協会主催でジョン・Ｆ・オフェダルが取り仕切ったジャーナリスト協議会でのことだったと思われる。つまり、もう20年以上前から使われている用語なのである。

実際には、そのずっと前からコンテンツマーケティングの手法は使われてきた。この用語は古くからある手法にただ新しい名前をつけたというだけのことなのだ。私自身、コンテンツマーケティングを40年近く実践してきたが、キャリアが私より長いマーケターもいる。

初めてコンテンツマーケティング・キャンペーンを経験したのは１９８０年。当時、私は工業製品メーカーのコーク・エンジニアリングで広報部長を務めていた。

この会社が扱う製品の中に、「トレイ」というものがあった。表面に覆いつきの開口部がある金属製の円盤で、原油を精製して灯油やガソリン、ヒーティングオイル、ジェット機燃料などの石油製品を製造するために、蒸留塔の内部に使われる。

クライアントが使う蒸留塔に合わせたトレイの仕様を特定するのは非常に高い技術を要する。そのため、製油所のエンジニアたちに正しいやり方を指示する必要があった。

そこで、コーク・エンジニアリングは「トレイ・マニュアル」という設計手引書を作成した。1部で数ドルの印刷製本代がかかった。表紙は厚紙で、さまざまなトレイの仕様を説明した青写真式の図面が畳み込まれてらせん綴じになっていた。このトレイ・マニュアルは私が入社したときにはすでに使われていた。

トレイ・マニュアルは大好評で、資料請求の件数が一番多かった。まず、潜在顧客の役に立つ貴重な技術マニュアルを無料で提供することで広告の問い合わせ件数が伸びた。次に、潜在顧客はマニュアルを参考にトレイの仕様を突き止める。それはうちの会社の設計アドバイスのおかげなので、当然トレイは競合ではなくうちに注文してくれた。最後に、このマニュアルは精製蒸留塔の権威としてコーク・エンジニアリングの地位を確立するのに役立った。

当時、うちの会社ではこれを「コンテンツマーケティング」ではなく「情報の無料提供」と呼んでいた。手法は同じである。ただ名前が違っただけだ。

コンテンツマーケティングは1世紀以上も前から実践されている。クロード・ホプキンス（1866〜1932年）は、印刷物の広告の効果を確かめるために手がけた広告の多くで情報冊子の無料オファーを使っている。

当時は、こういう無料コンテンツはただ「無料冊子」と呼ばれていた。20世紀後半になると、「撒き餌」と呼ばれるようになる。冊子などの無料情報で潜在顧客を釣り上げ、リードを獲得するからである。

今日では、「無料コンテンツ」は「リード・マグネット」と呼ばれることが多い。貴重な情報をタダで提供するという魅力的なオファーは、磁石のように潜在顧客を広告に引き寄せて、ホワイトペーパーなどの無料コンテンツの資料請求という行動を引き出すのである。

コンテンツマーケティングの実効性についてはさまざまな見解や実験がこれまで発表されてきた。しかし、私個人の体験は以下の2点に簡潔にまとめられる。

第1に、無料コンテンツなしでB2BかB2Cのマーケティングキャンペーンを実施したことなど記憶にない。

Ｂ２Ｂでは、リード・マグネットが潜在顧客から反応を引き出す主なオファーとなることも多い。Ｂ２Ｃでは、無料コンテンツは製品の購入特典として提供するレポートなどである。

第２に、Ｂ２Ｂではリード獲得のためのキャンペーンでリード・マグネットを使用する場合と、同じキャンペーンでも使用しない場合とでは、問い合わせの件数は平均して２倍かそれ以上に増えることが多い。

さらに、２０１６年10月３日にフィアスＣＭＯが実施した世論調査によると、有料広告よりもブランドコンテンツ広告の方が消費者にブランドを選ばせる効果が９％高い、と４０００人を超える『フォーブス』誌読者が回答している。

古き良きＢ２Ｂマーケティングの時代には、製品についての宣伝文句が詰まった「４色刷りの無料資料」が主なオファーだった。当時はそれで効果があった。今では、仕事上役に立つ無料の情報をちらつかせた方が潜在顧客から反応を引き出せるのだ。

コンテンツ作成でよくある7つの失敗

1．文章が下手

コンテンツ作成は多くの会社において下っ端がやる仕事とみなされている。ソフトウェア・エンジニアリングなど、高度に技術的なスキルが必要であればあるほどできる人の数は少ない。しかしライティングはソフトスキルで、アン・ハンドリーの著作『Everybody Writes』のタイトル通り、「誰でも書ける」からだ。でも本当にそうだろうか？　書けるとしても、どれくらい上手に？

２０１８年に他界した著書多数のハーラン・エリスンは、かつて私にこう述べたことがある。「自分はファンジオよりも凄腕のドライバーだと『人は』思いがちなものだし、運転しているときは自分以外の運転手はみんな下手だと思うものだ。ドンファンのように女性にモテて、女性を喜ばせることができると思っている。それに、文章が上手だとも思っている。キングよりも、ディケンズよりも、ホメロスよりも。実際は、運転するのも女性にモテるのも文章を書くのもこの世で何より難しく、どれか１つでも見事にやりこなせる人はごくわずかで、３つともやりこなせる人などほとんどいないのに」

2. リサーチが適当

グーグルで調べて作ったごた混ぜのようなコンテンツが増えてきている。ライターは下調べとしてテーマを検索して見つけた記事を数本読むだけだ。それらを接ぎ合わせて記事を書くが、そうして作った記事には独自性も知見も知恵も、新しい考えも見識もない。

3. 楽をしている

コンテンツには4つのレベルがある。低い方から高い方へ並べると、「なぜ」「何を」「どうやって」「やっておきました」の4つである。

初級のコンテンツは、「なぜそうすべきか」を伝える（例「自社のコールセンターを持つべきわけ」）。記事は説得力があり、重要な決定を下すのに役立つかもしれない。しかし、イエス・ノーの決断を下す後押しをしてくれる以外には何もしてくれない。

次のレベルのコンテンツは、読者に「何を」すればいいか教える（例「自社でコールセンターの計画と運営を行う7つのステップ」）。ステップごとの行動計画になっている。ただ、各ステップをどのように実行すればいいかはこれだとまったく分からない。

さらに上のレベルのコンテンツだと、「どうやって」すればいいかを教える。ステップごとの説明というよりもアドバイスであることの方が多いが。それでも、実行できるステップやアイデアが得られるので、コールセンターの立ち上げという具体的な結果に結びつく。

最高レベルのコンテンツは、読者のために「やっておきました」というコンテンツだ。例えば、テレマーケティングでは事前に脚本を書いておくべきだと主張するのなら、読者が自分の仕事に合わせてカスタマイズできるモデルやサンプルを提供するのである。読む方は時間と労力の節約になる。

あまりに多くのコンテンツライターが楽をして、「何をすればいいか」「なぜそうすべきか」だけを取り上げている。優れたコンテンツは「どうやってそうすればいいか」を教えて、可能であれば読者の作業を一部やってあげるのだ。

4. 専門家にインタビューや事実確認をしていない

技術的な内容だったり、会社独自の方法やシステムだったりすると、表面的な知識は持っているライターが多い。しかし詳細な記事を書くためには、しばしば深い知識が必要になる。その分野の専門家なら、少なくともどうにか理解可能で正確な説明を授けてくれるはずだ。

5. ライターがテーマを理解していない

そのテーマについて大学で学んだ、あるいは仕事上専門としてきたライターをチームに入れておけば、専門知識が役に立つ。

例えば、私は大学で化学工学を学んだが、その知識は化学産業について記事を書くときに役立っている。クライアントの製品について詳しいわけではない。だが、開発者のインタビューではすぐに打ち解けてもらえる。私も彼らと同じく化学工学畑で、専門用語が分かるからだ。

6. 情報源を明示しない

アメリカ企業の35%が自社のコールセンターを所有していると書くのなら、その統計の情報源を読者は知りたく思うものだ。ネット上で見つけたのなら完全なURLを提示する。本文中でもいいし、脚注に入れてもいい。

業界紙でも、業界団体の会合で発表された技術論文でも、クライアントのウェブサイトでも、クライアントの専門家とのインタビューでも、情報源はかならず明示すること。

インタビューで情報をもらったときには、正確を期すためにネット上でその情報源を調べた方がいいだろう。

7．主観的な意見でしかない

もちろん、自分の意見を書いてもいい。しかし、優れた意見というのは証拠に基づき、統計やグラフ、例、論理的な説明、事実が伴うものである。マーケターはただ主張すればいいわけではなく、その意見の正しさを証明しなければならない。そうでなければ読者を納得させることはできない。

コンテンツの4つの形式

潜在顧客はコンテンツを「読む」「聴く」「見る」「やってみる」という4つの方法で吸収する。しかし、どの方法が彼らの好きな方法かは分からない。

だから、4つの学習方法すべてをカバーできるように、複数の形式でコンテンツを作成することを勧める。そうすれば、潜在顧客が一番好む形式でコンテンツが提供できる。多くの形式と一番適した学習方法を表17‐1に提示した。

この表に記載されたすべての項目を取り上げるには、1冊の本を執筆しないといけなくな

読む	聴く	見る	やってみる
書籍	オーディオ CD	DVD	ワークショップ
電子書籍	MP3	MP4 のストリーミング動画	授業
ホワイトペーパー	ポッドキャスト	スライドシェア	ブートキャンプ
ブログ	インターネットラジオ	動画	研修
メールマガジン	講演	インフォグラフィック	カンファレンス
リモート授業	セミナー	インスタグラム	ソフトウェア
記事	ウェビナー	リッチメディア	デモ

表 17-1　コンテンツと学習方法

る。そのため、この章ではホワイトペーパー、ブログ、ケーススタディという3つの効果的なコンテンツマーケティング方法を取り上げる。PR（第9章）、動画（第16章）、ソーシャルメディア（第15章）、などの主なコンテンツマーケティングのやり方はすでに説明してある。

ホワイトペーパー

コンスタント・コンテンツによると、マーケターの50％がホワイトペーパーはリード獲得の大事なツールだと回答している。B2Bでは買い手の49％以上がテクノロジー製品を選ぶ際にホワイトペーパーを参考にしているのだ。

長年DMやEメールのテストを行ってきた中で、無料のホワイトペーパーなどの無料コンテンツで反応率が10％から100％、さらにはそれ以上も上昇するのを私は目の当たりにしてきた。ただ、宣伝用無料コンテンツの使い道は広げていかないといけないとは思う。ホワイトペーパーというのは、とどのつまりは宣伝用の無料コンテンツである。潜在顧客を啓蒙して商品について問い合わせをしてもらうために無料で提供する情報なのだから。

まず、つまらないのはホワイトペーパー自体ではなく、その名称なのだと思う。一部の潜在顧客には「ホワイトペーパー」というと売るためのツールと思われてしまう。世界中どこのホワイトペーパーも無料というこの時代に、ホワイトペーパーはプレゼント品としては価値が低い。

ではどうすればいいかといえば、名称を変えて使い続ければいいのだ。メーリングリストのブローカーであるイーディス・ローマンは、かつてメーリングリストのカタログ（紙媒体）を出版していた。しかしカタログではなく「DM百科事典」と呼んでいた。その方が問い合わせ件数が増えるのである。

コピーライターのイヴァン・レヴィソンはホワイトペーパーを「ガイド」、マークターのデイヴィッド・イェールは「エグゼクティブ・ブリーフィング」と呼んでいる。私のお気に入りは「スペシャルレポート」だ。B2Bで、製品を選ぶ際のヒントを与えるホワイトペーパーなら、「バイヤー・ガイド」や「セレクション・ガイド」などと呼べばいい。プロセスについてヒントや指示を与えるホワイトペーパーは私なら「マニュアル」と呼ぶかもしれない。

リード・マグネットをどう呼ぶかは本当に重要なのだろうか？　私は重要だと思う。なぜなら、レポートやガイドと呼べば価値が高いように思われるからだ。何といっても、無数の出版社がスペシャルレポートや小冊子を3ドルから40ドルかそれ以上の価格で売っているのだから。私はよくレポートの表紙右上に1ドルと価格をつけておく。これで、この無料冊子には価値があると印象づけられる。この手はホワイトペーパーと題された文書には使えないだろう。

潜在顧客は読み切れないくらいの資料を抱えている、と言う人もいる。ネット上には人生を1000回生きても吸収しきれない量の情報があふれている。

しかし、優れたホワイトペーパーは情報をただ提示するだけではない。ビジネス上の問題や技術的な問題の解決策を提案するのである。商品が売れるのは、それが解決策になると思ってもらえたからだ。ホワイトペーパーは問題点を明確にして、その解決策としてあなたのアイデアや方法が一番優れていると読者を説得するのに役立つ。

どのマーケティングキャンペーンにも目的がある。しかし、ホワイトペーパーの目的は何かと聞かれたら、部長の大半が答えられないことだろう。ネット上で見つけた研究成果をただまとめて資料にしただけのものだと思っている人が多すぎる。ホワイトペーパーで結果を出すためには、やみくもに作るのではなくまずマーケティングの目的をはっきりさせないといけないのだ。

例えばあるメーカーは、地中に埋めるポップアップ式のＤＩＹスプリンクラーキットの売れ行きが悪いのは、自動散水システムを自力で設置するのは大変だとマイホーム所持者に思われているためだということに気づいた。解決策は、たった1日か2日でスプリンクラーが地中に設置できるＤＩＹマニュアルを作成することだ。分かりやすい文章でイラストつきのマニュアルは、スプリンクラー設置が大変だという印象を払拭し、簡単そうに思わせる効果がある。

インターネットの到来以前は、このスプリンクラー設置ガイドのような撒き餌は印刷物が主体だった。パソコンとインターネットの普及により、今ではＰＤＦなら一瞬でネットからダウンロードできる。

おそらく、飽きられてきているのはホワイトペーパー自体ではなく、Ａ４紙に黒の印字という標準的な形式なのではないだろうか。撒き餌を目立たせるために、ＤＶＤやＣＤ、ＵＳＢメモリー、ポッドキャスト、ウェビナー、ステッカー、ポスター、ソフトウェア、ゲームなど、別の媒体を検討するべきだ。

ホワイトペーパーはたいてい6枚から10枚（３０００語から４０００語）だが、この長さにしないといけないというわけではない。提供したいコンテンツと撒き餌の目的次第では、これより長くも短くもできる。紙1面にアドバイスを箇条書きで並べただけのものでもいい。または、自費出版の文庫本くらい分厚くてもいいのだ。

無料コンテンツは何十年もマーケティングでうまく使われてきた。古臭くなるどころか、今、刷新されつつある。１つにはインターネットが生み出した情報文化のおかげだ。「この新たに誕生したアイデアのオンライン市場では、どの企業も独自の専門知識を持っている」とデイヴィッド・ミーアマン・スコットは述べている。「企業はコンテンツによって顧客、従業員、メディア、投資家、サプライヤーの信頼と忠誠心を獲得するのだ」（注１）

注１：David Meerman Scott, *Cashing In with Content* (Medford, NJ: Information Today, 2005), p. 8.

ホワイトペーパーでマーケティングを行うための9つのステップ

ここで、ホワイトペーパーでどうやってマーケティングキャンペーンが行えるのか見ていこう。次のような項目がある。

1. ターゲット市場――人口統計学的属性や心理学的属性によるペルソナなどで共通項がある買い手のグループ。
2. 問題の特定――製品が解決してくれる買い手の悩みを明確に定義。
3. 解決策の特定――あなたの製品や方法論が競合よりも優れているのはなぜか。競合と比べた製品の長所と短所など。
4. コンテンツ――マーケティングで提供する情報の種類と形式（例えば、オンラインのチュートリアル、地域ごとのセミナー、標準的なホワイトペーパー）。
5. 媒体――買い手にアプローチする形式（例えば、リスト、データベース、出版物、ウェブサイト、そのほかの媒体）。

6. 戦術――買い手にアプローチする手段（例えば、DM、広告、Eメールマーケティング、印刷物の広告、ラジオCM、展示会、そのほかの接点）。
7. 進行表――プロモーションの回数と日程。
8. 予算――マーケティングの費用。
9. メトリクス（成果測定項目）――目的が達成できたかどうかを測る方法。

ステップ1：ターゲット市場を決める

ターゲット市場とは、人口統計学的属性や心理学的属性によるペルソナなどで共通項を持つ買い手のグループのことである。マーケターの大半が、ターゲット市場のことはすでに十分把握しているものだ。例えば、歯科医クリニックの設備を販売しているのなら、潜在顧客は歯科医かその従業員だ。

大企業は顧客の心を理解するために、メールやウェブサイトでのアンケートや、電話調査、フォーカスグループインタビューなど、何千ドルもかけて手間のかかる市場リサーチを定期的に行っている。小規模事業者はそういうことをしなければ潜在顧客へのアプローチ方法は見つからず、事業に失敗するのではないかと不安になる。

しかし、多くの中小企業にとって、メジャーの市場調査会社を使って調査を1度でも行えば

1年分のマーケティング予算が飛んでしまう。だが、心配ご無用。フォーカスグループなどの大がかりな市場調査は、実はまったく必要ないのだ。

「それでは、どうやって顧客を理解すればいいんですか?」単純な話だ。4章で紹介したBDFフォーミュラを使えばいい（127ページ参照）。

これで、市場調査はほぼ必要なくなる。調査で判明するようなことは、おそらくもう知っているからだ。ベンジャミン・スポック博士の言葉のように、「自分を信じること。自分で思うよりもあなたはよく知っているのだから」。

ステップ2：問題の特定

次に、製品が解決してくれる潜在顧客の悩みを明確に定義する必要がある。製品が解決できることで、一番の悩みは何だろうか? または、同業者のドン・ハウプトマンの言葉を借りれば、「潜在顧客が夜も眠れないわけ」は何だろうか。

潜在顧客（そのニーズ、悩み、懸念、心配事、恐れ、欲求）を出発点にして、そのニーズや欲求を製品のベネフィットに結びつけていくマーケティングは、潜在顧客とより深いところでつながることができる。

例えば、コンピューターシステムをハッキングやウィルスから守りたいという欲求をIT系の人に持たせるというのは、コンテンツマーケティングでは不可能である。それがすでに悩みの種となっていない限り、ファイアウォールやウィルス対策ソフトなどのセキュリティ・ソリューションは売れないのだ。

この場合マーケターとしてあなたにできることは、（ａ）この問題の深刻度と緊急性を分かりやすく示し、ＩＴ系の人々の問題意識を高めることと、（ｂ）その問題を解決してくれる一番優秀で、一番信頼性が高く、一番安いソリューションを教えることである。

ステップ3：解決策の特定

問題が明らかになったら、次に解決策を提案する。従来のマーケティングキャンペーンでは、「解決策」イコール「商品」だった。しかしコンテンツマーケティングでは、ホワイトペーパーを悩みの解決策として提示する。

つまり、コンテンツ管理システム（ＣＭＳ）に大きく予算を注ぎ込むべきかどうか悩んでいるウェブサイトの管理責任者が潜在顧客なら、「ＣＭＳの投資利益率を測るには」というホワイトペーパーがあれば答えに導けるかもしれない。

マーケティング資料は製品とリード・マグネットのどちらに重点を置くべきなのだろうか？この問題に明確な答えはない。だが、ダイレクトマーケティングで何十年も前から成果を出している大原則を教えよう。

非常に強力な無料コンテンツがあるのなら、オファーを前面に出す。一方で、オファーがそれほど魅力的ではないのなら、潜在顧客の悩みを前面に出し、次に製品をその解決策として打ち出す。ガイドラインは次の通りである。

- ホワイトペーパーが平均的なものだったら（コンテンツが平凡、潜在顧客にとってそれほど興味がない内容、またはすでに同じトピックについて資料が大量にあふれている）、宣伝で大きく取り上げないこと。
- 非常に優れたホワイトペーパーなら（コンテンツの質が高い、情報が貴重、入手困難なデータ、媒体か提示方法が変わっている）、早めに宣伝する。ヘッドラインで取り上げてもいい。
- 類似の競合製品があるのなら、競合にはない重要なポイントを強調し、詳しく説明しているホワイトペーパーを無料で提供して潜在顧客を啓蒙する。
- 優れた製品なら（特長が多い、変革的なテクノロジー、高品質）、競合よりも優れている点の宣伝にコピーの大半を使い、潜在顧客から反応を引き出すためのダメ押しとしてホワイトペーパーの無料提供を最後に提示する。

ステップ4：コンテンツ

ホワイトペーパー作成のヒントをさらにいくつか挙げよう。

- テーマの幅は狭ければ狭いほどいい。

- コンテンツは主な潜在顧客（CEO、プロセスエンジニア、工場長など）に合わせて作る。

- 潜在顧客が購買プロセスの次の段階に進みたくなるようなコンテンツを作る。

取り上げるべき主なポイントやサブのポイントを決めるために、アウトラインを作成しよう。社内の専門家に確認してもらうといい。入れるべきではない項目や、入れ忘れていた項目、技術的な間違いなどを指摘してくれることだろう。

ステップ5：媒体

潜在顧客、つまりターゲットの読者にはどうすればアプローチできるだろうか？　成果を出すためには、ホワイトペーパーの無料提供を宣伝しなくてはならない。これはたいてい何らかのダイレクトマーケティングで行う。

郵送物やEメールでのダイレクトマーケティングは、ターゲット市場の潜在顧客リストが手に入らなければ難しい。メーリングリスト、データベース、出版物、ウェブサイト、展示会、コンベンション、業界団体、ニュースレター、メールマガジンなど、ターゲット市場でどのような媒体があるか調べてみよう。リストが絞り込めていればいるほど、マーケティングキャンペーンの反応率は良くなる。

ドナルド・トランプ元大統領のリアリティ番組『アプレンティス』で、彼はあるとき2つのライバルチームに同じ課題を与えた。ブライダルショップを立ち上げて晩にセールを行い、売上が高かったチームが勝ち、という課題である。

Aチームのマーケティング戦略は、セールスのチラシを刷り、ラッシュ時のペンシルベニア駅で配ることだった。トランプはこの戦略を疑問視し、「通勤中の人が朝っぱらから結婚式のことなんか考えているか？」と言った。

一方Bチームのマーケティング戦略は、結婚を控えているニューヨーク市民のEメールリストを入手してセールスの知らせをメールすることだった。

結果はご想像の通り。Aチームの店舗はほぼ空だった。数人しか客は来なくて、ドレス2着が売れたのみで総売上は1000ドル。絞り込まれたEメールマーケティング戦略を採用したBチームが勝利した。店舗には行列ができたくらいで、ドレスは26着売れ、総売上はAチームの12倍となる1万2000ドルを超えた（案の定、トランプはその週Aチームのリーダーをクビにした）。

この話の教訓は、メーリングリスト、バナー広告、雑誌広告や新聞広告、ラジオＣＭやテレビＣＭが絞り込めていればいるほど、より多くの潜在顧客がホワイトペーパーをダウンロードしてくれる、ということである。

ステップ6：戦術

戦術とは、潜在顧客に働きかけるための方法のことを言う（例えば、ＤＭ、広告、Ｅメールマーケティング、印刷物の広告、ラジオＣＭ、展示会、バナー広告、ＰＰＣ広告、ジョイントベンチャーなどのマーケティング・コミュニケーション）。

戦術は費用や実現性によって決まるところもある。例えば、購入できる潜在顧客のメーリングリストがない場合、Ｅメールマーケティングの戦術はとれないだろう。Ｅメール１０００件につき１００ドルというお手頃価格で出されていることもある。しかし、これが１０００件につき１０００ドルなら、Ｅメールマーケティングはコスト面で実現不可能だ。

また、潜在顧客によるところもある。その大半がインターネットを使っていない場合、Ｅメールマーケティングは成功しない。驚くことに、インターネットを使えるのは世界の全人口のまだ約半数なのだ（注2）。

ステップ7：進行表

役に立つ進行表には、プロジェクトのタスク、マイルストーン（例：ホワイトペーパーの初稿完成）、締め切り、担当者がすべて記載されている。

ホワイトペーパーを使ったマーケティングキャンペーンでは構成要素が1つということはなく、複数の作成者、校正者、承認者がプロジェクトにかかわる。タスクや、タスクごとのステップ、各ステップの担当者、各ステップの締め切りが記載されたプロジェクト進行表がなければ、予定通りに完了できる確率は低い。

ステップ8：予算

予算とは、簡単に言えばキャンペーンにかかる費用のことである。予算を立てるためには、まずキャンペーンの成果物をリストアップする。

ホワイトペーパーの場合、費用の項目にはコピーライティング、デザイン、それから印刷物なら印刷と製本などがある。

また、問い合わせ対応も費用がかかる。問い合わせ対応とは、Eメールに反応してくれた潜在顧客が所望する撒き餌やほかの資料を送ることである。ホワイトペーパーの資料請求に対して自動応答でＰＤＦを送る場合、問い合わせ対応の費用はほとんどかからない。だが、マーケティングキャンペーンの費用を計算に入れるのを忘れないように。大半がデジタルだからといって無料というわけではない。

それどころか、デジタルのマーケティングキャンペーンは結構高額なのだ。バナー広告、グーグル広告、フェイスブック広告、メーリングリストの購入などで毎月、毎週、それどころか毎日何千ドルもかかってしまったりもする。

ステップ9：メトリクス

目標を設定すること。ホワイトペーパーを使ったマーケティングキャンペーンでは、次の主なメトリクス（成果測定項目）が考えられる。

- ホワイトペーパー用ランディングページのクリック率
- クリックからダウンロードのコンバージョン率
- Eメールか電話での資料請求の件数

注2：https://wearesocial.com/blog/2019/01/digital-2019-global-internet-use-accelerates.

・ホワイトペーパーの請求者のうち、絞り込み済み潜在顧客の人数
・ホワイトペーパーの請求者のうち、製品を購入した人数

ブログ

一番基本的な形のブログは、ネット上でつける日記である。とはいえ、ただの日記よりも影響はずっと広範囲におよぶ。ブログはここ20年間で大流行するようになった。

ソフトウェアファインダー社によると、ネット上には5億以上のブログが存在するという。テックジュリー社はネットユーザーの77％がブログの読者で、既存のウェブサイトにブログを追加するとトラフィックが434％も上昇すると指摘している(注3)。

検索エンジンはコンテンツを好む。ブログがあれば、ウェブサイトに大量の新しいコンテンツを定期的に投稿することになる。ブログを立ち上げてきちんと更新すれば、ほぼ確実にウェブサイトは検索結果で上位に表示されるようになる。

一方通行型のコミュニケーション（あなたが作成したものを読者が読む）である従来の記事やホワイトペーパーと違って、ブログは双方向型のオンライン媒体であり、興味深いテーマについ

て活発な議論を生み出すことができる。

ブログで効果的なテクニックを1つ挙げると、何らかの意見をはっきりと打ち出して、それに対する意見を募るといい（例えば、私はよく「どう思いますか？」の1文でしめる）。それから、自分の意見は述べずに読者の考えを聞くのも対話を促進する効果がある。

あなた自身やほかの誰かが書いた別の記事について述べるのなら、かならずもとの記事をブログ記事内で明示すること。可能なら、その記事に触れているくだりに記事へのリンクを貼るといい。

多くの企業でブログは1人のライターが担当しており、読者はブログ記事を読んでいくうちに担当者の人となりを知る。こうして読者との信頼関係が生まれるのである。

可能であれば、ブログ記事と同じテーマを扱った記事やウェブサイトなどの関連性の高い資料に1つか2つリンクを貼るといい。

平均的なブログ記事は大体1000語（訳注）で、執筆には3時間以上かかる。少なくとも週に1回はブログを更新するべきである（注4）。

注3：https://techjury.net/blog/blogging-statistics.
訳注：日本語の場合は1500文字〜3000文字程度。
注4：https://www.ragan.com/study-the-perfect-blog-post-length-and-how -long-it-should-take-to-write-2/.

ブログのプラットフォームはいろいろとある。オープンソースのプラットフォームであるワードプレスがブログには一番よく使われている。WordPress.orgでは無料ソフトウェアのワードプレスをダウンロードできる。サーバーとドメインは自分で用意するなら、検討中のブログサービスがワードプレスをサポートしているかどうか確認しよう。大半はサポートしている。WordPress.comでは無料ブログサービスも提供している。ここではワードプレスがブログページをホストしてくれるが、それ以上のことはあまりしてくれない。カスタムのドメイン名と追加のストレージは有料オプションとなっている。グーグルアドセンスなどの広告プラットフォームを使うことはできない。

ケーススタディ

コピーライターのヘザー・スローンは、ケーススタディの方が製品資料や従来の販促資料よりも効果的なことが多いという。なぜだろうか？

「誰だって物語が好きなものです」とヘザーは説明する。「それを本当に実感させられるのが、営業トークやマーケティング資料。物語は絵を描き出し、感情を呼び起こします。心に残るので、売り込みが忘れ去られないのです。そして、物語形式でものを売る一番簡単な方法がケーススタディです」

ケーススタディは実際の顧客の成功談である。特定の製品やプロセス、方法論、またはアイデアを使って、顧客がどのように問題を解決したかを伝える。ほかのマーケティングテクニックと同じように、ケーススタディもこれまで人気の浮き沈みがあった。ケーススタディはどの企業でも収益につながるのだが、B2Bのウェブサイトを対象に行われたある略式の調査では、回答者の大半がケーススタディを最大限に活用していないという結果になっている。

ケーススタディには守らないといけない形式というものはないが、ここでガイドラインを提示しよう。

平均的な長さは割と短い。A4で1ページから2ページほどで、大体800語から1500語。入り組んだ話や詳細なケーススタディの場合、2000語から2500語になることもある。効果的なケーススタディは、「その製品のことがもっと知りたい」と読者に思わせることができる。詳しい情報を求めずにはいられなくさせるソフトセルのツールなのである。潜在顧客が抱えている問題を忠実に描き出せれば、ケーススタディを読んだ潜在顧客はセールスファネルの次の段階へと進み、購入に近づいていく。

ほとんどのケーススタディで技術的な面はあまり取り上げられていない。雑誌の特集記事のような文体で書かれている。目的は細かいことを詳しく説明したり分析データを提示したりすることではなく、商品がある問題をどのように解決してくれるかを手短に説明することなのだ。ケーススタディを作成するのに創造性が必要なわけではない。たいてい、次に挙げる昔ながらのアウトラインやその変形バージョンに沿って作られている。

---

1. 顧客は誰か？
2. 問題は何か？　ビジネスにどのような悪影響をおよぼしていたか？
3. どのような解決策を検討し、結局却下したのか？　それはなぜか？
4. この製品を解決策として選んだのはなぜか？
5. 製品を使い始めたときにどういう問題があったか？　どうやってそれを解決したか？
6. 顧客はどのように、どこで製品を使用しているか？
7. その成果やベネフィットは？
8. この製品はお薦めだと思うかどうか？　それはなぜか？

ケーススタディは物語形式になっているため、潜在顧客はほかの販促資料よりも自然と興味をそそられる。それが自分にとって何かベネフィットがある物語ならなおさらである。営業プレゼンと違って、ケーススタディはどのような商品なのかを「教える」のではなく「示す」。ベネフィットをメーカーではなく実際の利用者が力説してくれるので、信憑性が高くなる。

ケーススタディは製品に満足している顧客の実例なので、どんなに優れた製品かを実演するのと同じことなのだ。事実や数値をいろいろと出して見せるのではなく、人の心をつかむ物語で製品の優秀さを如実に描き出す。

同じくらい強力なのが、製品に満足している顧客と潜在顧客との間に生まれる共感である。人は同じような人に自分を重ね合わせるものだ。同じような立場の人に話を聞く方が、営業の話を聞くよりもずっと安心できる。同じ問題を抱えていることが多いため共感しやすいのだ。また、ケーススタディはただの販促資料ではないように潜在顧客は感じる。広告は疑ってかかり、製品資料は誇大宣伝ばかりだと思い、ポッドキャストや企業サイトのブログですら宣伝のためではないかと怪しむ人でも、ケーススタディはそうする理由も金銭的な動機もない顧客が製品をほめたたえるので即座に信じるのである。

フォレスター・リサーチ社が実施した調査では、買い手の71％が「製品購入の際には信頼と信憑性が大きな決め手となる」と回答している。製品ユーザーの成功談は潜在顧客の信頼を勝ち得る最高の方法なのだ。製品を信用してもらえるので、購入に結びつく可能性が劇的に高まる。

ケーススタディの候補を見つけられる可能性が最も高いのは営業だ。しかし、営業はものを売りつけるのに忙しく、マーケティング・コミュニケーションには無関心で、ケーススタディ作成に手を貸しても自分には何の得もないと迷惑がる人が多い。

ケーススタディの候補を積極的に探してもらうには、具体的な報酬を与えることだ。自分が見つけた候補が採用されたら現金や製品、旅行券などがもらえるようにすればいい。そういうインセンティブがあれば、猛然と候補探しに取り組むはずである。

ケーススタディを作成するには、まず顧客側で製品に最も密にかかわっている人物に話を聞く。中小企業なら会社のオーナーかもしれない。大企業なら工場長やエンジニアのこともある。ライターが電話をする前に担当営業が電話をして、ケーススタディに協力してもらえるかどうか確認し、乗り気にさせておく。製品ユーザーが乗り気ではない、または嫌がっている場合、ケーススタディの作成は非常に困難で、滅多にうまくいかない。

インタビューでは効果的なセリフをできる限り多く引き出すこと。そういったセリフをケーススタディでその人物の発言として引用する。

なぜなら、そういう発言は「お客様の声」にもなるからだ。

アドバイスを1つ。こちらが言ってほしいことと相手の発言が少しずれている場合はテクニックを使う。「つまり、こういうことでしょうか?」と言い、欲しいセリフを続けて言えばいいのだ。「はい、その通りです」と言ってもらえれば、自分のセリフを相手の発言として掲載できる。

顧客の発言ははっきりしないことが多いので、インタビュアーが具体的な話を引き出さないといけない。可能ならかならず数値を提示してもらうように。そうすれば具体性のある主張や成果が引き出せる。

例えば、この製品で光熱費が削減できたがどれくらいかは分からないと言われた場合、「光熱費は10％以上下げられましたか？　１００％以上？」と聞くことで具体的な数が引き出せる。当て推量で数値を出してくれるので、それをおおよその数値として使うことができるのだ（「XYZシステムで工場のエネルギー消費量は10％以上も削減されました」）。

ケーススタディを公開する前に、インタビューした相手に原稿を確認してもらい、承認をもらう必要がある。署名してもらった同意書は保管しておくように。その人が転職したら連絡先が分からなくなることもある。だから、署名済みの同意書はなくすわけにはいかないのだ。なくしてしまうと、ケーススタディを使用する権限を問われた際にウェブサイトからケーススタディを削除しないといけなくなるかもしれない。

インタビューを受けてくれた顧客に、既存顧客として潜在顧客に紹介してもいいかどうか聞こう。そうすれば、そのケーススタディで取り上げた問題を抱えている潜在顧客はケーススタディに登場する実際の製品ユーザーに話を聞くことができる。紹介できる顧客リストは定期的に見直し、最新の連絡先かどうか確認すること。変更があれば更新しておく。

付録 広告用語集

【数字・アルファベット】

4色刷り フルカラーのアートワークのこと。

ASP（アプリケーション・サービス・プロバイダー） 消費者向けのインターネットアプリケーションやイントラネットアプリケーションを開発・ホストするサードパーティ・ベンダーのこと。

B&W 白黒。

B2B広告 企業が企業に対して販売する商品の広告のこと。

CGI ボタン、チェックボックス、テキスト入力などから得られる情報を即座にウェブページに反映させるインターフェース作成のスクリプトプログラム。

CPC（クリック単価） クリック1回の取得にかかった費用。

CPI（成果報酬型広告） 成果報酬型の広告料金で、広告やCMによる資料請求や問い合わせの件数で出版社や放送局に広告料金が支払われる。

CPL（リード単価） リード1件の獲得にかかった費用。

CPM（インプレッション単価） あるサイトで広告表示1000回にかかった費用。バナー1件の料金が1万5000ドルで60万回のインプレッション（表示回数）を保証しているウェブサイトなら、CPMは25ドル（1万5000ドルを600で割る）。

CPT（トランザクション単価） トランザクション1回にかかった費用。

CPTM 配信対象を絞り込んだ広告表示回数1000回分にかかった費用。

CTR（クリックスルー率） リンク（通常オンライン広告やEメールに貼られたリンク）にクリックしてウェブページを訪問するユーザーの割合。

Eコマース インターネット上で電子情報技術によって直接販売や購入の自動処理を行うこと。

Eジーン（メールマガジン） インターネットを介して配信される広告宣伝・情報ニュースレター。

Eメール 電子メールのこと。利用者がパソコンを介してメッセージを送信、受信するためのネットワークサービス。

Eリスト インターネットを介して宣伝メールを配信するためのEメールアドレスのリスト。

FAQ 「よく聞かれる質問」のこと。

GIF 異なるコンピューター間で画像を移動するために使われる可逆圧縮の画像フォーマットのこと。

HTML ウェブで使うハイパーテキスト文書を作成するために使われるマークアップ言語のこと。

https インターネット上でHTMLのハイパーテキストを表示させるための標準的な方法。

https-SSL セキュリティのために通信を暗号化しているhttpsのこと。

Java サン・マイクロシステムズ社が開発したオブジェクト指向のプログラミング言語で、アニメーションや情報のリアルタイム更新などの機能をサポートしている。

ＪＰＥＧ　写真や画像がフルカラーで表示され、圧縮に優れていてダウンロードしやすいフォーマット。

ＰＤＦファイル　Ａｄｏｂｅ社のポータブル・ドキュメント・フォーマット（ｐｄｆ）は主にネットワーク上やウェブサイト上でファイルの配布に使われる変換フォーマット。拡張子が「.pdf」のファイルは、Ｗｏｒｄなど別のアプリケーションで作成したファイルを、プラットフォームに関係なく誰でも閲覧できるようにＰＤＦファイルに変換したものである。

ＰＲ（パブリック・リレーションズ）　会社やその製品について好意的なイメージを作り上げるための記事をマスコミが出版・放送するように報道各社に働きかけること。

【あ行】

アート　広告で使われる写真やイラストのこと。

アートディレクター　広告のアートワークやレイアウトを担当する広告代理店社員。

アカウント　広告代理店のクライアントのこと。

アカウント・エグゼクティブ　広告代理店の窓口となるクライアント担当者。

アゴラ・パブリッシング　アゴラ・モデルを発明したとされる、消費者向けメルマガ配信会社。

アゴラ・モデル　大規模なオプトイン・リストを作り上げ、宣伝メールをリストに送付することで売上アップを図るオンラインのビジネスモデルのこと。

アップスケール 収入、学歴、地位において社会の上層にある潜在顧客。

アドバタイジングマネジャー（宣伝部長） 広告主の従業員で、宣伝活動を総括する人物。

アドビュー（インプレッション） バナー広告が訪問者によってダウンロードされ、おそらく閲覧されたと思われる回数。

アドレス コンピューターやサイトのネット上での一意の識別子。ウェブサイトならURLで、Eメールの場合@以降に示される。

アバター 仮想空間でユーザーが自分を表すために使うデジタル表現。

アフィニティマーケティング すでに同様の商品を購買している顧客層を対象に実施する消費者向けマーケティングキャンペーンのこと。Eメールマーケティングやバナー広告、印刷物の広告などを使って行われる。

アフィリエイトマーケティング あるサイトが別のサイトのボタンを自社ページに設置し、それによる売上の何％かをもらう仕組みになっている宣伝のこと。

アンカー 単語や表現、画像。ハイパーテキストでは、ハイライトつきか、下線が引かれた箇所のことで、クリックするとほかのサイトにページ移動するようになっている。

イメージ 企業や製品に対して世間が抱いている印象。

インクワイアリ（資料請求、問い合わせ、引き合い） 広告や宣伝を見た潜在顧客からの問い合わせのこと。

インクワイアリ・フルフィルメント・パッケージ（資料一式） 問い合わせ対応で送付する製品資料

のこと。

インタースティシャル　インタースティシャル広告は閲覧者が求めたわけではないのに自動的に表示される侵入的な広告のこと。

インターネット　共通の通信プロトコルを用いて複数のコンピューターやシステム間で信頼性が高く冗長性のある接続を行う、約6万のつながりあった独立したネットワークのこと。

インターネット・ドメイン・ネーム　インターネット上に存在するコンピューターやネットワークを識別する一意の名前。

インハウス　内製のこと。

インフルエンサー　ネット上でフォロワーが多く、その影響力を使ってさまざまな製品やブランドをフォロワーに買わせる人のこと。無料で商品を提供されている場合が多い。

エディトリアル（記事）　雑誌や新聞に掲載される広告以外の読み物のことで、記事、ニュース記事、埋め草など、編集者やライターが執筆したもの。

エモティコン（顔文字）　ネット上で使われる、表情やしぐさを表すスマイルマークなどの記号のこと（☺や(^_^)など）。

オーダーページ　ランディングページの「注文する」というボタンをクリックすると表示される製品の注文ページで、オファーの説明が記載されている。

オプトアウト　Eリストから名前を削除するか、少なくともいかなる広告宣伝メールも送らないようにリストのオーナーに要請すること。

オプトイン　あるウェブサイトに登録する際に、サイトのオーナーか、またはオーナーからEメールアドレスの提供を受けた他社から送信される宣伝メールの受信を承諾すること。

オン・スペキュレーション（オン・スペック）　作品が採用された場合のみに料金が支払われる案件のこと。

【か行】

キーワード　ネット検索で使われる単語や表現のこと。

キャッシュ　しょっちゅうアクセスする情報を一時的に保存しておく仕組み。

キャンペーン　広告宣伝を連携して行うプログラムのこと。

クッキー　WWWの中でユーザーがいた場所などの情報を記録する、パソコン上のファイル。ブラウザがこの情報を保存することでウェブサイトはブラウザを特定でき、その後のトランザクションやリクエストが効率的に行える。

クライアント　広告代理店を利用する会社のこと。

クリエイティブ　広告制作に直接関連している作業のこと。コピーライティング、写真、イラスト、デザインなど。

クリエイティブディレクター　コピーライターやアートディレクターなど、広告制作にかかわる人々を監督する広告代理店の社員。

クリック　広告をクリックすることで、サーバーに記録された別の場所に移動すること。

クリックファネル　サイト訪問者をセールスファネルの先の段階に進ませるためのウェブサイトを制

作・管理するためのプラットフォーム。ネットにおけるセールスファネルとは、クリックをリードか売上につなげることだけを目的とするマーケティングキャンペーンの一連のステップのこと。

クリックベイト（クリック誘導） 検索エンジンを誘導するためだけに作られたキーワード満載のウェブサイト上のコピーやコンテンツ。グーグルはこのやり口を把握していて、クリックベイトは無視されることが多い。また、ほかのサイトで同じコンテンツが一言一句違わずに表示されるとペナルティがかけられる。

クリック率 クリックスルー率とも呼ばれるが、広告の閲覧回数のうちでクリックにつながった回数。

広告 スポンサーの名前が表示される有料のメッセージのこと。

コピー 広告、ＣＭ、プロモーションで使われるテキストのこと。

コピー／コンタクト アカウント・エグゼクティブを通してではなく、直接クライアントと連絡を取り合う広告代理店のコピーライター。

コピーライター コピーを作成する人。

コラテラル 製品資料、チラシ、カタログ、ＤＭなど、印刷物の資料のこと。

コンテスト 賞品をめぐって消費者が腕を競うプロモーション。購入証明を必要とするコンテストもある。

コンバージョン ネットユーザーに特定の行動をとらせること。典型的な例は無料コンテンツを入手するために登録する、製品をウェブサイトで購入する、など。

【さ行】

サイコグラフィックス　さまざまな集団の人間性、考え方、生活習慣などに関する統計のこと。
サスペクト　商品を購入する経済力、権限、欲求を持つ人物。潜在顧客。
産業広告　メーカー向けの商品の広告。
熟慮買い　製品をじっくりと吟味した上で購入すること。
衝動買い　計画的ではなく、偶然その気になって購入すること。
消費者　商品を購入する人のこと。
消費者向け広告　一般消費者向けの商品の広告のこと。
消費者向けの商品　企業や産業ではなく個人向けの製品のこと。
ジングル　ＣＭで使われる歌のこと。
ストーリーボード　テレビＣＭの完成品がどのようなものかを連続したイラストでおおまかに見せる、大雑把な絵コンテ。
スプリット・ラン・テスト　広告原稿を2バージョン用意して、同じ出稿先で交互に掲載してバージョンごとの効果を調べる。ＡＢテストとも呼ばれる。
スペース　雑誌や新聞の広告枠のこと。
スペシャルレポート　注文やＥメールアドレス獲得目的で訪問者に提供する無料コンテンツの一種。

セールスファネル　マーケティングキャンペーンで、クリックをリード獲得や売上につなげるために行う一連のステップのこと。

セールスプロモーション　すぐに製品を購入させるために行う一時的なマーケティング活動のこと。クーポン、セール、割引、プレミアム、くじ、コンテストなどはすべてセールスプロモーション。

セールスリード　絞り込まれた潜在顧客からの問い合わせや資料請求。引き合い。また、絞り込まれた潜在顧客のこと。

【た行】

帯域幅　通信で送ることのできる情報（テキスト、画像、動画、音声）の量のこと。

タイプ　印刷機で再現できるように作成された一揃いの書体のこと。

ダイレクトメール（DM）　郵送で勝手に送られてくる広告宣伝。

ダイレクトレスポンス　一定の期間にわたってイメージづくりや認知度の向上を図るのではなく、成約、購入やリード獲得を直接狙う宣伝のこと。

ダウンスケール　収入、学歴、社会的立場において低層の消費者。

ツーカラー　2色刷りの広告や販促資料のこと。通常、1色は黒でもう1色は青や赤や黄色。

ティーザー　DMの封筒外側に印刷されたコピーのこと。

デモグラフィック・オーバーレイ　潜在顧客や顧客のリストをそのデータを有する別のリストと照合して、人口統計データを追加すること。

デモグラフィックス　人口のあるセグメント（層）の特徴を説明した統計。特徴には年齢、性別、収入、宗教、人種などが含まれる。

特集記事　紙面を大きく割いた雑誌記事。

トランザクションページ　注文ページのこと。

ドリル・ダウン　ウェブサイトの閲覧者が低い階層のページまで深く掘り下げていくこと。

トレード・アドバタイジング　消費者ではなく卸売業者や配給業者、販売代理人、取次、小売店を対象とした広告。

【な行】

ネイティブ広告　普通の記事のように見える広告。

ネームスクイーズ・ページ　無料コンテンツの提供か、ランディングページやほかのウェブページ上の資料と引き換えに閲覧者のEメールアドレスを獲得するための一般的に短いランディングページ（スクイーズ・ページとも呼ばれる）。

ネチケット（インターネット・エチケット）　インターネット上でのふるまい方。

ネチズン　ネット活動に熱心なユーザーのこと。

【は行】

バーティカル・パブリケーション　特殊な関心事を持つ一部の人々を読者層とする雑誌。専門誌。

ハイパーテキスト　印刷物のテキストのようにただ直線的に読むのではなく、リンクによるいろいろな指示から読み取れる情報が記載された電子文書のこと。

ハイパーリンク　ウェブページ上のテキスト、グラフィックスに貼られたリンクのことで、クリックすると同じページの別の場所か、別のページ、または別のウェブサイトに遷移する。

ハウス・オーガン　自社で発行しているニュースレターや雑誌のこと。

バウンス　Ｅメールが配信されずにはじき返されること。

ハック　データを盗んだり、権限なしでページに変更を加えたり、サイトをシャットダウンしたりするためにウェブサイトに不正アクセスすること。

パッケージ・グッズ　メーカーにより包装された製品のこと。低価格で、店舗内で販売される製品が一般的。

バナー広告　企業のウェブサイト（通常はホームページ）の一番上、またはメルマガの冒頭に表示される小さなメッセージボックスで、一般的に広告主のウェブサイトへのリンクが貼られている。

ヒット　ページがリクエストされると、ページを構成するあらゆる要素やファイルがサーバーのログファイルでヒットとして記録される。

非放送系コンテンツ　音声と映像。言葉と画像による表現。最も一般的なデジタルＡＶはＭＰ４形式の動画ファイルで、通常サーバー上にアップロードする。
ファーム・アウト 内製ではなく業者に外注すること。
ファイアウォール 企業の社内ネットワーク（ITシステムやイントラネット）とインターネットの間に設けるセキュリティのための障壁のこと。
フォー・エー（AAAA） 業界団体であるアメリカ広告業協会（American Association of Advertising Agencies）。
フォーム テキストを入力することができる、たいていのブラウザで使えるページのこと。
ブックマーク 読んでいる最中の本にしおり（ブックマーク）をはさむのと同じように、ウェブサイトをふたたび見つけやすくするための機能。
ブラウザ インターネットで情報を閲覧するために用いるアプリケーション。
フラクショナル・アド 雑誌や新聞で1ページ全体を使わないサイズの広告のこと。
ブランド 製品をほかと区別する標識。
ブランドマネジャー ブランドのマーケティングと宣伝の広告主側の責任者。
フリークエンシー 同じブラウザで1回のセッションやある期間中に広告が表示された回数のこと。フリークエンシーを把握するためにクッキーが使われる。
ブリード（裁ち落とし） ページの端まで広がるイラストのこと。裁ち落としにするアートワークには縁や余白がない。
フリーランス 自営業のコピーライター、写真家、アーティスト、媒体買い付けなど、広告業界で組織に属さず働く人のこと。

プル　広告により引き出された反応のこと。

ブルーチップ　売上が非常に好調な会社や製品のこと。

フレーム　ネット上に投稿する、わざと相手を怒らせるような無礼で攻撃的なメッセージ。

プレスリリース　企業が報道各社に送付するニュース記事。

ブレット　箇条書きで使われる黒い点のこと。

プレミアム　販売促進のために潜在顧客に配布するプレゼント。特典。

ブローシャ（製品資料）　商品を宣伝する小冊子。

フローター　ポップアップやポップアンダーと似ているが、ウェブページやランディングページのHTMLコードに組み込まれているためポップアップ・ブロッカーにブロックされない。無料のコンテンツなどをエサに、訪問者のEメールアドレスを取得するために使われる。

ブロードバンド　帯域幅に大量のデータを伝送するデータ通信方法。

プロダクト・マネジャー　製品や製品ラインのマーケティングや宣伝を監督する役割の広告主側の社員。

プロモーション　広告のほかに、商品の購入を促進するために行う活動のこと。

ペイパークリック　広告のクリック回数によって料金が決まる広告代理店の料金形態のこと。

ページ　あらゆるウェブサイトはHTMLで記述された電子的な「ページ」の集合である。

ページビュー　ユーザーがページをリクエストする回数。

ベリード・アド（埋没した広告）　ほかの広告に囲まれた広告。
ボイラープレート　法律上の規定や会社の規約により使われる、標準的な企業概要のこと。
訪問者数　あるウェブサイトやページをクリック・閲覧する人の数。
ポートフォリオ　作品サンプルが入ったフォルダ。面接で面接官に見せる。
ホームページ　ウェブサイトで最初に表示されるページか、ブラウザがインターネットに接続した際に出発点となるページのこと。
ボタン　クリックすると何らかの反応が起こるオブジェクト。
ポップオーバー　注文を行わずにウェブサイトやランディングページを離脱しようとすると表示されるページのこと。たいてい無料コンテンツと引き換えにEメールアドレスを取得しようとする。

【ま行】

マーケット　全人口のうち、商品の潜在顧客や既存顧客のこと。
マーケティング　商品を顧客に紹介、頒布、宣伝、販売するために企業が行う活動のこと。
マーケティング・コミュニケーション　商品のマーケティングにおけるコミュニケーションのこと。広告、ＰＲ、販売促進など。
マーチャンダイジング　小売売上高を伸ばすための活動のこと。
マス・アドバタイジング　一般大衆を対象とする広告のこと。

マディソン・アベニュー　ニューヨークの広告業界の代名詞。マンハッタンのイースト・サイドにある大通りの名。業界的には、「マディソン・アベニュー」というとマンハッタンのミッドタウン中心地にある広告代理店のこと。

メーリングリスト　特定のテーマについてのEメールを自動送信するための送信先のリスト。

メタタグ（meta要素）　ウェブページの制作者、そのページで使われている文字コードなどの指定、キーワードや説明が記載されたタグ。キーワードやページの説明であるメタディスクリプションはＳＥＯで重視される。

メディア　情報、娯楽、広告を一般大衆や企業に届けるあらゆる情報伝達媒体のこと。

【や行】

ユニバース　ある製品の潜在顧客の合計人数。

予算　広告主が宣伝に費やす予定の金額のこと。

【ら行】

ランディングページ　ただコンテンツを提供したり、ほかのコンテンツへのリンクとなったりするページとは違い、コンバージョンなどの直接的な行動を促すために作られたウェブページのこと。

リーフレット　折りたたんで郵送する1ページのチラシ。

リール　コピーライターが作成したCMサンプルが収録されたフィルムやビデオテープのこと。
リサーチ　製品や会社が世間でどのように受け取られているか、広告やCMにどのような反応があるかを広告主に示すために行う調査やインタビュー、研究のこと。
リストサーバー　サブスクライバー（登録者）のリストにEメールを自動配信するプログラムのこと。新しいメンバーへの案内に用いられる。
リスト・ブローカー　メーリングリストの販売業者。
リフト・レター　DMパッケージに入っている2番目の手紙のこと。DMへの反応率を良くするためのもの。主に雑誌の定期購読を勧誘するDMで使われるため、「パブリッシャーズ・レター（出版社からの手紙）」とも呼ばれる。
リプライ・カード　潜在顧客から反応を引き出すために広告物と同封される返信用ハガキのこと。
料金（フィー）　広告代理店や広告制作者がクライアントに請求する作業代のこと。
リンク　2つのウェブサイトを電子的に接続するもの。
レイアウト　広告やポスター、資料の完成イメージをつかむために作成するスケッチのこと。
レターショップ　セールスレターなどの販売促進資料を手がける会社。
ロード　通常、「アップロード」「ダウンロード」のように使われるが、ファイルやソフトウェアをあるコンピューターやサーバーから別のコンピューターやサーバーにロードする（移動する）こと。
ログ（ログファイル）　ネットワーク接続の記録が保管されたファイルのこと。
ログイン情報　コンピューター、ネットワーク、ウェブサイトにログインする（アクセスする）ために入力したＩＤや氏名のこと。

ロゴ　特別にデザインされたレタリングで表現した会社名。

【わ行】

ワイヤーフレーム　ウェブサイトのホームページやほかのページがどのようなレイアウトになるか、例えばヘッドラインやコピー、ＣＴＡボタン、動画、グラフィックスなどのページ要素をどのように配置するかを表すおおまかなレイアウトや図のこと。

ワンタイム・オファー（ＯＴＯ）　たいていメルマガやＥリストの新規登録者を対象とする１度切りのオファーのこと。

謝辞

本書で紹介した作品見本やコピーライティングのテクニックを提供してくれた次の方々や企業に深謝する。

アレクサンダー・マーケティング・サービス、ジム・アレクサンダー
ブライアン・クローナー
ケイシー・ダマチェク
マーク・フォード
キルシュ・コミュニケーションズ、レン・キルシュ
チャック・ブロア&ドン・リッチマン、ウォリー・シュバット
ローリー・ハーラー
テクノロジー&ソリューション、ブライアン・コーエン
ヴィジビリティPR、レン・シュタイン

シグ・ローゼンブラム
リチャード・アームストロング
ハーシェル・ゴードン・ルイス
DOCSIコーポレーション、ジョン・ティアニー
メーソンリー・インスティテュート・オブ・セントルイス、サンドラ・ビーアマン
ペリー・マーシャル＆アソシエイツ、ペリー・マーシャル
フレッド・グリーク
アンドリュー・リニック
クレイトン・メイクピース
ミルト・ピアース
ニック・アスボーン
ケイレブ・オダウド　ほか多数

また、最後まで全力投球してくれた編集者のマデリン・ジョーンズ、本書を世に送り出すために版元を見つけてくれたエージェントのドミニク・アベル、推敲やリサーチに協力してくれたキム・ステイシーとペニー・ハントにも感謝する。

ま

み

む

め

も

や

ゆ

へ

ほ

と

な

に

ね

そ

た

ち

つ

て

す

せ

く

け

こ

あ

い

う

え

お

索引

数字

A - H

I - Z

【著者紹介】

ロバート・W・ブライ（Robert W. Bly）

B2B、テック関連、ダイレクト・マーケティングを専門とするフリーランスのコピーライター。40年以上にわたり広告、パンフレットやDM、セールスレター、広報資料、Eメールキャンペーン、ウェブ広告、ウェブサイトなどを100社以上の企業に向け書いてきた実績を持つ。クライアントはAT&T、IBM、Forbesなど世界的に有名な一流企業。

ダイレクト・マーケティング協会や情報産業協会、ウェブマーケティング協会などから数々の賞を受賞している。

これまでの著書は100冊以上。邦訳既刊書には『ビジネス英語文書ルールブック』（荒竹出版刊）、『プロが教えるhow toコンテンツでお金を生み出す方法』（ダイレクト出版刊）がある。

【訳者紹介】

岩木貴子（いわき・たかこ）

翻訳者。早稲田大学文学部、ダブリン大学文学部卒業。

訳書に『大型商談を成約に導く「SPIN」営業術』（海と月社）、『フレディ・マーキュリー：孤独な道化』（ヤマハミュージックメディア）、『CREATIVE SCHOOLS――創造性が育つ世界最先端の教育』（東洋館出版社）等がある。

装丁・本文デザイン：竹内雄二

DTP：山口良二

セールスライティング・ハンドブック **増補改訂版［新訳］**

広告・DM《ディーエム》からWeb《ウェブ》コンテンツまで、「売れる」コピーのすべて

2021年5月19日 初版第1刷発行

著者	ロバート・W・ブライ
訳者	岩木貴子
発行人	佐々木幹夫
発行所	株式会社翔泳社（https://www.shoeisha.co.jp/）
印刷・製本	日経印刷株式会社

本書は著作権法上の保護を受けています。本書の一部または全部について（ソフトウェアおよびプログラムを含む）、株式会社 翔泳社から文書による許諾を得ずに、いかなる方法においても無断で複写、複製することは禁じられています。

本書のお問い合わせについては、3ページに記載の内容をお読みください。

落丁・乱丁はお取り替えいたします。03-5362-3705までご連絡ください。

ISBN978-4-7981-6696-4 Printed in Japan